国家高端智库综合开发研究院（中国·深圳）出品

流动的网络

国家中心城市的功能与选择

孙　阳◎著

Network of Flows

Function and Selection of National Central Cities

中国经济出版社
CHINA ECONOMIC PUBLISHING HOUSE
北京

图书在版编目（CIP）数据

流动的网络：国家中心城市的功能与选择 / 孙阳著．
北京：中国经济出版社，2025．7．-- ISBN 978-7-5136-8145-2

Ⅰ．F299．2

中国国家版本馆 CIP 数据核字第 20254YP750 号

责任编辑　赵静宜
责任印制　李　伟
封面设计　久品轩

出版发行　中国经济出版社
印 刷 者　涿州市京南印刷厂
经 销 者　各地新华书店
开　　本　710mm×1000mm　1/16
印　　张　15
字　　数　240 千字
版　　次　2025 年 7 月第 1 版
印　　次　2025 年 7 月第 1 次
定　　价　98．00 元
广告经营许可证　京西工商广字第 8179 号

中国经济出版社　**网址** http://epc.sinopec.com/epc/　**社址** 北京市东城区安定门外大街 58 号　**邮编** 100011
本版图书如存在印装质量问题，请与本社销售中心联系调换（联系电话：010-57512564）

序

城市是现代社会发展的重要载体，城市间的流动网络则是支撑这一发展的关键力量。在全球化与信息化加速发展的今天，城市不仅是空间上的相互邻接体，还是信息与资源动态交织与流动的复杂系统。在这一背景下，国家中心城市发挥的作用愈加显著，其作为区域经济、文化和社会发展的重要引擎，对国家的整体发展具有深远影响。

本书以城市流动网络和国家中心城市的形成与发展为核心主题，提出并构建了具有创新意义的“城市流动空间分析框架”。这一框架既是对现有城市研究的延伸，也是对城市网络分析方法的一次突破。通过深入剖析城市流动网络的结构、模式及其变化规律，作者从多个维度（如金融企业、高级生产性服务业、高铁客运、信息流与知识创新等）对城市间的联系进行了系统测度与分析，为理解国家中心城市如何在区域发展中发挥核心作用提供了有力的理论支持。全书从理论框架的构建到实证分析的实施，层层深入，逐步展开。通过大量的数据实证分析与多维度的关系网络模型，不仅展示了城市间联系的多样性，还揭示了其背后复杂的内在规律，同时，运用现代数据分析工具与方法，成功地构建了具有学术深度与政策指导价值的国家中心城市分析体系，为未来对城市流动网络的进一步研究提供了新的视角。

本书的最大亮点莫过于其创新性地结合了跨学科的理论与实践，并为学术界及政策制定者提供了新的研究框架与决策支持工具，特别是在区域规划、城市治理、国家中心城市建设等领域，本书的研究结论具有重要的参考价值和实际应用意义。对于决策者与城市规划者而言，这不仅是一本理论性强的学术著作，也是一本可以指导实际操作的政策参考书籍。

在全球城市化进程日益加速的今天，如何理解并把握城市流动网络的内在规律，成为各国城市发展与区域战略制定领域的重要课题。通过阅读本书，我们不仅能够深入了解国家中心城市的形成机制，而且能够在更宏观的视野下审视现代城市与区域发展的多重挑战与机遇。

希望本书的研究成果能够为相关学者与政策制定者提供重要的启示与借鉴，为推动城市可持续发展、实现区域经济协调发展贡献更多智慧与力量。

2025 年 1 月 26 日

前言

随着全球化进程的不断加速，城市在全球经济和社会活动中扮演着越来越重要的角色。城市之间的流动和联系不仅影响资源的配置，也在极大程度上决定了区域经济和国家竞争力的提升。在这一背景下，理解和研究城市流动网络以及国家中心城市的形成机制，已成为现代城市学研究的重要课题。本书围绕城市流动网络与国家中心城市展开，提出了一种新的“城市流动空间分析框架”，并通过多维度的实证分析，探索了国家中心城市的形成机制和发展机制。

全书共分四篇、十一章。第一章为绪论，介绍了研究背景、理论框架、研究方法与技术路线，概述了本书的整体结构。第二章回顾了相关领域的理论研究，界定了城市流动空间、城市联系及测度城市联系的相关概念，并评述了国内外在这一领域的主要研究成果。第三章系统阐述了城市流动空间的理论基础，结合城市网络与城市流动空间的演化过程，提出了“城市流动空间分析框架”，并深入探讨了影响城市联系形成的多个因素。在理论框架的基础上，第四章详细分析了国家中心城市的成长条件及作用因素，指出了国家中心城市在区域经济发展中发挥的关键作用，以及其如何通过经济活动、资源配置等多方面功能，影响区域乃至国家的发展格局。第五章至第八章通过数据测度与实证分析探讨了主要城市的联系结构、联系流向、格局差异及网络强度差异，采用多种研究方法与技术，包括关系网络模型、社会网络分析、多主体分析模型等，深入地开展了实证研究。第九章在前述研究基础上，构建了城市网络节点体系，借助 Venn 图原理综合遴选出了国家中心城市，并分析了其在城市流动空间中发挥的关键作用。第十章总结了本书的研究结论与创新点，指出了研究中的不足，为未来研究指明了方向。第十一章从政策层面出发，提出了有关国家中心城市建设与发展的实践建议，以期为政策制定者和城市规划者提供有益的参考。后记部分记录了笔者的感悟，呼应了本书的研究主题，并为今后的学术探索留下了开放的思考空间。

本书的核心贡献在于提出了“城市流动空间分析框架”，并通过多维度数据和实证分析，揭示了国家中心城市在城市网络中发挥的核心作用。这一创新性的研究方法和视角，不仅丰富了城市流动网络的理论体系，也为国家中心城市的建设与发展提供了新的思路和实践指导。希望本书能够为学术界、政策界以及城市规划实践提供有益的参考，助力我国国家中心城市建设和区域协同发展。

在此，谨向所有为本书的完成提供支持与帮助的编辑、专家及学者表达诚挚的感谢，希望本书的研究成果能对学术界和实践界产生积极的影响。由于笔者水平有限，书中难免存在不妥之处，恳请各位读者批评指正。

孙　阳

2025 年 1 月 2 日

目录

第一篇

理论基础与研究方法

第一篇

理论基础与研究方法

第一章
绪　论

一座城市就像一朵花、一株草或一只动物，它应该在成长的每一个阶段保持统一、和谐、完整，而且发展的结果绝不应该损害统一，而要使之更完美；绝不应该损害和谐，而要使之更协调；早期结构上的完整性应该融合在以后建设得更完整的结构之中。

——霍华德《明日的田园城市》

第一节　研究背景与问题提出

一、研究背景

城市是人类赖以生存的文明载体，它不仅会因人类文明的演进而发展，还会因自身规模大小的限制与所处网络格局的差异，与其他城市形成一个遵循位序—规模法则（Rank-Size Rule）的城市等级体系，而且随着全球经济一体化与产业分工专业化的发展，这一等级体系促使城市间的相互作用更加显著、涉及内容更为广泛，城市位次不仅看规模，也与城市化地域的空间形态及城市在网络中的节点位阶有关（Castells，2010）。在这个城市等级体系中，处于最高阶的城市被称为全球中心城市，其次为国家中心城市，最后为区域中心城市。全球化、网络化与城市化三者的相互渗透，共同构成了信息时代城市空间最为重要的发展动力。从某种程度上讲，现代意义上的特大城市、中心城市在经济全球化与信息化的深入发展背景下发挥着极为重要的节点功能，这些城市一方面在全球的城市网络体系中占有关键的地位，另一方面在自身国家城镇体系中有着核心的功能。

在这个以全球中心城市、国家中心城市以及区域中心城市为核心的体系中，针对全球中心城市的研究居多，其中以全球化与世界城市研究网络（Globalization and World Cities Research Network，GaWC）小组对全球中心城市的研究成果较为突出，涉及的全球中心城市的评判指标、分析方法与定位排名相对客观。从这个意义上讲，正是因为全球中心城市的研究有着相对客观的衡量尺度与清晰的评价标准，各大城市才不至于争先恐后地热衷其排名以及由此带来的实际效益。国家中心城市则不一样，国家中心城市所处的中心、节点与枢纽等重要位置决定了其综合的功能属性，体现了国家中心性。尤其在我国这样一个疆域广大、人口众多的国家领土范围内，很多时候，国家中心城市可能只是在某个区域或城市群中起作用的中心城市，而非实质意义上的国家中心城市。因此，一方面造成了国家中心城市的定义比较含糊、边界不易把握，并由此引发各大城市对其入围与排名的盲目紧追热捧；另一方面给开展国家中心城市的相关研究工作带来了评判与衡量的滞后性。

因此，本书在回顾国内外相关文献的基础上，从城市流空间视角重点探讨城市间联系结构、联系流向、格局差异以及网络强度差异，由此确立城市网络节点体系，为选择国家中心城市作出相关分析与解释。

二、问题提出

在中国，国家中心城市作为国家城镇体系中的顶端城市，其地位和作用不再仅限于国内的经济中心、文化中心和政治中心，还在全球化和信息化背景下，呈现出前所未有的复杂性和多维性，尤其是在经济全球化和信息网络化快速发展的今天，经济活动能够突破地域限制，实现全球范围内的高度整合，使得城市的功能和形态发生深刻变化，国家城市等级体系也开始向全球城市网络体系转变（周振华，2006）。传统的国家城市等级体系已经无法完全适应现代全球城市网络体系的发展趋势，国家中心城市的定义和功能也在不断演化，亟待重新审视。

当前，国家中心城市的研究仍处于起步阶段，存在概念不清晰、功能界定模糊、评价方法欠缺系统性等问题。经济全球化、信息化以及城市化的深度融合，使得国家中心城市的角色越发复杂，其不仅要满足国内经济政治中心的功能，还必须具备在全球化进程中作为关键节点的能力。因此，在制定国家中心城市的遴选标准时，不能仅关注传统的城市规模、人口数量和经济总量，还应综合考虑其在全球城市网络中的地位、功能及其与其他城市的互动性。

此外，随着世界城市体系和全球城市网络的构建，国家中心城市的研究需要置于更加广阔的视野中进行考察。全球化背景下的城市不仅是地方经济活动的中心，还是全球资本、信息、科技和人才流动的枢纽。国家中心城市作为这些全球性网络的重要节点，其功能效用不仅要体现在国内，还要兼顾其在全球城市体系中的连通性、影响力和协同作用。因此，国家中心城市的研究必须借助更为完善的理论框架，结合国家城镇体系、世界城市体系及全球城市网络等多维度的视角，深入分析其在全球和国内两大层面所扮演的多重角色，探索其在全球化时代中的综合作用和发展趋势。从这一角度出发，本书提出国家中心城市的研究问题，通过构建科学合理的理论体系，为中国在全球化背景下的城市规划、发展策略以及国际竞争力的提升提供理论依据，为理解中国在世界城市网络中的定位、推进区域协同发展、推动高质量城市化进程提供重要参考。

全球化与本土化促使中心城市之间形成中心性新格局。在城市联系与空间格局的向中心性方面，全球化与本土化的背景引发了一系列新的结果。这是因为世界城市网络研究强调基于“过程”而非“地方”来理解世界城市，世界城市不再被静态地理解为控制和管理枢纽，而是融汇全球资源流动的网络化过程。这一视角一方面打破了世界城市体系的等级化观念；另一方面认同了所有城市都受全球化、网络化的影响，都有潜力整合进入全球网络的认识（马学广、李贵才，2011）。进一步讲，按照城市经济区理论，不同性质和层次的“流”是城市间相互作用的实质载体，集中体现城市间的各种关联。中心城市的发展再也不是孤立的“闭门造车”模式，而是面临开放的全球化网络与相互联系的本土化的新挑战，不断逼迫自身转型与功能提升。全球化将地理位置并不邻近但彼此联系密切的城市连接起来，赋予双方城市作为跨区域网络中心性的节点，与全球化网络相关；本土化是将地理位置相邻相接的中心城市连接起来，赋予双方城市以地方为中心性并形成地方中心城市，与本土化联系相关。简言之，这些中心城市是具有双重身份的地理存在，一个是与全球化跨区域网络相关，另一个是以地方本土性为中心。全球化与本土性改变了原有城市单一的身份作用，促使其在对内联系本土城市的基础上，形成对外联系国外城市的趋势，并形成空间中心性新格局。

全球城市网络促进中心城市功能向扁平化分工发展。城市作为全球或地方活动最重要的载体，在这种背景下呈现一系列新变化，如要素流动性加快、空间结构更为扁平、城市间的联系更为多样等。对于城市与城市之间的研究，采用等级体系的基本理论和规模分布的基本方法已不能适应新时代城市间联系问题的基本要求（冷炳荣等，2014）。与此同时，进入全球化以来，世界发达国家的城市化达到高度发达的水平，发展中国家的城市化进入了一个全新阶段，全球城市网络不断形成，并且不断产生世界级、国家级和地区级的中心城市。与之相对应的是，那些因在传统中心地体系中获得资源要素集聚、功能集中以及管理控制上优势的城市，其功能也在全球城市网络的转变下悄然发生改变。例如，纽约、巴黎、伦敦、柏林、东京、芝加哥、新加坡等处于全球网络上层位置的城市，重在营建高品质城市环境，着力发展金融、商务等生产性服务业，尤其强调创新创意产业对城市发展的意义；德国鲁尔区、英国曼彻斯特等面临转型的传统工业城市，致力于改善衰败的城市空间，在传统制造业基础上积极转型发展高科技、文化创意产业，以实现全面的城市复兴（周岚等，2016）。在全球城市网络中，中心城市考虑的不仅是其功能作用及其在国际上的地位、优势等因素，更多的是通过考察其融入全球城市网络的深浅程度并由此反映其对资本、技术、人力等生产要素的控制和配置能力，在全球化背景下，中心城市在全球城市网络或在国家城镇体系中的角色地位与竞争力则取决于后者。也就是说，全球城市网络通过促使中心城市功能由传统的功能过度集中于单个或几个城市向分散化、网络化以及扁平化的多中心城市网络体系分工转变，以支撑整个国土的均衡发展。

城市功能属性支撑国家中心城市的建设与发展。虽然国外没有国家中心城市的提法，但事实上它们的一些特大中心城市发挥着国家中心城市的功能（周阳，2012）。例如，美国的纽约、洛杉矶、芝加哥，日本的东京、大阪，德国的柏林、法兰克福，英国的伦敦、爱丁堡，俄罗斯的莫斯科、圣彼得堡，印度的新德里、孟买，等等。人们对这些城市的称谓虽然不同，如“国际大都市”“全球城市”“世界城市”等，事实上，这些城市都是代表国家实力的中心城市，也就是上述的国家中心城市（刘江华等，2016）。值得注意的是，国家中心城市更多强调的是其功能属性，而非字面意思上的行政色彩，既强调国家中心城市在世界城市网络体系中的节点作用，也保证国家中心城市在国家城镇等级体系中的职能作用。正如广东省委原书记汪洋（2009）所言，“一个城市究竟能不能成为国家中心城市，最终并不由政府规划说了算，也不是主观上想成就成，从根本讲是市场选择的结果，核心问题是看这个城市是否具备国家中心城市的功能”。抑或如姚华松（2009）所认为的“国家中心城市虽然带有一定的行政色彩，但更多涉及的是城市功能、地位与作用，对内是一国城市最高发展水平的代表，对外是一国参与全球经济循环的主要载体和重要平台”。

国家中心城市概念的产生与各地建设发展情况。2010 年 2 月，住房和城乡建设部发布《全国城镇体系规划（2006—2020 年）》，在该规划中明确提出了将建设北京、天津、上海、广州、重庆五大国家中心城市①。至此，“国家中心城市”的概念被提出，并指明国家中心城市是在经济、政治、文化、社会等领域具有全国性重要影响并能代表本国参与国际竞争的主要城市，是一个国家综合实力最强、集聚辐射和带动能力最大的城市代表，通常是全国性或区域性的经济中心、政治中心、文化中心、科教中心和对外交往中心（刘江华等，2016）。在考虑全球城市、国内城镇体系、新型城镇化以及地方诉求等综合背景的基础上，具有一定规模实力的各大城市争相申报建设“国家中心城市”的行动蔚然成风。据不完全统计，武汉、西安、成都、郑州、沈阳等城市已加入竞选。这还不包括有意向但未明确表态的城市，于是什么是国家中心城市、如何选拔和认定国家中心城

① 住房和城乡建设部城乡规划司，中国城市规划设计研究院．全国城镇体系规划（2006—2020 年）［M］．北京：商务印书馆，2010.

市，以及谁能成为下一个新晋“选手”，迅速成为热门话题。对此，在由国家发展改革委组织编写并发表的《国家新型城镇化报告2016》中也明确指明要规划布局中心城市，启动国家中心城市布局建设，开展国家中心城市研究[①]。具体而言，在国家发展改革委对武汉、郑州的复函《国家发展改革委关于支持武汉建设国家中心城市的指导意见》《国家发展改革委关于支持郑州建设国家中心城市的指导意见》中同意武汉、郑州建设国家中心城市；在落实国务院批复的《加快推进新型城镇化建设行动方案》中支持西安、重庆等地建设国家中心城市，两地在其编制的《关中平原城市群发展规划》《成渝经济区区域规划》中均有构建国家中心城市功能载体等相关内容。

在如何评估与衡量国家中心城市的研究方面，学者一方面借鉴城市竞争力排名的方法，通过对城市综合指标的测算来获取城市排名与数量对比，“以评代建”筛选出国家中心城市；另一方面借鉴主成分分析法，通过对多个城市指标的加权综合比较，如跨国总部的数量、国际展会的数量以及招商引资的力度等，分别赋予权重求算综合得分。上述做法的不足之处在于测评基本思想仍然是通过采集城市的属性信息对其进行等级排序，排序靠前的就是国家中心城市、区域中心城市等，得出的结果与传统的综合加权得分相差无异，只是在大规模的范围内作了城市等级的划分，并未客观且精准地刻画出城市作为网络体系节点中的大量隐性信息，更无法确定城市之间是怎样凝结成网的。基于此，本书通过构建城市流空间确立城市网络节点体系，遴选国家中心城市。在研究思路上形成从等级向网络、从属性向联系、从封闭指标体系向开放节点等特性转变：一是从等级向网络的转变。传统的中心地理论、核心—边缘模型以及增长极理论等区域经济基础理论，在一定程度上强调了城市在空间中的层级关系，即以规模为核心的等级评价体系；然而，这一视角存在静态、局限的问题，无法全面体现城市在全球化背景下所处的动态位置。因此，本书提出将视角由“塔尖”转向“网络节点”，即不再仅关注城市的规模和等级，而是着重分析国家中心城市在全球城市网络中所扮演的枢纽节点角色。全球化和信息化

① 何立峰．国家新型城镇化报告2016［M］．北京：中国计划出版社，2017.

推动了城市的高度互联，城市间的联系已经不再是单纯的层级关系，而是多维度、跨区域的网络关系。基于网络节点的视角，可以更精确地识别出在全球城市体系中具有重要影响力的中心城市。二是从属性向联系的转变。传统的城市研究往往侧重于城市的单一属性，如城市的规模、人口、经济总量等。然而，城市在全球化进程中逐渐呈现出更加复杂的联系结构，城市间的合作、竞争和资源流动成为决定城市地位的重要因素。因此，研究的重点应从城市单一的属性转向城市间的联系网络，考虑城市之间的互动关系和跨境协作。国家中心城市的功能和作用并非仅由其独立属性决定，还依赖于其在全球和国内网络中起到的纽带作用。三是从封闭指标体系向开放节点的转变。传统的城市排名和评价体系通常基于封闭的指标体系，侧重于定量分析，如城市的 GDP、人口数量、基础设施等静态数据。这种评价方式忽略了城市在全球化与网络化进程中的动态功能。本书主张通过开放视角，将国家中心城市视作网络中的“节点”，而非单一的“塔尖”或“核心”。每个城市不仅要在全球城市网络中发挥重要作用，还要在国内和区域城市群中承担一定的支撑和辐射功能，形成互联互通的动态节点关系。因此，国家中心城市的选择和研究应重视其在网络中的角色、功能和流动性，而非仅依赖传统的规模化指标。四是城市群背景下的国家中心城市定位。新型城镇化的推进已不再局限于单个城市的成长，而是以城市群为核心展开，国家中心城市不再是孤立存在的单一体，而是融入其所在城市群和区域经济体系中的重要节点。因此，在对国家中心城市的遴选过程中，需要将其置于所属城市群的背景下考察，考虑该城市在区域内的辐射带动作用、资源集聚能力以及对周边城市的支撑效应。通过分析其在城市群中的功能与定位，可以更精准地识别出在国家城镇体系中具有核心引领作用的城市，并为推动区域协同发展和优化资源配置提供理论依据。

国家中心城市的特殊地位为经济地理学的研究提供了很好的平台，为此，本书着重解决以下科学问题：

首先，国家中心城市的概念是什么、有哪些功能特征？如何在城市流空间、网络节点等方面认识城市联系与流向以及结构特征，这些特征与传统的以规模等级为核心的评价体系有何不同？另外，不同等级城市在全国城镇等级体系中的城市功能定位中发挥的作用大小有何不同？

其次，如何从城市流空间与联系的角度评估各级城市，建立城市网络节点体系，据此遴选出国家中心城市？这是本书的核心问题。

最后，在体现城市流空间重要性方面，国家中心城市的吸引力与辐射力都有哪些具体的表现？

第二节　研究对象

在国家每个行政区划范围内，都需要中心城市来支撑国家战略意图的贯彻落实，因此国家中心城市应当在国家直辖市、省会城市、自治区首府或计划单列市中遴选。即直辖市、特别行政区、GDP 大于 1600 亿元且市区人口大于 200 万的城市（除港澳台外），以及其他副省级城市、经济特区城市以及省会城市等 41 个城市。从经济地理的视角来看，国家级、地区级中心城市主要是不仅能充分发挥国家级或区域级中心城市的作用，还要是重要的金融中心、重要贸易港口以及旅游中心城市。从城市群或经济区的视角来看，城市群与经济区亦有大小、重要一级与次要一级之分，国家级与地区级的中心城市应当是城市群的核心城市、经济区的经济中心城市。

第三节　研究思路与技术路线

本书的研究思路与主要内容如下：

第一，通过对现有理论文献的梳理，建立以中心城市、空间流、世界城市理论以及全球城市网络为基础的理论背景，进一步通过构建“城市流空间分析框架”，把城市联系与网络结构的相关理论嵌入相应的理论框架中进行分析，梳理并细化城市流空间的理论。

第二，分别基于静态经济数据与动态流量数据对联系结构、联系流向、格局差异、网络强度差异进行研究，选择统计年鉴、统计公报等属性数据与大型金融企业、高级生产性服务业（APS）、高铁客运、信息流与知识创新等关联数据，从不同角度探究功能网络视角下城市联系结构、联系流向、格局差异、网络强度差异特征，据此划分城市网络等级、确定国家中心城市。

第三，依据已构建的“城市流空间分析框架”，探讨城市联系在流动空间视角下的形成过程和演变规律。通过细化不同类型城市间联系的生成与演化路径，揭示城市流空间中联系的动态变化机制。重点分析城市间在全球化、区域化和地方化三重维度下的相互作用，以及城市联系如何在不同层级、不同空间尺度下表现出不同的特征与功能。

本书的技术路线如图 1.1 所示。

第四节　研究方法与数据

本书的研究方法与数据如下：

（1）文献资料分析方法。通过广泛收集国内外学者关于世界城市体系、全球城市网络、国家城镇体系和中心地理论等方面的相关文献资料，能够为研究提供理论支持和参考依据。文献资料分析方法包括对各类文献的详细阅读、评析和总结，目的是梳理出当前领域的研究热点、前沿理论及发展趋势，找出研究空白点与亟待解决的科学问题。在全球化背景下，国家中心城市的功能与作用逐渐受到学术界的关注，通过对相关文献的综合分析，能够更好地理解和把握中心城市发展的内在规律，为本书的理论框架与实证分析提供重要参考。

（2）联锁网络模型（INM）。联锁网络模型是一种用来分析城市之间相互联系的方法，它基于 APS 企业的联系，强调城市之间通过共享的服务职能形成联系。该模型的核心假设是，不同城市之间的联系可以通过城市中 APS 企业的关联来转化。在这个过程中，首先需要构建企业—城市关系矩阵，并对不同城市中 APS 企业的服务价值进行赋权，进而构建城市—城市关系矩阵。这种关系矩阵不仅能够反映城市间的经济联系和合作情况，还能帮助研究人员揭示不同城市在全球或区域经济网络中的角色和位置。通过联锁网络模型，可以进一步分析城市间的资源流动、经济协作与信息交换，进而为城市网络的优化提供科学依据。

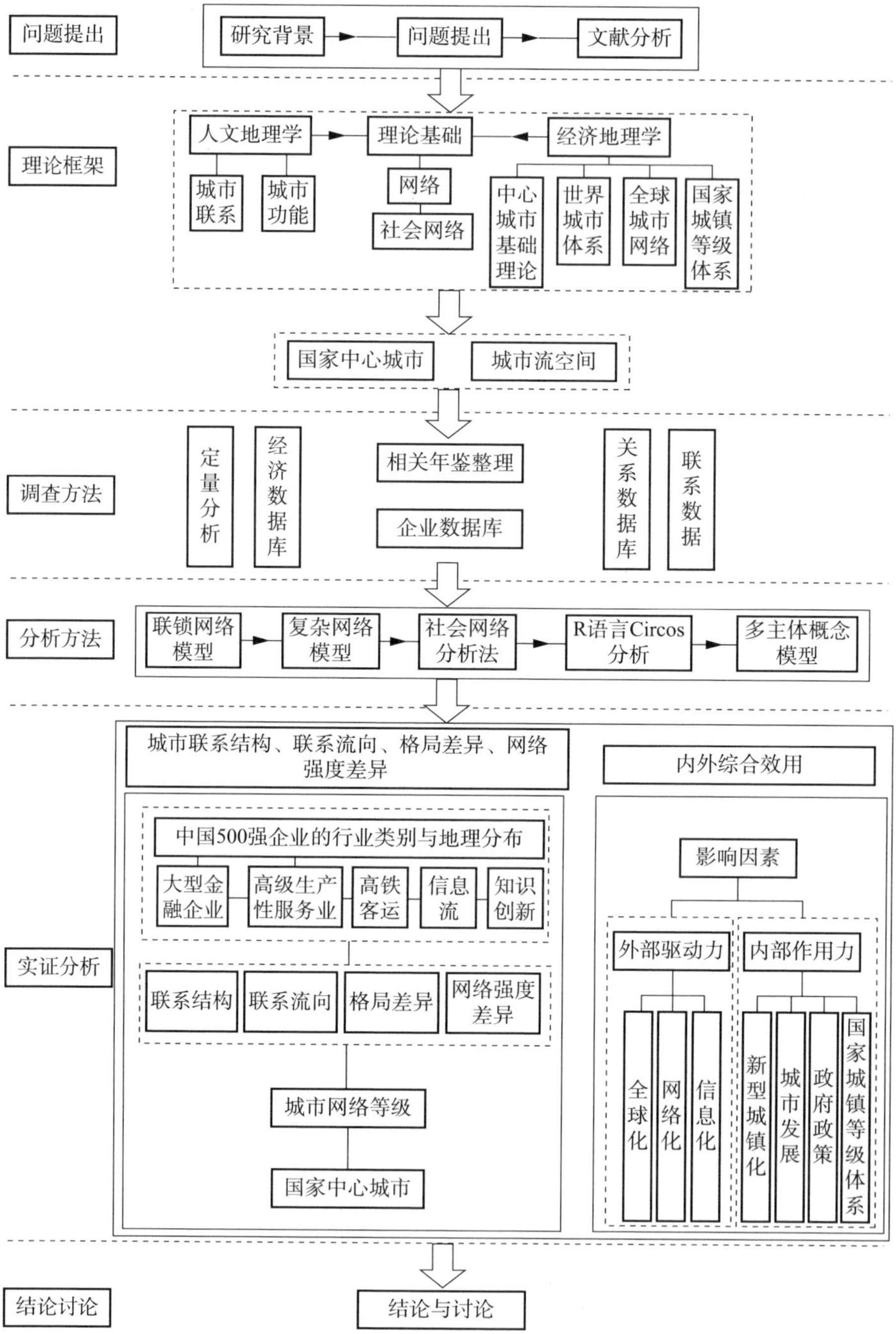
问题提出
研究背景
问题提出
文献分析
理论框架
人文地理学
理论基础
经济地理学
城市联系
城市功能
网络
社会网络
中心城市基础理论
世界城市体系
全球城市网络
国家城镇等级体系
国家中心城市
城市流空间
调查方法
定量分析
经济数据库
相关年鉴整理
企业数据库
关系数据库
联系数据
分析方法
联锁网络模型
复杂网络模型
社会网络分析法
R语言Circos分析
多主体概念模型
实证分析
城市联系结构、联系流向、格局差异、网络强度差异
内外综合效用
中国500强企业的行业类别与地理分布
大型金融企业
高级生产性服务业
高铁客运
信息流
知识创新
联系结构
联系流向
格局差异
网络强度差异
城市网络等级
国家中心城市
影响因素
外部驱动力
内部作用力
全球化
网络化
信息化
新型城镇化
城市发展
政府政策
国家城镇等级体系
结论讨论
结论与讨论

图 1.1　本书的技术路线

（3）社会网络分析法（SNA）。社会网络分析法是一种广泛应用于社会学、经济地理学等领域的分析工具，用于研究网络结构、节点角色、中心度、集群等方面的特征。该方法特别适用于研究不同城市在复杂网络中的关系、相互作用与影响力。在城市网络研究中，SNA 能够帮助研究人员量化各个城市的网络中心性，并分析不同城市在全球或区域城市群网络中的作用与影响力。结合 GIS 方法，可以通过空间分析工具更直观地展示不同城市在网络中的相对位置，揭示城市群内核心城市与边缘城市之间的相互作用以及不同城市的角色与地位。此外，SNA 还可以分析城市群的集群特征，有助于识别和定义城市群内部的功能分工与协作模式。

（4）R 语言编程。Circos 环状图是由加拿大生物信息科学家 Martin Krzywinski 开发的，最初用于基因组学研究，因其独特的环状结构和直观的数据展示方式也适用于其他领域的网络可视化分析。在城市网络研究中，Circos 图能够清晰地展示不同城市之间的网络联系，尤其是在分析城市群内各城市之间的互动与资源流动时具有显著优势。环状图的外层表示各城市在整个城市网络中的比例，内层条带的宽窄反映城市间网络联系的强弱程度。不同颜色代表不同的城市，条带的流向则表明城市之间的联系流向。这种图形化的展示方法，能够帮助研究人员更直观地把握城市群内外的连接模式与信息流动路径。

（5）Venn 方法。Venn 方法是一种常用的集合论工具，用于分析集合之间的交集、并集和差集等关系，能够清晰地表达多个群体之间的重叠和差异。在城市网络研究中，Venn 方法能够有效地识别不同城市群、不同层级城市之间的联系与互动，尤其适用于分析国家中心城市与其他城市之间的共性与差异。该方法的逻辑可以通过列表或其他形式直观呈现，有助于筛选出具有代表性的国家中心城市，并揭示它们在不同网络中的地位和作用。

（6）基础数据。在城市网络研究中，基础数据的采集与处理至关重要。属性数据通常包括城市的人口、经济、科技、文化等基础信息，而关系型数据则关注城市之间的联系和互动。通过分析金融企业、高级生产性服务业以及高铁客运等领域的关系型数据，研究人员能够揭示不同等级城市之间的互动与联系，并进一步构建国家中心城市的网络模型。

关系型数据的分析可以帮助研究者识别城市间的资源流动路径，评估不同城市的辐射效应，并揭示国家中心城市在整个城市网络中的重要地位和功能。通过大数据分析和信息处理技术，能够提供更加精确的城市网络关系和功能结构，助力研究人员在全球或区域尺度上描绘出城市群和国家中心城市的演化轨迹。

第五节　章节安排

第一章为绪论。介绍了研究背景、理论框架、研究方法与技术路线，概述了本书的整体结构。本书共分四篇、十一章，具体章节安排如下：

第二章为理论回顾。界定了本书所涉及的相关概念、内涵，回顾城市功能的定位与演变、城市流动空间、基于不同方面城市流的城市联系以及测度城市联系的动力因素等的文献，并对相关文献进行评述。

第三章为城市流动空间理论与框架。探讨城市流动空间的概念、内涵、演化过程以及城市流空间视角下城市联系的分类、组成结构特征、影响城市联系形成的因素。其中，将城市网络与城市流空间的演化过程、城市联系结构要素与联系分类等研究结合在一起，构建城市流空间分析框架，提出从大型金融企业、高级生产性服务业、高铁客运、信息流与知识创新五个维度明晰城市联系结构、联系流向、格局差异以及网络强度差异，在确定城市网络节点体系的基础上划分国家中心城市的识别标准。

第四章为国家中心城市成长条件及作用因素分析。国家中心城市起着组织经济活动与资源配置，主导经济发展与连接国内外市场的重大作用。国家级中心城市将会与世界级中心城市紧密地联系在一起，其中心城市的综合功能、特质与形态也将发生新的变化。分析影响国家中心城市形成的外部驱动力与内部作用力因素，以及由此形成的内外综合效用。

第五章、第六章、第七章、第八章分别测度主要城市的联系结构、联系流向、格局差异以及网络强度差异，并建立城市网络节点体系，由此遴选出国家中心城市。分别采用中国 500 强企业中的大型金融企业数据、高级生产性服务业数据、城际高铁客运班车数据、百度指数信息流数据、知识创新数据进行分析。首先通过基础数据、年鉴数据等属性数据展开行业类、地理分布以及城际客运量的变化分析；其次采用关系数据，通过联锁网络模型、社会网络分析、多主体概念模型以及 R 语言 Circos 的流向图分析，展开不同方面的城市联系与网络结构实证分析；最后建立基于大型金融企业、高级生产性服务业、高铁客运、信息流、知识创新的城市网络节点体系。

第九章在第五章至第八章的城市联系结构与联系流向等判别的基础上，形成城市网络节点体系，借用 Venn 图原理遴选出国家中心城市，分析由此产生的城市网络节点体系以及城市流空间结构。

第十章为研究结论与展望。总结本书的主要结论，指出可能的创新点、研究不足与展望。

第十一章为政策建议。提出了有关国家中心城市建设与发展的政策建议，以期为政策制定者和城市规划者提供有益的参考。

后记：一张未完成的流动网络。讲述作者个人视角对城市流动网络研究的理解与感悟，呼应序中内容。

第二章

理论回顾

由于城市太复杂了，所以你可以设计房子，但永远设计不了城市，而且也不应该去设计城市。城市是巨大的自然现象，超过了我们改变事物的能力，也超过了我们所能了解的关于应该如何去改变城市的知识。

——凯文·林奇

第一节 核心概念解读

一、“流动空间”及其发展脉络

1996 年，著名城市社会学者曼纽尔·卡斯特在《网络社会的崛起》中提出“流动空间”的概念。进入 21 世纪以来，信息技术深刻地改变了人类的生活方式，改造了商业运行模式和企业组织模式，重塑了区域的经济和社会空间，间接地影响了城市群地域空间结构的演变（甄峰、顾朝林，2002；刘卫东、甄峰，2004）。Castells（1989，1996）提出的流动空间（Space of Flows）概念，设想出一个由计算机网络创造的新生产与管理空间，即流动空间，并从技术决定论出发，认为流空间将取代场所空间，将流动空间从纯粹的虚拟技术空间尺度扩展到地理空间与社会网络尺度。人及其所构建的社会网络的作用被考虑在内，它一方面通过其中的城市节点产生与积累影响力，另一方面被穿行而过的各种流所生产和再生产，最终将取代地方空间（Space of Place）成为主导区域空间组织形式的决定性力量（Taylor et al.，2002）。

流动不仅是社会组织中的一个要素，还支配了经济、政治和象征生活过程的表现（Castells，2001）。当前已进入一个可以称为“流动社会”的新社会形态：所有过程的物质基础都是由流动所构成的社会，而其中的权力和财富是在承载信息流动的全球网络中组织起来的（Castells，1996）。“流”表示空间联系，可用于识别空间格局，这也是流空间的基本要义。相较于传统通过“要素分布”或“重力模型”刻画城市间联系所体现出的“静态格局”，基于流数据的判别更直观和科学，也更贴近空间关系的本质（陈伟等，2017）。高铁主导时代的区域空间形式已不再是“地方空间”，而是“流动空间”。流动空间通过时间对空间的替代，逐步改变传统的空间关系（张学良、刘学华，2013）。

因此，流动空间理论为理解当代城市和区域的发展提供了新的视角，不仅揭示了全球化、信息化时代城市间联系的深层次动力，还为研究城市群与都市圈的空间结构演变提供了理论依据。基于流动空间的视角，城市的空间组织不再局限于静态的地理范畴，而是动态的、由各种流动构成的复合型空间系统，展示了全球城市网络中复杂的互动和相互影响。

二、中心城市基础理论

一般而言，中心城市的基础理论包括中心地理论、中心—外围理论、增长极理论、点轴开发理论等。

（1）中心地理论。中心性（Centrality）是城市地理学中一个重要的概念。德国经济地理学家克里斯塔勒（Christaller，1966）在《德国南部的中心地》一书中，最先提出“中心地”和“中心性”的概念。中心地是指为自己及以外地区提供商品和服务等中心职能的居民点；中心性是衡量中心地等级高低的指标，是指中心地为其以外地区服务的相对重要性，其服务内容包括商业、服务业、交通运输业和工业（制造业）等方面。每一等级的中心地都平均分布于区域中，中心地理论特别强调不同等级中心地之间单向—垂直的关联。“单向”是指低等级的中心地必须依赖较高等级的中心地，反之亦然。同一等级城市间的水平联系是不存在或多余的，因为这些城市提供相同的商品和服务。中心体系的三种排列组织形式见图 2. 1。

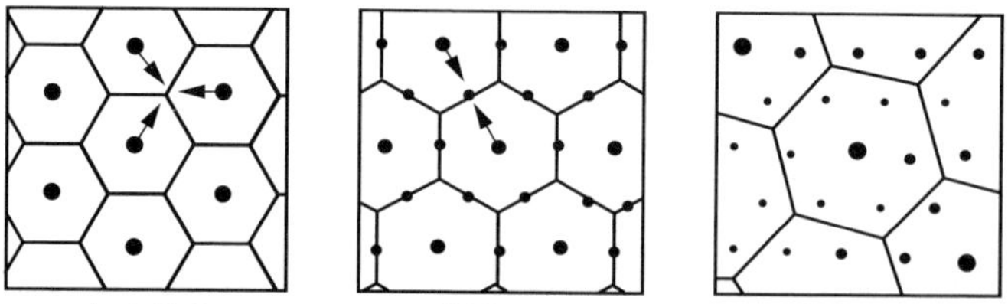

图 2. 1　中心体系的三种排列组织形式

（2）中心—外围理论。中心—外围理论（Center-Periphery Theory）也称核心—边缘理论（Core-Periphery Theory），是由多位学者发展起来的区域发展和区域开发理论。中心—外围理论源于美国学者波尔洛夫（Perloff）对 19 世纪以来美国经济空间组织的分析。他把 20 世纪中叶的美国分为中心区和外围区两部分，前者是工业和市场的中心区，人均收入水平高，是大规模服务业的集聚点，是新兴工业建立的温床；后者是专门从事资源型和中间产品生产，以满足中心区原材料需求的地区。全面论述中心—外围关系的主要有瑞典的缪尔达尔（Myrdal，1957）和赫希曼（Hirshman，1958），他们的论述至今仍具有影响力。弗里德曼（Friedmann，1973）则是中心—外围理论的集大成者（Larkin and Peters，1983）。其中，作为不平衡增长理论倡导者之一的缪尔达尔提出了自己的不平衡发展模型，核心概念是“循环积累因果机制”。赫希曼的经济发展观点在许多方面与缪尔达尔的观点相似。赫希曼认为，极化发展是一种自然过程，尤其是在发展的早期阶段。赫希曼发现了两种类似的效应，即极化效应（Polarizing Effect）和涓滴效应（Trickling Down Effect）。他认为随着时间的推移，中心区与外围区之间的各种差别将消失；如果差别不消失，那么国家必须对市场系统进行干预。弗里德曼指出，中心—外围模型可以有不同的规模（大到全球，小到很小的区域），但其中心和外围的性质与内涵是不同的，并且区域可以有多中心和多外围。实际上，中心—外围模型起源于一种观念，即任何地区都可以分为中心（核心）和外围。经济增长的空间动态过程见图 2. 2。

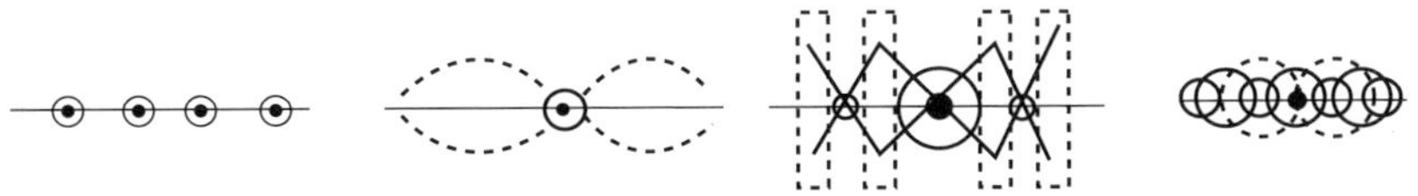

（a）前工业化阶段　（b）工业化初期阶段　（c）工业化成熟阶段　（d）空间相对均衡阶段

图 2.2　经济增长的空间动态过程

资料来源：崔功豪，魏清泉，陈宗兴．区域分析与规划［M］．北京：高等教育出版社，1999：229.

（3）增长极理论。增长极（Growth Pole）概念最早是由法国经济学家佩鲁于 1995 年提出的。其基本观点是："增长并非出现在所有地方，它以不同的强度首先出现在一些增长点或增长极上；它通过不同的渠道向外扩散，并对整个经济产生不同的影响。"佩鲁理论的基本要点可概括为：①经济增长不是均衡的，存在极化效应。②技术变化和创新对经济增长有重要作用。W. Thompson 认为，大城市地区的主要优势并不在于其传统意义上的经济基础，而在于它具有创新能力（Rees ，1986）。③"极化"依赖具有特殊性质的一个或多个推进型企业。④推进型企业具有规模较大、增长速度较快、有充足的货物供应、与其他工业市场联系紧密、具有创新精神的特征，这类推进型企业的集中地即为增长极。⑤推进型企业通过前后联系实现其在经济空间中的扩散效应，从而带动区域经济增长极理论承认经济发展在地理空间上的不平衡性（极化）和各不同节点（城市，即不同等级的增长极）的空间作用，以及增长极潜力的差异，这对欠发达地区的增长极确定、城市发展具有一定的指导意义（姚士谋等，2008）。

（4）点轴开发理论。点轴开发理论是中国学者陆大道于 20 世纪 80 年代初提出的一种区域发展理论。其形成过程如图 2.3 所示，在经济社会的空间组织过程中会经历四个阶段：①在生产力水平低下、社会经济发展极端缓慢的阶段，生产力是均匀分布的；②到工业化初期阶段，随着矿产资源的开发和商品经济的发展，首先在增长极（如 *A* 点和 *B* 点）出现工矿业或城镇，并适应经济社会联系的需要，经济点之间建立交通线路；③由于集聚效应的作用，资源和经济设施继续在增长极上集中，建立若干大型企业，交通线进而发展成为交通线、能源供给线、通信的线状基础设施束，并在沿线及周边基础条件适宜的地区出现新的集聚节点（如 *C* 点、*D* 点、

E 点、*F* 点），交通线等基础设施得到相应延伸；④这种模式进一步发展，发展条件好、效益水平高、人口和经济技术集中的地带形成发展轴，其中经济社会节点形成明显的空间级联体系，依附于先发的发展轴将形成一系列发展轴线，形成以“点—轴”为标志的空间结构系统。

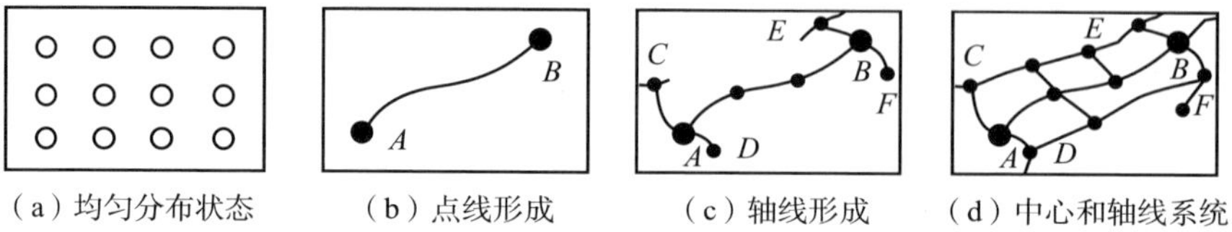

图 2.3　点轴系统演化过程

资料来源：崔功豪，魏清泉，陈宗兴．区域分析与规划［M］．北京：高等教育出版社，1999：236.

三、国家中心城市

1. 概念内涵

国家中心城市的概念，多从功能属性的角度去定义。国内有研究报告指出：“国家中心城市是指在经济、政治、文化、社会等领域具有全国重要影响并能代表国家参与国际合作与竞争的主要城市，是一个国家综合实力、辐射带动能力最强的城市，它起着组织经济活动和配置资源、主导经济发展和联结国内外市场的重要作用。”① 彭丽敏（2013）认为，要深入理解国家中心城市，对其认识不能过多地集中在行政的角度，而应集中在功能的角度，即这里的“国家”更多地指“国家功能”，而不是“国家级”。中央党校国际战略研究所陈江生教授（2009）论述道，国家中心城市是一个国家的经济增长中心，是其所在地域城市群的发展龙头，也是国家的经济控制中心（包括资金、贸易、技术以及产业）和国家文明的辐射源。《全国城镇体系规划（2006—2020 年）》提出，国家中心城市是指全国城镇体系的核心城市，在我国的金融、管理、文化和交通等方面都发挥着重要的中心和枢纽作用，在推动国际经济发展和文化交流方面也发挥着重要的门户作用，国家中心城市已经或将要成为亚洲甚至世界的金融、管理、

① 国家发展和改革委员会宏观经济研究院．广州迈向国家中心城市的战略抉择（内部文稿）.

文化中心。综上所述，国家中心城市是国家综合实力的体现，其在区域乃至全球经济、文化和政治体系中占据着核心地位。国家中心城市不仅通过其在国内的功能作用推动国家经济发展和区域一体化，也通过参与国际竞争与合作，提升国家在全球化时代的战略地位。因此，研究国家中心城市的功能属性，不仅有助于理解其在国内城镇体系中的地位，也为全球视野下的城市竞争力分析提供了重要的理论支持。

2. 国家中心城市的功能

刘江华等（2016）认为，考察国家中心城市的功能属性逻辑起点应该从一般城市的功能属性开始，因为无论是哪一级城市，都具有城市的基本属性。国家中心城市功能与一般中心城市功能不同，其更注重功能的外向性。国家中心城市在全球参与能力、全国城市体系的核心地位和区域的领衔作用都是其外在联系与发展的重要体现（宋思曼，2013）。

在全球化时代，国家中心城市的功能之一，就是能代表国家参与国际经济、文化等领域的竞争，能够在全球城市网络中成为重点节点（刘江华等，2016）。从不同理论基础出发，对国家中心城市的理解侧重点也不尽相同。经济学家 M. Sombart 将中心城市功能分成了“基本功能”和“非基本功能”两大部分，将两部分的关系形象地理解为“骨”和“肉”的关系。从经济学的角度认为城市就是经济活动的主要集中地，城市的“基本功能”指由城市向城市以外地区的供给所引起的经济活动，它是城市得以存在和发展的经济基础，是城市发展的主要动力；中心城市的“非基本功能”主要是由满足城市内部的需求引起的经济活动。Fernandez 等（2012）指出，在全球化背景下，某些城市由于缺乏新的经济功能而面临收缩和衰退的挑战①。弗里德曼认为：“一个城市地位和作用的大小，不在于人口规模的大小，而在于参加国际经济社会活动的程度以及调控和支配资本的能力。”同样，一座一定能级的城市，必须具备与级别相匹配的城市功能，也就是说，中心城市等级与中心城市的功能是呈正相关的（宋思曼，2013）。中心地理论认为“中心”的本质就是其城市的功能中心，而非地理意义上的位置中心。由此，国家中心城市的本质决定了外部性功能

① Fernandez C, Audirac I, Fol S, et al. Shrinking Cities: Urban Challenges of Globalization [J]. International Journal of Urban & Regional Research, 2012, 36 (2): 213-225.

(见图 2. 4)。综上所述，国家中心城市的功能不局限于国内的经济和文化活动，它们还承担着重要的外向性功能，在全球化进程中扮演着国家的“国际门户”角色。通过其全球参与能力、国际经济与文化活动的深度融入，以及在全球城市网络中的核心地位，国家中心城市成为国家经济和文化辐射的关键力量。随着全球化进程的推进，国家中心城市的外向性功能将愈加重要，这些城市的核心地位将进一步巩固，并对国家乃至全球的经济格局、政治格局和文化格局产生深远影响。

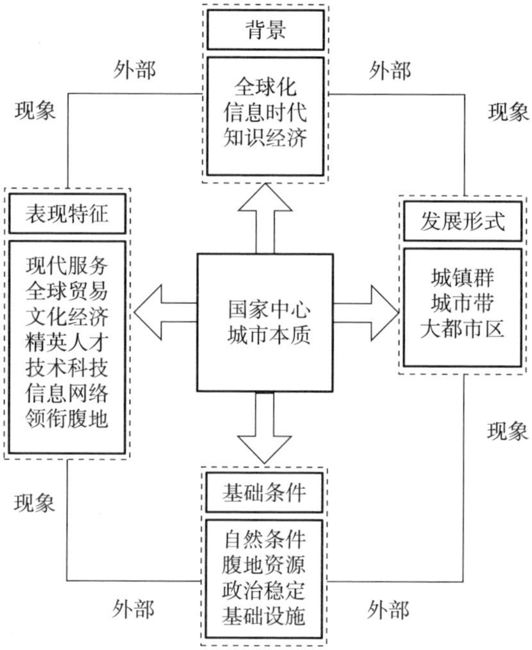

图 2. 4　国家中心城市的外部现象

资料来源：宋思曼. 国家中心城市功能理论与重庆构建国家中心城市研究 [D]. 重庆：重庆大学建筑城规学院，2013.

从经济地理学角度来说，国家中心城市主要发挥重要的中心与枢纽作用，也是我国在对外开放、区域空间布局、城市发展转型与功能提升上的重大举措。不同学者所持观点各异，但大多认为国家中心城市主要发挥其较强的集散与创新（王伟，2007）、文化引领与综合服务（朱小丹，2009）、门户设施与交通枢纽（王缉宪，2004），以及强大的国家影响力与国际竞争力（姚华松，2009）作用。首先，国家中心城市引领与带动区域发展。国家中心城市具备全国最高城市层面的中心性与全球网络体系中的节点性，如北京、上海、广州在其所依托的城市群背景下，在全国城市范围内引领城市群区域内的不同等级城市协调发展、带动周边中小城镇的经济活动频次增加，在全球层面可引领三个沿海城市群进入世界城市体系的中心位置与全球城市群网络的节点位置，以积极发挥国家中心城市的支撑、服务、辐射、带动作用。其次，国家中心城市优化对外开放与协调区域空间布局。"一带一路"倡议下对外开放格局从沿海转向沿海与内陆并重，在这一背景下国家中心城市一方面优化对外开放的区域开放局面，促进全国城镇体系中各等级城市相对均衡的对外开放格局，以保持城市活力，培养区域层面的经济新引擎；另一方面协调区域空间布局，各等级城市的定位与功能不尽相同，中心性表现也有差异，有的城市具备交通枢纽属性，有的城市具备国际门户属性，有的城市具备经济中心属性，各不同中心城市在区域的布局从东部到西部，从沿海到内地，在其所处的区域内都具有不可替代的核心地位。最后，国家中心城市加速城市转型与功能提升。从功能角度来看，城市发展转型是手段，国家中心城市功能提升是目标；城市发展转型是因，国家中心城市功能提升是果。这就涉及城市发展要素的提升与要素组合结构的提升（刘江华等，2016）。

四、世界城市体系

"世界城市"一词最早由 Geddes（1915）提出，是指伦敦等大都市与周边地区形成组合城市（Conurbations）的地理现象。现代世界城市研究始于霍尔（Hall，1966），他在《世界城市》一书中将世界城市解释为对世界大多数国家发生经济控制、政治控制、文化控制的大都市，他分析了当时典型的 7 个世界城市的空间形态、结构与主要功能。科恩（Cohen，1981）率先以新国际劳动分工理论为基础，分析跨国公司如何凭借强势力量影响地方的政治经济结构、城市体系组织发展，进而转向世界城市研究。20 世纪 80 年代中期，弗里德曼和沃尔夫认为世界城市是新国际劳动分工和全球经济一体化背景下的产物，它的本质特征是拥有全球经济控制的能力，它充分表现为少数关键部门的快速增长，包括企业总部、国际金融、全球交通和通信、高级商务服务等。受沃勒斯坦世界体系理论影响，弗里德曼把世界分为核心和半边缘两大区域，在此基础上界定18个核心地区的世界城市以及12个半边缘地区的世界城市，由此形成世界城市等级体系，为后来的世界城市研究奠定了基础（宁越敏，2015）。

20世纪80年代，弗里德曼（1986）和Sassen（1991）建立起了世界城市研究的理论框架，引发了城市研究领域一场研究范式的变革。弗里德曼（1986）和萨森（1991）分别采用跨国公司总部和六大生产性服务业作为世界城市的衡量指标，建立了主要以纽约和伦敦为原型的经典世界城市模型。新国际劳动分工是世界城市形成的基本动力（Friedmann，1995；Cohen，1981），也是世界城市与全球城市网络形成的经济社会基础。经典世界城市理论认为城市在新国际劳动分工中扮演的角色对城市内部结构变化具有决定性作用，强调不应仅从社会生态学角度将城市变化解释为由人口和空间驱动的自然过程，而应将城市置于更广的世界经济体系的框架中加以分析。构建城市与世界经济的直接联系是世界城市研究的核心，标志着城市研究范式的重大转变（Friedmann，1986；Sassen，1991）。

在世界城市体系研究方面，弗里德曼（1986，1995）主要延续了世界体系理论的研究思路，从国际劳动分工的视角考察世界城市的功能特征。皮特·泰勒（Peter J. Taylor）延续萨森全球城市的研究思路，通过生产服务公司办公网络的多变量分析，得出世界城市体系的划分方案，通过各种指标描述世界城市体系中城市之间的联系。1998年，英国电讯咨询及国际通讯公司对25个全球城市电信竞争力进行排位，从全球电信的角度反映世界城市体系的组织；2015年，日本森纪念基金会（The Mori Memorial Foundation）的城市全球实力指数研究从城市竞争力的角度涉及更广泛的领域，包括经济、社会、生态环境、文化、旅游等研究内容（见表2.1）。

表2.1　世界城市体系划分主要方案与评价

代表人物/组织	划分方案或内容	理论缺陷
弗利德曼	依据城市处于世界体系的核心区还是边缘区，以及这些城市的功能特征进行划分	给出了全球城市体系的概貌，但缺乏对各个城市及城市之间社会经济联系的实证分析
皮特·泰勒	强调高级生产性服务业对世界城市体系的作用，通过55个城市、46个生产性服务公司办公网络的多变量分析进行划分	通过各种指标描述世界城市体系类别，但在经济联系的网络中缺乏城市等级及功能类别的识别

续表

代表人物/组织	划分方案或内容	理论缺陷
亚伯拉罕森	全球城市体系的变化不只在于经济活动的全球扩展；另一个重要现象是后现代主义文化的兴起与发展、文化与经济密切地联系在一起	确定了经济与文化相结合是进行世界城市体系划分的趋势，但如何将经济与文化两个方面的要素纳入一个统一的框架仍然没有解决
日本森纪念基金会	从城市竞争力的角度涉及更广泛的领域，包括经济、社会、生态环境、文化、旅游等研究内容	综合性指标体系，更多地从城市竞争力的角度探讨城市实力比较，与以往探讨世界城市固有内涵有所偏离
英国电讯咨询及国际通讯公司	强调信息技术对全球化的作用。全球城市必须发展促进信息流动的基础设施，提高在城市体系中的等级	体现了电信等基础设施在全球经济的地位，但难以全面反映全球城市体系的全貌

资料来源：吕拉昌．全球城市理论与中国的国际城市建设［J］．地理科学，2007，27（4）：449-456.

五、全球城市网络

1991 年，萨森在全球化背景下正式提出全球城市的概念，形成目前关于世界城市以及世界城市体系研究的标准范式。萨森强调生产性服务业在全球城市经济中的地位。受新自由主义思潮影响，她强调去国家（调控）化和全球城市之间的竞争，认为全球城市是全球化发展的结果，是全球经济协调与控制的节点，更加关注全球城市发达的生产性服务功能。她在著作《全球城市：纽约·伦敦·东京》中提出 APS 的概念，不足之处在于仍是多个城市之间的比较研究，重属性数据、轻关系数据。城市社会学大家 Castells（2011）提出了相对于工业时代而言的信息时代社会、经济、空间等系统的解构与重构过程，在空间研究中提出了有别于传统“地方空间”的“流动空间”经典理论，并在之后进行了详细的阐述与提升。

Castells 构建了基于关系连接的世界城市研究框架，为 GaWC 小组的世界城市网络研究提供了理论支持，但在实践研究中数据是“贫乏”的，需要强化世界城市体系中的关系数据收集工作，这就是 GaWC 小组为世界城市研究作出的巨大贡献（杨永春等，2011）。英国拉夫堡大学地理系的全球化与世界城市研究小组的泰勒和毕沃斯托克主要依据萨森的理论，开展世界城市网络的研究。在该研究中，以网络代替等级，采用社会网络分析法，选取 APS 中会计业、广告业、金融业、律师业和管理咨询业代表性企业的内部网络，用以测定城市之间的网络联系，城市的地位由其在网络中的连接性决定（宁越敏，2015）。泰勒等从“容纳力、支配指挥力和通道”三个方面和七个不同侧面对全球城市网络作用力进行了测度，史密斯等提出根据城市与城市间人口、劳务、商品、资本和信息等要素的流动强度和流动方向划分世界城市等级，此外，还包括泰勒根据全球城市报刊业的地理分布、Tee 等采用国际航班旅客资料对全球城市网络之间联系的研究（周振华，2008）。2000 年，泰勒和沃克根据生产服务业公司的相关资料，充分考虑了世界城市的全球性和地方性影响，将世界城市划分为 Alpha、Beta 和 Gamma 三个等级。其中，北京和上海分别位居 Gamma 级世界城市网络阶层（见表 2.2）。

表 2.2　2000 年和 2004 年世界城市网络中的亚太城市

2000 年			2004 年		
排名	城市	网络连接度	排名	城市	网络连接度
3	香港	0.724	3	香港	0.731
5	东京	0.694	5	东京	0.69
6	新加坡	0.645	6	新加坡	0.671
18	台北	0.488	19	吉隆坡	0.478
23	雅加达	0.465	22	北京	0.456
28	吉隆坡	0.434	23	上海	0.452
30	上海	0.429	24	首尔	0.449
31	曼谷	0.428	25	台北	0.446
33	北京	0.421	27	曼谷	0.441
38	首尔	0.413	28	雅加达	0.438

第二节　城市空间流的研究进展

本节紧紧围绕“城市空间流”这一核心方向，基于人地关系这一核心主题，把国家中心城市的测度研究分为通过城市“空间流”得到的直接测量与通过跨国跨区域各类企业业务关系得到的间接测量，并对其进行研究，其中：①直接测量城市联系的研究集中于分析城市之间的经济流、信息流、人流与交通流等方面，主要以城市各类基础设施（公路、铁路、航空、水运、互联网等）产生的与经济社会正常运行有密切关系的基础数据为支撑，对与城市联系相关的问题进行研究。②间接测量城市联系的研究，主要分析城市间不同微观企业的关联性，同时将生产性服务业纳入城市，这一研究思路源于西方学者对世界城市及其体系的关注（王聪等，2014）。另外，借助企业总—分机构来分析城市联系与网络空间结构的研究，主要以属性关系数据为支撑，对城市联系的相关问题展开研究。本小节主要针对基于流空间的城市内部的直接测量与间接测量进行研究，对其正反学术观点、各类学术脉络以及现存学术问题进行分类式梳理，这对后续章节的研究大有裨益。

一、基于经济流的城市网络结构研究

城市经济流是指城市之间信息流、资金流、技术流等要素的空间流动，这种流动不是单向的，而是频繁的、双向的，甚至多向的动态交换。随着全球化、信息化以及技术创新的推进，城市之间的经济流动已呈现日益复杂和多样化的趋势。城市经济流的强度和频率通常可以通过一些量化指标，如城市间的贸易额、资本流动、科技合作、物流活动等进行测度，从而反映不同城市间的经济互联程度和合作深度。黄俊等（2017）提出，城市经济流的强度是衡量城市之间经济联系紧密程度的重要标尺，越强的经济流动性意味着城市之间的经济协作和资源共享越为高效和密切。

城市经济流的核心要素包括信息流、资金流和技术流。信息流是指在城市之间传递市场、政策、技术等相关信息，它是经济决策和市场调整的重要基础。资金流代表了城市之间的投资与资本流动，涵盖了跨城市的金融服务、资本投资、贸易结算等内容。技术流是指技术、创新成果以及生产工艺等在城市间的传播和应用，尤其是在高科技和研发密集的产业中，技术流动的作用更加突出。这些经济流动不仅有助于资源的优化配置，推动城市之间的协同发展，还通过强化城市间的经济联系，促进了城市群区域的经济一体化。以经济流为载体的城市联系，实际上构成了区域经济网络的核心驱动力。随着城市之间的经济流动性不断增强，不同层级和规模的城市逐渐形成了以国家中心城市为核心，辐射带动周边城市的格局。这种经济流的加速不仅促进了区域经济的整体发展，也推动了国家层面的产业升级和经济结构的优化。因此，城市经济流在现代城市群及全球化背景下起到了至关重要的作用，它是推动区域经济发展、优化资源配置和提升城市群竞争力的关键因素。

史密斯等（Amith et al.，2002）采取城市基础设施大范围评估方法衡量100个世界城市的航空网络在1977—1997年的经济潜力、对外联系网络的发育情况，以此来分析城市间经济联系，虽然他们以航空客运流量为基础，概要地反映出世界城市体系等级与城市联系，但在更精准的距离描述方面相去甚远。有国内学者认为，城市之间的经济联系是通过劳动力、资本、信息、技术等要素的流动来实现的，所以城市间经济联系强度的大小也反映出城市之间经济流的频繁程度，并在上海都市圈范围内进行了测量（罗守贵等，2010）。还有学者认为，通过基础设施建设，实现畅通的交通与电信网络系统，加速人流、物流、信息流及资金流在经济区内外及城乡之间的流动，以实现整个经济区经济辐射强度最大化（乔旭宁等，2007）。在经济流与经济网络形成方面，郑蔚（2015）认为现有的大量研究仍沿袭城市体系空间结构的思路，注重城市的竞争和位序关系以及城市网络的中心性，能充分体现城市经济网络和城市体系空间格局的差异。

二、基于信息流的城市网络结构研究

信息化的推进不仅显著提高了节点城市之间的互联互通性，还促使了以人类活动为核心的流动空间的形成。孙九霞等（2016）提出，信息化带来了更加复杂的社会联结和更广阔的自由空间与可拓展性。这一现象意味着信息技术使得社会和人们的互动不再受传统地理空间的约束，虚拟空间的迅速发展和应用为城市间、区域间的互动提供了更加高效和便捷的途径。这种信息流动的加强，使得城市节点之间的联系不局限于物理空间的接触，还涉及信息、资本、技术乃至文化的跨地域流动。信息化重塑了传统的地理空间，正如孙中亚和甄峰（2014）所指出的，信息技术通过各种媒介的广泛应用，在某种程度上减轻了城市场所空间的依赖。这意味着，虽然城市依然是经济、政治和社会活动的中心，但信息化的发展让人们能够突破物理空间的限制，在更大的范围内进行互动与合作。比如，随着互联网的普及，商务活动、社交网络、教育、科研等都能够在虚拟空间中进行，大幅降低了城市间物理距离对这些活动的制约。企业和人才的流动更加灵活，跨区域、跨国界的合作与交流变得更加常态化。

这种信息化的影响力深刻地改变了传统的城市空间结构和城市经济的运作模式。随着信息技术和通信设施的进一步发展，城市的功能和影响力不再仅依赖其物理空间的大小和发展水平，而是更加依赖其信息流动和数据资源的整合能力。因此，信息化对节点城市的影响不仅加强了城市之间的联系，还为各类资源的优化配置、创新和发展的跨界合作提供了新的动力源泉。这一转变不仅提高了城市的竞争力，也推动了整个区域乃至全球网络空间的高效运作。

在城市居民与出行行为的数据采集与实践的探讨方面，柴彦威等（2013）通过采集 GPS、LBS 的移动数据以北京居民活动与移动调查为例，探讨个体行为时空数据采集的方法、存在问题和处理方式。甄峰等（2012）则通过网络爬虫软件采集新浪微博后台数据，从网络社会空间的视角对中国城市网络发展特征进行深入研究，结果表明，中国城市网络呈现分层集聚现象，虚拟微博网络的空间扩张并不完全遵循已有的基于地理空间的等级体系。这也在一定程度上说明基于信息流的城市网络结构与城市联系具有开发性、网络性，传统的中心地等级理论已不适应信息时代背景，中心流动理论已成为新的理论趋势。类似的分析切入点，有学者选取大众点评网餐饮商户的点评数据，对南京餐饮业的空间分布格局进行核密度分析与综合评价（秦萧等，2014）；通过采集京东网上商城的用户信息数据，分析网络消费时空演变趋势以及网络消费区域联系特征（席广亮，2015；甄峰，2015）；借助百度指数获取长三角城市群 16 个核心城市间的用户关注度数据，计算模拟城市信息流分析长三角城市群的城市联系特征与网络结构的时空演变（熊丽芳等，2013）；还有学者选取电子信息产业生产网络的空间分布，分析中国城市网络的地方化和全球化特征（武前波，2012；宁越敏，2012）。此外，采用签到数据也是一种获取居民轨迹的方法之一，可通过提取个体在城市间的移动轨迹构建中国城市间交互网络，并通过复杂网络理论与方法对城市间交互网络的基本特征和区域结构空间格局进行实证研究（隋正伟等，2013）。

三、基于知识创新的城市网络结构研究

创新联系被认为是创新网络的基本单元，无数创新联系的交织与互动共同构建了创新网络。这些创新联系不仅体现了不同城市或区域之间的创新活动的密切程度，还反映了区域创新强度与内部协作的深度。正如吕拉昌等（2016）所述，创新联系能够揭示创新网络中各节点之间的相互作用和协作关系，这种联系的强弱直接影响区域创新系统的有效性与发展潜力。

随着技术密集型部门、创意产业及商务服务的集聚，城市逐渐成为创新活动的重要中心。Herstad 等（2011）指出，城市不仅是经济活动的核心，也是创新的汇聚点。城市通过聚集具有创新潜力的企业、人才和资源，形成了浓厚的创新氛围和持续发展的动力。城市作为创新中心，不仅在于其物理集聚的优势，还在于其通过网络效应促进创新资源和知识的交流与碰撞，这种集聚效应极大地提高了创新效率与市场竞争力。然而，城市的发展并非单纯依赖技术创新，还需要在社会、文化、环境、政策和制度等多个方面共同推动。Gardiol（2012）指出，全面的创新体系要求各方面的创新相互协调，技术创新与社会创新、文化创新及政策创新需要互为支撑，才能共同推动城市的可持续发展。城市的创新动力不仅来自科技领域的突破，还包括制度创新、社会服务的提升和文化的多样性，这些因素共同构成了一个多维度的创新网络。在当前的创新测评方法中，学者们通过多种方式分析创新网络的构成和运行机制，如科技论文合作、专利合作与引用等方法。这些方法可以帮助研究者识别不同城市、区域和国家在全球创新网络中的位置与作用，评估各地创新能力与协作模式的强弱。通过分析这些数据，能够揭示城市发展过程中的创新链条，明确不同创新主体之间的合作关系以及创新网络的结构特点。因此，创新联系不仅是理解创新网络的一个重要视角，而且为探索城市如何通过集聚创新资源来提升其全球竞争力提供了关键的分析框架。

随着计算机网络和通信技术的快速发展，以学术论文、合作发明专利等形式表现出来的主体创新联系不再受到空间局限，能够在跨越地方甚至跨越区域的空间范围内实现（Ponds et al.，2007；Breschi 和 Lissoni，

2001）。有学者利用联合申请专利、合作发表科技论文以及产业技术联盟数据，运用社会网络分析法对长江经济带装备制造业的创新网络特征及其演化过程进行了深入研究（顾娜娜，2015）。鞠芳辉（2011）运用数据包络分析方法研究产业集群对区域创新效率的影响，表明产业集群显著抑制了区域创新效率，并认为研发投入的边际产出递减、过度竞争降低合作研发效率以及过度竞争阻断了知识扩散渠道是造成该现象的主要原因。同样地，Cramton（2011）、Darr 和 kurtzberg（2000）也认为地理邻近有利于主体间建立合作关系，但合作不一定会促进创新，过度的地理邻近可能会导致主体间拥有的技术知识高度重叠，进而妨碍创新。

四、基于交通流的城市网络结构研究

人流与物流的流动，尤其是通过交通流在不同区域之间的转移，成为评估交通基础设施发展及其变化规律的重要依据。交通流不仅反映了城市间的相互联系与互动，也展示了城市在区域空间中的网络布局和集聚效应。通过分析这些流动的路径和强度，学者们能够准确描绘城市之间相互联系和相互依赖的程度。这些交通流的动态特征，尤其是在关键节点城市之间的流动模式，揭示了城市网络中功能性联系的重要性以及交通基础设施对城市发展起到的推动作用。

交通流在城市网络中不仅是一种物理存在，还深刻影响着城市群的空间结构和经济布局。正如诸多学者指出的，重大基础设施建设所带来的“流”效应，是探讨城市网络与联系的重要出发点。通过采集这些流的原始数据，尤其是基于交通流的数据，学者们可以对城市之间的集聚强度、互动频率和联系深度进行量化分析。例如，高速公路、铁路、高速轨道交通等重大基础设施的建设与优化，显著加强了不同城市之间的互联互通，形成了日益密集的交通流，进一步促进了城市间的协同发展。更进一步，交通流不仅是人流和物流的物理载体，还是引导城市间功能分工与资源配置的核心。节点城市的交通流量和流动方向往往与其在城市网络中的功能角色密切相关。通过对这些交通流的分析，可以深化对城市群内部经济、文化和社会联系的理解。例如，具有重要交通枢纽地位的城市往往成为区域乃至全球经济的“窗口”，其交通流的强度与流动方向能有效指引其他城市的资源流向与功能发展。同时，交通流对区域空间的再认知也具有重要意义。交通网络的完善与优化，改变了区域内城市之间的空间关系，提升了城市之间的联系效率，推动了区域空间的重新布局。城市之间的距离感被缩短，空间间隔被打破，使得更多的城市能够更紧密地融入同一经济区域中。这种空间的再构不仅推动了城市群的形成和发展，也使得区域的经济一体化更加紧密。因此，交通流不仅是研究城市间联系的一个重要指标，也是推动区域一体化和空间结构重组的重要力量。

高铁是城市间物质与信息交流的基础设施，也是城市联系与扩展的重要通道。早期张文尝（1988）通过对诸如人口增长和迁移、城镇化与经济发展、交通网密度等影响客流产生与分布的主要因素进行探讨，分析了客流产生的地区差异。焦敬娟（2016）、王姣娥（2016）基于中国铁路客运班列数据，采用加权度中心性与社区结构模型，探讨高速铁路建设对城市等级和集聚性空间格局及演化的影响。钟业喜（2011）、陆玉麒（2011）通过城市始发列车数据分析城市体系等级结构与分布格局，运用图表判别和聚类分析法对中国城市进行等级划分。还有学者运用类似的研究思路，通过长三角城市群 16 个核心城市 380 个高速铁路客运数据构建城市间联系矩阵，探究长三角城市群 16 个核心城市之间的联系与集聚程度，并对长三角城市群内外空间结构进行分析（孙阳等，2016）。有学者在分析中国城市网络特征时，采用了春运期间的百度迁徙客流 O-D 数据，这一做法拓宽了大数据时代的数据选择途径（魏冶等，2016）。城市间航空联系能够很好地反映现代交通运输在城市体系中的作用，代表一种与较高经济发展水平相关的高层次的空间联系（宋伟、李秀伟，2008）。这方面研究的学者如薛俊菲（2008）通过搜集航空公司的航线数据分析航线数量与城市体系的相关性，并基于航空网络的视角划分城市等级结构与格局分布。同样的思路，王成金、金凤君等（2005）选用集中化指数分阶段探讨中国城市对外联系的空间演化。宋伟和李秀伟（2008）选取航空客运统计数据，测量中国 57 个城市在国内客运航空网络中的层级及其变化。

五、基于高级生产性服务业的城市网络结构研究

考虑城市本质上并非独立的行为主体，而是通过其内部世界范围布局

的生产性服务企业的微观行为来与其他城市产生联系，分析这些城市内部企业的行为作为研究世界城市网络的重要切入点。通过这种方式，学者们能够捕捉到城市之间在全球化背景下的互动模式，特别是在生产性服务业和高端产业领域的相互作用。这种微观层面的分析有助于揭示城市间的经济联系和社会联系，进而理解城市如何在全球经济体系中形成不同层次的联系网络。

国外学者如弗里德曼、萨利和 GaWC 小组的泰勒等是这一领域研究的先锋，他们通过分析大型跨国企业、高端生产性服务业及金融资本的流动来研究全球城市网络的构建。这些研究指出，跨国公司、高端金融服务和生产性服务业是全球城市网络中的关键因素，它们促进了不同城市之间的经济流动和信息交流。跨国公司的全球化布局使得不同城市之间形成了复杂的依赖关系，这些城市不仅是企业和资本的流动枢纽，还是全球经济体系中的节点。特别是 GaWC 小组的泰勒通过研究世界城市的高级生产性服务业，提出了世界城市的等级划分体系。根据该体系，城市按照其在全球经济和服务网络中的角色被划分为不同的层级，如 Alpha、Beta、Gamma 等，体现了不同城市在全球城市网络中的作用和重要性。Alpha 城市通常是全球经济、金融、文化和科技的中心，具有高度的全球连通性和影响力；Beta 城市在全球城市网络中扮演着次要但同样重要的角色；Gamma 城市属于相对较低层级的城市，虽然在区域内具有重要作用，但在全球化的背景下它们的连通性和影响力较弱。

这种分层体系的研究，尤其在理解全球城市的层次结构和城市之间的互动关系上，具有重要意义。它揭示了不同城市如何在全球经济体系中通过生产性服务、金融资本和跨国企业的联系来相互依赖，同时提供了理解全球城市网络内不同城市角色和功能的框架。因此，城市的生产性服务业及其微观行为不仅是城市全球化的驱动力，也构成了全球城市网络分析的重要视角。

高级生产性服务业是用以满足金融和商业流通需要但不以制造业为中心的生产性服务业（吕怀涛，2009），其理念即为提供全球范围内的“无缝对接”服务，这种特性使得 APS 成为研究世界城市网络的重要手段（张晓明、汪淳，2008）。国内学者倪鹏飞等（2011）以跨国公司办公地点的分布为依据，通过构建联锁网络模型测算中国 37 个城市对外联系度的强弱，并据此罗列了 37 个城市在全球网络体系中的联系能级排名。季菲菲（2014）在其博士论文中采取长三角城市群上市银行公司数据研究了长三角城市群 16 个核心城市间城市金融空间差异与空间层级的形成、金融资源分布的网络，分析因上市银行跨区域业务而形成的城市联系状况。姜海宁等（2008）选取引力模型从节点分析、线路分析以及经济联系强度等方面对江、浙、沪主要中心城市对外经济联系状况进行实际测度，定量分析其对外经济联系的空间结构等级层次性特征。还有学者借鉴国外的世界城市网络（WCN）概念框架、联锁网络模型等从城市网络的层级特征、网络模式以及功能特征方面分析中国不同城市在城市网络中的能级联系，如赵渺希（2012）、刘铮（2012）借鉴世界城市网络的概念框架，并根据中国 205 家 APS 企业和 106 个中国城市构成的数量矩阵，测算了中国城市网络体系中不同城市的联系能级，同时在城市节点与网络层面对 APS 企业集聚的城市进行分类讨论。王聪（2014）等利用长三角城市群 APS 的企业地理位置分布情况，对长三角城市群 25 个城市在城市网络中的联系能级进行了分类研究，不足之处在于只选取了 2012 年作为时间点，未能从更长的时间范围内考察 APS 对长三角城市群城市体系的演化过程与动力影响因素。有学者以 APS 为研究视角，建立成渝地区公司的量化矩阵，并基于服务值、连通性与网络性特征的分析研究成渝地区的城市网络体系结构及其特征，结果表明，成渝地区的城市网络体系处于初级阶段，经济联系不显著（谭一洺等，2011）。同样地，有学者通过建立分布矩阵，从多中心、功能性、网络性三个角度分析了长三角巨型城市的城镇格局，结果显示，长三角地区已形成多中心网络状的城市区域（张晓明，2006）。

六、基于企业总部与分支机构的城市网络结构研究

从网络理论的角度来看，构成经济活动的基本单元是企业网络，而企业母子联系网络是企业网络的重要组成部分（Murdoch 1995；Yeng, 1994）。企业总部与分支机构之间的关系，不仅是企业网络中的关键环节，也是理解城市之间经济联系的重要视角。企业的分支机构通常作为总部的延伸，发挥着执行指令、实施战略以及转化地方性信息的功能，因此，这

种母子公司关系的网络结构可以有效地反映城市间在全球经济活动中的互动模式。在全球经济日益网络化的背景下，城市之间的联系表现出了显著的“中心度”与“联系度”特征。Alderson 和 Beckfield（2004）提出，中心度是指位于某城市的跨国企业总部对全球分支机构的信息流动和指令传达功能。联系度是指跨国企业的分支机构从其总部所在城市接收信息和指令的强度和频率。因此，城市之间的往来联系，尤其是总部和分支机构之间的信息流和指令传递，决定了城市间联系的强度和广度。这种企业总部与分支机构之间的网络关系，构成了城市在全球经济网络中的位置与互动特征。基于总部—分支网络的视角，学者们可以更加清晰地理解全球城市网络的结构特征和城市之间的互联关系（Derudder，2006）。此外，这一理论框架不仅能揭示跨国企业对城市之间联系的影响，也为从其他生产性服务业视角展开城市间联系的研究提供了方法论依据。例如，城市内的各类企业总部与分支机构的联系程度、信息流动模式、资本的流通路径等，都可以作为衡量城市间经济联系和互动强度的重要指标。

在具体的研究方法上，利用总部—分支机构之间的组织联系作为城市网络中联系度及其位序关系的衡量标准，已成为国内外学术界的主流（Ross，1992；松原宏，1998）。通过这一方法，学者能够揭示企业总部的城市与其全球分支机构所在城市之间的互动关系，从而更好地理解城市之间在全球经济体系中的联系结构。这种网络视角不仅能够有效描述城市在全球经济中的地位，也为分析不同城市在全球化进程中的作用提供了新的研究路径。

尹俊等（2011）借鉴世界城市网络研究方法，通过对中国 63 家大型金融企业总部与分公司的地理布局，定量分析中国城市网络与城市联系。金钟范（2010）以中韩城市为例的城市联系研究，则是基于对母子企业的经济活动、组织联系的认识，以企业跨国母子组织联系为依据建立网络基本要素和联系密度等概念与指标，对城市节点、联系密度、位序—规模等进行分析。与此同时，因快递物流企业的地理位置分布广泛与其总—分机构业务的频繁流动特性，有学者通过快递物流企业的总—分机构尝试进行区域范围内的城市联系与网络结构的研究。倪玲霖等（2012）以顺丰速运为例，从组织模式与快递流量方面探讨其空间组织网络，并对即日达业务的城市联系进行流量与类型分析，以此探讨中国快递企业的空间组织。叶磊和段学军（2016）则选取了43家百强物流企业的总部—分支机构的基本数据，采用网络分析对长三角地区城市联系与网络空间结构进行分析。基于快递企业的城市联系与网络空间结构分析能显示主要快递企业的网点布局规律，揭示不同城市间快递业务往来对城市联系以及形成城市网络结构动态变化过程的影响因素、区域空间关系等。叶磊和段学军（2016）认为选用企业总部—分支机构这一方法还存在诸多局限性，如过分夸大总部所在城市的相对重要性、组成的联系网络与现实有一定差距，未来还需要补充城市节点间的真实客货流数据并加以完善。在以企业总部和分支机构的城市联系与网络空间结构形成的驱动因素方面，主要驱动因素分为外部驱动力与内部驱动力，其中，外部驱动力包括交通网络化、信息网络化、企业网络化，内部驱动力包括政府、企业。对外部驱动力而言，交通网络化方面需讨论我国现存铁路与公路交通格局对城市网络空间结构的影响；信息网络化方面需讨论信息化对促进全国城市要素流动的导向作用；企业网络化方面需讨论企业总部—分支机构的规模和等级对城市节点地位的影响。对内部驱动力而言，政府方面需讨论制度顶层设计、基础设施建设在城市网络化过程中的作用；企业方面需讨论产业分工与转移对企业选址的影响。

七、小结

通过分析可以看出，在不同的城市等级和研究视角下，多维度的城市研究范式为城市功能定位与扩展、城市功能演变、城市流理论下的城市联系、高级生产性服务业以及企业总部与分支机构的城市联系等方面的研究提供了坚实的理论支撑和实证经验。同时，从上述相关研究的回顾中可以看出，早期的相关研究，并不涉及功能网络化、城市联系网络化等内容。从研究方法上看，更多地从经济社会发展的传统指标入手，仅对城市功能与联系进行文字上的定性分析；从研究尺度上看，多数以全球层面、国家层面的城市进行实证研究，未从企业、产业等研究对象上进行微观分析。正是因为全球化与信息化产生了城市网络、城市流空间、功能演化以及城市联系等一系列具有“流动空间”特征的城市节点，才使得随后的相关研究多样化、开放化与网络化。

近年来，随着城市联系成为经济地理学研究领域的热点问题之一，国内外诸多学者就此进行了研究，城市联系作为一种动态的空间关系，其生成与演化深受基础设施、经济社会发展和科技进步等因素的影响，而这些因素又与城市作为人类文明重要载体的地位密不可分。与此同时，宋思曼（2013）在其博士论文中强调，要认识到国家中心城市的本质是城市功能的发挥。国家中心城市功能与一般中心城市功能不同，其更注重功能的外向性，对城市以外地区的辐射和影响作用，是通过集聚—扩散的过程来实现的，并且城市功能是随着历史时代的发展和城市自身条件的改变来实现的。支撑国家中心城市发挥作用的城市功能是主导功能，是对城市发展起决定性和领导性作用的功能。不可否认的是，高速铁路、航空运输、城际公路能更紧密地将城市联系起来，让一般城市融入国家中心城市所在范围，并使得配套工业链条的距离缩短且成本大大降低，从而推动区域经济一体化进程。改变道路交通辐射的空间结构会对区域经济发展产生很大的影响，特别是高铁等道路交通的经济辐射作用对区域经济的快速发展起着明显的促进作用。在信息化背景下如何从城市联系的空间差异—空间过程—空间相互作用—城市流空间角度研究城市联系问题亟须打开新的思路与进行思考。

第一，从研究尺度说，微观研究是不可或缺的。在目前对城市联系进行的研究中，诸多学者倾向于从宏观层面探讨城市的总体结构、发展趋势以及网络演化等问题，这为我们提供了较为广泛的视角。然而，宏观研究往往难以揭示具体城市间联系的形成机制及其复杂性。尽管相关的理论多源自西方国家，但中国在国家中心城市的提出和实践中形成了自己独特的视角，这一视角需要结合本土化的实际情况进行细致研究。借助国际化发展的背景，结合已有的国外研究成果，可以为我们分析中国不同等级城市之间的联系提供重要框架。而仅依赖宏观的视角并不足以解答城市网络中深层次的问题。比如，何种具体要素促使了城市联系的建立？在全球化背景下，如何识别城市网络中的各类复杂性，特别是不同城市间的互动关系、文化交流、资金流动等因素？解答上述问题，必须从微观尺度出发，通过具体城市的个体行为、企业网络、区域发展等要素来揭示。从微观的尺度来分析城市联系问题，能够更细致地理解城市之间互动的具体机制，尤其是信息流、资金流、技术流等在城市间的流动与交汇。城市的流动空间不仅包括物理空间的连接，还涉及人力资源、知识创新、信息交流等抽象层面的联系。因此，微观研究可以为我们提供更具操作性和现实意义的答案，有助于识别不同层级城市在网络中的角色和作用。此外，微观研究有助于深入理解城市间联系的复杂性和非线性特征，揭示其背后更为精细的社会经济过程。这种从个体城市的流动行为、资源配置、政策互动等层面的分析，不仅能够为国家中心城市的定位提供更加精准的理论依据，也能够为未来的城市发展规划和区域合作政策提供实证支持。在此基础上，借助微观尺度的深入研究，能够进一步丰富我们对城市联系及其动态变化的认知，推动城市发展理论的本土化和创新化。

第二，从研究思路上说，需要重视城市流空间构成要素的深入研究。城市流空间不仅表现为表面的经济流动、文化流动或信息流动，更重要的是要理解这些流动背后所依托的构成要素。城市流空间的主要构成要素可以分为点状功能节点与线状作用通道，两者的结合与互动形成了复杂的城市联系网络。对点状功能节点的研究不能局限于城市的单一功能，还要考虑这些节点在城市流空间中的交互作用和相互促进作用。点状功能节点可以被视为城市流空间中的核心要素。例如，旅游中心、物流中心、产业中心等不同功能节点都是连接城市流空间的重要枢纽。这些节点不仅在地理上代表着某一类功能的集中地，还在空间布局中起到了桥梁和枢纽的作用。对这些点状功能节点的深入分析可以揭示城市之间资源流动、信息传递、产业合作等方面的互动机制。例如，产业中心不仅是某个行业或产业的聚集地，还在促进技术创新、产业链延伸等方面起到推动作用；物流中心是城市流空间中的关键节点，通过运输和分配系统将不同城市间的货物和资源高效连接。线状作用通道是城市流空间的另一重要组成部分，既包括有形的交通网络，如公路、铁路、水路、航空等，也包括无形的网络联系，如互联网、通信网络等。线状作用通道在城市流动空间中的作用不仅包括提供物理连接，其还是不同城市之间信息、资金、技术等资源流动的媒介。通过对线状作用通道的分析，可以深入理解城市之间如何通过这些路径进行资源交换与共享，同时能够揭示这些流动通道的效率和作用机制。例如，高速铁路、航空航线、互联网等无形的联系通道对城市间的经济往来和社会互动起到了促进作用，也使得信息和资源能够更加高效和便捷地在不同城市之间流动。通过对点状功能节点和线状作用通道的交互联系进行全面分析，可以揭示不同层级城市和区域之间在国家与国家、城市与城市之间的功能的有机联系与互补特征。在具体分析时，可以从点状功能节点的多样性、分布的密度及其对城市间联系的推动作用入手，同时结合线状作用通道的优化和布局，探索如何通过更高效的通道和节点连接，提高城市流空间的整体效能。这种研究视角不仅能够为了解城市网络的结构和演化提供有力支持，还能为制定更具针对性的区域协调发展政策、完善城市间交通网络、推动信息化建设等提供重要参考。

第三，从研究方法上说，需要引入城市网络、城市流空间等先进方法。通过前述研究分析可以看出，学者们通常采用引力模型、经济隶属度、城市流等传统模型来构建矩阵，从而研究国家中心城市的功能与作用。尽管这些传统方法能够提供一定的定量分析依据，但它们往往无法清晰、全面地反映城市流空间结构与城市间联系的复杂性。这些模型依赖传统的数据源，难以捕捉动态的城市流动、信息交换和多层次城市网络之间的互动。此外，这些方法对不同等级区域或城市的网络结构的量化分析存在困难，使得在处理复杂的城市间关联时，往往无法揭示实际的内在联系和发展潜力。相比之下，国外学者在研究世界城市体系、全球城市网络时，更多地从宏观的全球视角进行分析。例如，在构建 APS 企业矩阵时，很多研究采用了社会网络分析、城市网络等方法来量化城市间的联系和互动。然而，这些方法虽然在全球范围内提供了对城市联系的分析框架，但往往忽略了不同层级城市之间的内在联系和地理背景。此外，许多理论体系在实施过程中未能很好地保证理论之间的连通性和方法上的互补性，从而形成了自成体系的研究方法，缺乏能够适应不同地域或层级的城市联系的动态框架。因此，从城市流空间的角度出发，开展关于城市联系、城市空间结构变化过程的理论与实践研究，能够为国家中心城市的选取与评价提供更为精准和实用的指导。具体而言，城市流空间方法能够有效捕捉城市之间的信息流、资金流、技术流等多重要素的动态变化，并通过对这些要素进行分析，揭示不同城市网络节点的作用和价值。这不仅有助于进一步量化城市间的联系强度和互动模式，也能帮助评估不同城市的区域功能及其在城市群中的地位。此外，城市流空间的引入将突破传统的单一经济或交通流的分析框架，为复杂的城市网络提供更全面的视角。采用更为精准的空间分析方法，可以深入理解城市联系的生成机制，并为未来的城市发展规划提供实证支持。总之，城市网络和城市流空间方法的引入，将有助于填补传统研究方法中的空白，推动针对城市间联系的系统化、动态化研究，进一步提高理论与实际的连贯性与适用性，为国家中心城市的建设、评估和战略规划提供更加全面的理论框架和实践依据。

第四，从研究应用上说，需要与中国城市的实际紧密结合。近年来，国外关于城市网络、全球城市网络及世界城市体系的研究取得了显著的进展，并逐渐发展成自成体系的学科。从经典的中心地理论到现代全球化与信息化背景下的城市网络与世界城市理论，众多理论的产生和演化都与各自特定的时代背景和社会经济环境紧密相连。这些理论体系无疑为全球城市间的相互联系与功能演化提供了丰富的理论依据，但它们并非直接适用于像中国这样具有独特历史背景、社会体制和发展轨迹的国家。在全球化和信息化的浪潮下，国外的研究理论虽然具有一定的借鉴价值，但我们必须认识到，我国的国情与体制与一些国家存在显著差异。因此，照搬国外的理论体系或将其生搬硬套于我国的城市发展道路上，是不可取的。我国的城市化进程、区域经济发展模式、政府政策以及市场机制与其他国家大相径庭，忽视这些差异可能导致理论与实践脱节，难以真正解决我国城市发展面临的具体问题。因此，必须从我国的独特背景出发，在全球化与信息化背景下重新审视我国在世界体系中的作用与地位，结合中国特有的政策导向、社会结构与经济发展需求，深入探讨城市联系的复杂性。在此过程中，国家中心城市的选取与评估应始终立足中国的具体情况，尤其是要考虑我国新型城镇化的要求。新型城镇化强调的不仅是城乡人口的流动和城市规模的扩大，还注重区域协调发展、生态保护、资源优化配置等问题。要推动国家中心城市的建设与发展，必须将其作为支撑国家区域协调发展的核心城市节点，发挥其辐射和吸引作用，推动资源要素的高效流动与配置。同时，通过研究我国不同城市群的联系网络及其在全球化背景下的互动，能够更好地把握我国城市发展的趋势与规律。在全球与国家双重层面的视角下，分析城市间的联系及其对国家层面战略目标的促进作用，能够有针对性地为国家中心城市的选取与规划提供理论依据。例如，借助中国的区位优势、政策优势以及日益完善的基础设施，吸引更多的高新技术、人才、资本和资源等要素集聚，提高国家中心城市的竞争力与引领作用。通过优化城市流空间，进一步提升国家中心城市在全球城市网络中的地位，推动中国更加深入与广泛地参与到全球经济体系中。因此，将国外的理论与中国的实际情况结合，借助全球化与信息化背景下的城市流空间研究，既能丰富理论的内涵，又能为我国国家中心城市的规划与建设提供更为实际的应用方案。这不仅能够推动城市发展理论的创新，而且能够在全球化进程中助力中国城市发展展现出鲜明的特色与优势。

第二篇

城市流动空间的分析框架

第三章
城市流动空间理论与框架

一个历史古城，应该让每一条深巷横渠都被温柔地保留下来，每一栋老房子、老庙都被细心地修复，还是应该被当作不合时宜的腐朽，进步的障碍，连根刨起？我们生活的城市，需不需要温柔和细心？“腐朽”和“进步”又究竟是什么意思？我们追求的愿景是什么？这愿景的蓝图由谁来画？谁有资格来画？一张新地图，过了一个月就不能再使用，因为一半的街道改了方向、另一半不见了——这是不是一个城市的幸福所系？

——龙应台

以弗里德曼、萨森、卡斯特等为代表的学者通过不同视角分析如纽约、伦敦、东京等发达国家的特大城市在世界或全球的影响与控制力。虽然没有提及国家中心城市，但描述了一种新的城市功能和网络形态，即已经不存在纯粹的封闭式的现代城市，所有城市都不同程度地被卷入了全球城市网络。国家中心城市与其他城市的区别仅在于节点功能和能级的差异，体现为全球连通性的大小不同（周阳，2012）。这种连通性可表现在不同层面的国家与国家之间、城市与城市之间，并借由不同层级中心城市的节点功能与能级的差别，形成高低不等、功能各异的城市功能，随着城市联系的频繁往复，城市功能的协作互补，从而形成复杂的城市流动空间。值得一提的是，城市联系本质上是城市与城市关于各种功能的相互作用，是各种功能综合联系的网络，可通过由线状要素相互联系组成的网络来抽象表征复杂的相互作用关系及空间结构（张小飞等，2009；郭宏斌，2010；刘晓芬，2012）。既然城市联系的本质是城市功能的相互作用力，是城市综合功能联系的网状结构，这就启发我们换一个视角来研究城市联系问题，即从城市服务功能多样性（指金融、法律、广告、会计、保险、管理咨询、多元化投资、交通、创新等不同功能）上考虑城市联系问题，把研究的视角从外部的、具体的城市联系转换成内部的、抽象的流动关系，据此实现城市从等级向网络的测度转化。从高级生产性服务业角度入手，用信息流动关系表示真实的城市间连接关系，进而得到城市网络体系的区域联系情况。该方法从城市功能分工的角度阐述城市之间的连接情况，可以清晰地理解和分析城市网络体系等级和联系特征等，是城市网络体系研究的一大进步（尹俊等，2011；于涛方等，2008）。把与城市联系相关的问题纳入城市流空间分析框架中进行分析，借由城市流动空间的服务多样性功能表现出来，分析城市联系结构、联系流向、格局差异以及网络强度差异。

一、城市流动空间的特征与作用

城市空间是一种城市网络、流动空间，而非一种地方空间。城市空间网络借由交通流运输的人所承载的信息流通、网络信息所承载的经济文化信息等方式，实现以公路、铁路与互联网为载体对城市群区域内城市进行全域覆盖。这样就把城市群城市网络空间结构的视角从“面”的角度转化成了“点、线”的角度，并进一步以“空间流”为理论基础对城市网络空间结构展开分析。由此可知，城市流动空间的特征主要集中于人的流动性、企业的流动性以及公共服务的流动性三个方面。

一是人的流动性是城市流动空间的核心特征，它决定了城市群区域内的互动和融合。人的流动不仅是物理上的空间移动，还涵盖了社会活动的广度与深度。随着高速铁路、公路等交通网络的建设，以及大数据实时跟踪技术的应用，城市间人员流动的模式和特性得以精确捕捉。例如，高速铁路网络不仅大幅缩短了城市之间的物理距离，还通过大数据监测，使我们能够实时了解各个城市的人流变化情况，如高峰时段、出行目的地、人口迁移趋势等。这些数据能够帮助城市管理者优化交通流量、调整公共资源配置，进一步提升城市群的整体运行效率。随着人的流动性提升，城市之间经济、文化、教育等领域的互动愈加频繁，推动了资源和信息的快速流动。这种流动性不仅体现在都市间的通勤，也表现在不同城市间的短期流动（如商务出行、旅游、学术交流等）和长期迁徙（如人才流动、区域人口变化）上，更重要的是，人的流动性推动了社会创新和知识的扩散，在一定程度上促进了区域经济与社会的协同发展。

二是企业的流动性加速了区域经济协作。企业流动性是城市流动空间的另一个关键特征，尤其是在现代技术迅猛发展的背景下，企业之间的互动和流动性呈现出更为复杂和动态的特点。企业流动性表现为企业及其人员、资本和技术的跨地域流动，它加强了不同城市和区域之间的经济联系。由于技术溢出效应的显著表现，企业在人员出行、资本流动和技术传播等方面的流动性变得尤为重要。高科技行业尤其体现了这一趋势，企业之间的知识共享和技术转移往往伴随人才的流动。例如，研发团队的跨城市合作、生产线的布局优化等都与企业人员流动密切相关。大数据与人工智能的普及，不仅使得企业能够更有效地预测市场需求和调配资源，也促使了不同城市间、企业间的业务拓展与协作。企业流动性与人才流动紧密相关，尤其是在知识密集型行业中，人才流动往往成为推动企业创新和区域经济发展的重要动力。人才在不同城市间的流动不仅推动了技术的传播与创新，也推动了产业链的优化升级，促进了城市群之间的区域经济一体化。

三是公共服务的流动性提升了社会资源配置效率。公共服务流动性是城市流动空间中的另一个重要维度，体现了基础设施、公共资源和社会服务的区域流动性和优化配置。随着社会基础设施的不断完善，尤其是交通、医疗、教育等公共服务的跨区域布局，公共服务的流动性越来越成为提升城市群整体效率和公平的关键因素。一方面，公共服务的流动性加强了城市群内部资源的优化配置。随着土地集约化使用、跨区域的公共资源整合等措施的推动，城市群内的基础设施和公共服务不再局限于单一城市，而是通过合理规划和高效流动实现资源共享。这使得各城市之间的公共服务不再存在割裂状态，而是实现了有机联动，从而提升了整个区域的服务效率。另一方面，随着大数据与智能化技术的应用，公共服务的流动性更加精确和高效。通过对城市群内交通流、人口流、医疗需求等数据的实时跟踪和分析，城市管理者能够及时调整资源配置，优化交通运输、医疗布局、教育设施等公共服务资源的使用，确保不同区域的居民都能公平、便捷地享受公共服务。

因此，城市流动空间的特征表明，城市不再是一个静态的空间，而是一个充满动态联系的网络。在这个网络中，人的流动性、企业的流动性和公共服务的流动性相互交织、共同作用，推动着城市群的协同发展与区域经济一体化。通过交通流和信息流的打通、技术与人才的流动、公共资源的优化配置，城市流动空间不仅促进了区域经济的升级和发展，也提升了社会资源配置的效率和公平性，最终推动了整个区域的可持续发展。因此，深化城市流动空间的研究，对理解现代城市群的互动关系、优化城市管理和提升区域竞争力具有重要意义。

二、流动空间作用下中心城市形成与发展分析

空间关系是认识区域的基本视角，也一直是人文地理学的研究热点（陈伟，2015）。随着信息化、全球化和网络化的不断发展，传统的城市—区域空间关系开始重构，空间要素流动视角下的城市—区域关系日益成为当前国际城市区域研究的重要领域（曹子威等，2013），其中值得强调的是 Castells 提出的流动空间（Space of Flows）概念。Castells 将流空间从纯粹的虚拟技术空间尺度扩展到地理空间与社会网络尺度，人及其所构建的社会网络的作用被考虑进来。在这样的背景下，“地方空间”正向“流动空间”转移，但这并不是“地方空间”的消失，而是进一步参与并融入全球化的“流动空间”中。基于 Castells 的网络社会理论，城市区域内包含“流动空间”和“地方空间”（Space of Places）。“流动空间”是指资本、信息、人员、商品等发展资源的流通形成城市之间的关联网络，“地方空间”是指城市作为关联网络的枢纽（Hubs）或节点（Nodes），在这一理论的指导下，越来越多的学者开始运用关系数据来进行城市网络研究。

与此同时，Castells（2011）指出，流动空间的支配性功能与过程日益以网络组织起来，网络构建了我们社会的新形态。网络化逻辑遍及城市每一个角落，在改变城市原有生产方式的同时，也在重塑与建立城市网络化

模式，着重强调城市在流动空间范围内的节点作用，网络化逻辑就此成为现代城市发展中的必然趋势。以城市网络为基础构建城市网络体系是适应全球化与信息化背景下网络化发展路径的，假设在一个城市体系里，有大、中、小三种规模等级的城市，同时有基本的、中级的和高级的三种城市职能（汪明峰、谢守红，2005）。与上述经典传统的中心地体系核心不同，城市网络体系更能体现出不同城市间横纵网络化、扁平化、去等级化的联系，把城市的研究体系从“塔尖”指向“网络节点”，着重分析中心城市在整个城市网络中发挥的枢纽节点作用。这不同于克里斯塔勒时代中心地理论的城市空间变革，城市空间的变革使得城市体系与产业活动在新的垂直与水平连接关系上实现重组（Haggett，1969），城市体系中初级产业、制造业与消费者服务业主导的部分仍遵循经典中心地理论的等级分布原则布局，而先进制造业和生产性服务业等相对高端的经济职能在空间上及功能上组织为城市网络（马学广、李贵才，2012）。Camagni 和 Capello（2004）用“城市网络”范式来解释日益浮现的流动空间的城市体系。顾朝林等（2005）认为，在当今全球化、信息化和城市化的影响下，流动空间的城市体系是以网络的形式组织起来的。这种从城市等级体系到城市网络体系的转变是城市地理理论发展的必经阶段（见表 3.1）。

表 3.1　由城市等级体系到城市网络体系的主要转变内容

维度	城市等级体系	城市网络体系
空间尺度	空间尺度固定	空间尺度变化
经济功能	由空间尺度引起的经济功能和空间尺度是连接关系	空间尺度上的经济功能是变量的集合
城市人口	城市人口在空间分布上的均质性	城市人口在空间分布上的异质性
连接关系	在不同空间尺度上的城市间仅是垂直关系	城市之间有垂直关系与水平关系

资料来源：From Central Place to Network Model：Theory and Evidence of a Paradigm Change.

进一步来讲，城市空间结构的本质是城市功能之间的联系。功能是事物作用于他物的能力，即系统作用于环境的能力。不同学者对此有着不同的理解与观点。陈柳钦（2006）认为，城市功能是特定的组织形式对经济文化等社会活动产生的影响及发挥的作用。许学强等（2009）认为，城市是区域政治活动、经济活动、文化活动的中心，其功能的发挥直接影响区域发展的效率和水平。与此同时，城市功能作为一种属性，表现为城市经营管理过程中各实施要素的性质及其相互间的关系；作为一种能力，是城市运营对城市自身发展和区域发展产生的影响强度；作为一种效用，必须依赖特定的城市实体及其经营管理过程，同时表现为其对国家或地区及其自身的政治生活、经济生活、社会生活、文化生活中所产生的关系、能力及作用（陈柳钦，2006）。对城市流空间的提及是景观生态学中“功能网络”所涉及的，景观的功能基于自身的结构，而功能是对结构的体现（张小飞等，2009）。姜雪（2012）认为，功能网络是为实现特定功能的物质性要素构成的，具有特定层级关系和空间格局特征的组织系统。刘涛（2015）认为，城市流空间是全球化和市场化深入地方的过程中，区域内部的城市经过长期的相互竞争，城市功能开始从前工业化时期的单一化和简单化，到工业化时期的大而全和同质化，最后发展为后工业化时期依据区位条件、资源禀赋、人力资本、技术优势和市场化程度等的差异，城市走向区域内部合作共赢，产生区域空间功能分异，出现多元化、专业化和差异化的区域功能特征，城市功能最终通过有形或无形的联系通道，以实体或虚拟的空间“流”形式综合形成城市功能互补的空间网络结构。在现有研究的基础上，功能网络相关研究主要集中在景观功能网络（张小飞等，2005，2006）、生态功能网络（张小飞等，2007；郭宏斌，2010；刘晓芬，2012）、城市流空间（刘涛，2015）等方面。

（一）流动空间的构成要素与联系

陆大道（2013）认为当代信息社会的到来，全球化互联网越来越发达，产生了许多“流的空间”，促进了城市群内各个城市的紧密联系，进而促进了人流、资金流、信息流、物流等各类资源在城市之间的相互流动，其得益于信息化对节点城市的互联互通，并形成了以人的活动为核心的流动空间，赋予社会和人以更复杂的社会联结、更广阔的自由空间和可拓展性（孙九霞等，2016）。信息化重塑了传统的地理空间，信息技术通过多种媒介在一定程度上减轻了城市场所空间的依赖（孙中亚，2016）。城市流空间形成与城市网络结构构建过程遵循一定的规律，可借鉴社会网络理论的思路进行分析并拓展。社会网络理论基础主要来自数学中的图形理论基础（罗家德，2010）。其在社会网络理论中称为一个网络，在图形理论中叫作一个图形。

1. 基本构成要素

图 3.1 由一组节点 D，$D=\{d_1, d_2, d_3, \cdots, d_n\}$ 和一组线 L，$L=\{l_1, l_2, l_3, \cdots, l_n\}$ 所组成。节点的集合用 D 表示，包含一组 d_1，d_2，d_3，…，d_n 的节点，线的集合用 L 表示，包含一组 l_1，l_2，l_3，…，l_n 的线。一对节点用（d_1，d_2）表示，它们之间的线是 l_1［见图 3.1（a）］。其中，节点可以理解为一个人、一个组织甚至一个国家，线则代表其间的关系。一个由数个节点及其间的联系所组成的网络可以构成一个图形［见图 3.1（b）］，不同的关系可以形成不同的图形，所以相同一组节点可以形成很多不同的图形［见图 3.1（c）］。有些关系的方向性可能是对称的，用双箭头表示；有些可能是不对称的，用一个节点指向另一个节点的箭头表示。这些关系的强度如果是可计量的，则可以表达在关系线上［见图 3.1（d）］。

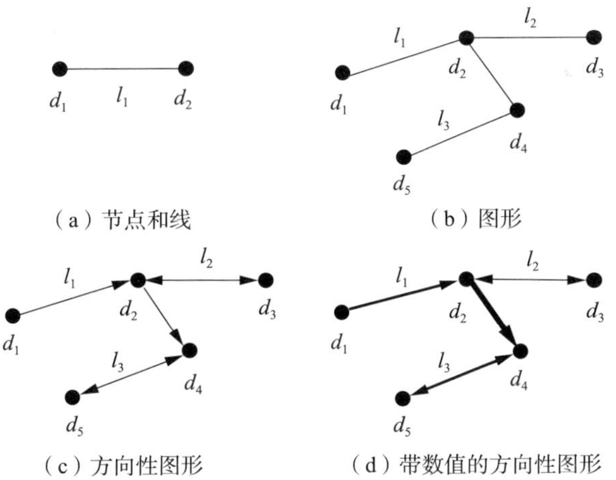

图 3.1　节点、线与图形

资料来源：罗家德．社会网络分析讲义［M］．北京：社会科学文献出版社，2005.

基于流空间的城市网络结构形成过程大致依照社会网络的形成原理与思路，并且在形成过程中对其构建要素的需求与选择不同，城市网络结构相应地呈现不同阶段性特征。在初始阶段，一个城市群内的人力资源、金融资本以及企业的空间布局遵循市场化的运行规律，在行政级别高、经济实力强、人口集聚密的国家城镇等级体系顶层的国家中心城市逐步集聚，形成重要的综合的节点城市。随着一部分中心城市经济的飞速发展与城市功能的优化完善，一方面，处于同样地位的中心城市首先与之形成城市流空间的重要节点，通过功能要素的流动形成“桥”的作用，进而在这些重要节点城市之间循环往复建立城市联系；另一方面，处于中心城市周边的其他中小城市的资源为中心城市所吸引，出现虹吸效应并在一段时间内持续不断，随着市场化下资源整合与配置的完善、政府的协调与控制，在功能要素互补的作用下，国家中心城市向周边城市输入要素，利用市场化力量平衡不同等级的城市联系，并使之处于一个动态平衡过程中。

2. 城市空间要素的联系类型

郑建峰（2006）认为，区域层面的空间联系是在区域社会经济和政治环境中，由独特的生产要素和技术组合状况产生的社会经济联系。表现为区域发展中的自然联系、经济联系、人口运动联系、社会相互作用联系、服务传输联系、信息联系，以及政治、行政和组织联系等，由这些联系组成了错综复杂的联系网络（见表 3.2）。在区域紧密合作的形式和一体化的思潮与实践发展中，由多要素共同组成不同区域或城市间联系是大势所趋，当联系的范围涉及更大的区域或城市时，它们之间的空间联系就会彼此影响，产生空间相互作用；表现为城市要素联系相互依存，城市联系通道保障其正常运营，城市社会交往频繁，各类经济实体联系紧密有序，共同构成一个复杂的城市联系的空间组织系统。

表 3.2　城市空间要素的主要联系

联系类型	联系要素
自然联系	道路网络、河流和水运交通网络、铁路网络、生态的相互依赖
经济联系	市场类型、原料和中间产品流，资本流，生产的前向、后向和侧向联系，消费和购物类型，收入流，部门和区域间的商品流
人口运动联系	暂时和永久的迁移、工作旅行、技术相互依赖
社会相互作用联系	出访、亲戚关系、习俗礼节和宗教活动、社会团体的相互作用

续表

联系类型	联系要素
服务传输联系	能源流和网络、信用和财政网络、教育训练和推广联系
	健康服务救护系统职业、商业和技术的服务类型、运输服务系统
政治、行政和组织联系	组织结构的相互关系、政府预算流、组织的相互依赖
	权威—批准—监督司法部门间交流、非正式的政策决策链

资料来源：朱英明．城市群经济空间分析［M］．北京：科学出版社，2004.

3. 内涵特征

在最初的工业化时代，城市提供机器制造、工业生产等基础性功能供给，此后随着生产技术的提升、经济水平的提高，城市基础性功能逐步向贸易、科技、金融、旅游等复杂性功能演变，在这种持续且持久的城市多功能演化过程中，形成服务于城市内部的非基本功能以及服务于城市外部的基本功能。城市联系通道作为保持不同城市之间往来的媒介与路径，是组成城市流动空间的线状作用通道。联系通道的多元化体现为联系通道分为有形与无形两种类型，有形通道是城际公路、铁路、航道、港口等具备物质形态的基础设施，无形通道是互联网、企业业务关联等具备虚拟、隐性形态的基础设施。联系通道的立体化体现为海陆空等立体化“流动空间”，通过作用载体——人的流动表现在有形或无形的路径上，在多元立体的“流动空间”下延伸联系通道，并拓展城市联系的作用范畴与空间范围。

（二）流动空间下中心城市形成与发展模式

中心城市因具备相对完善的功能体系侧重吸引周边城市的人力资源、资金流动以及信息掌控等主导控制型功能，作用方向是由周边城市向中心城市；相对而言，周边城市因具备良好的资源环境、低廉的土地成本，缺少完整的功能体系，侧重吸引中心城市的旅游资源、户外环境等依托自然环境创造的城市功能，作用方向是由中心城市向周边城市。当众多处在不同网络位置的城市产生吸引与扩散的同时，城市流动空间的外在空间表现也就呈现方向各不相同、联系程度深浅不一的广泛化联系，随着大、中、小型城市数目的逐渐增多，这种城市联系产生的复杂性也一并体现出来。与此同时，谢俊贵（2009）认为，借由信息技术对城市空间的拓展过程作为“流动空间”的一部分，通过信息化的方式对城市的时间与空间产生影响，使我们的城市逐渐变成“信息化城市”。这种以信息流来表征城市空间拓展的过程，即信息化城市的过程，不是一种城市形式，而是一个城市过程，一个以信息流动空间的结构性支配为特征的过程，在形式上表现为一种新的“城市—区域”变换过程（李小建，1999）。

1. 中心城市形成阶段

借由城市联系的理论分析，可认为其本质是城市功能之间的有效衔接，在城市群区域的不同发展阶段，城市流空间发育存在共性的同时具备差异性。城市流动空间的本质在于分析不同等级城市之间交互作用所形成的区域空间功能差异规律，为城市群内核心城市与周边城市的发展探寻功能联系、要素转移以及产业互补等（见图 3.2）。

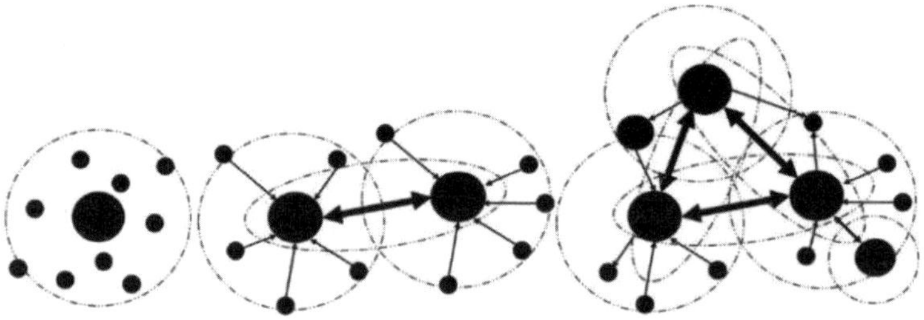

图 3.2　不同等级中心城市形成示意

第一阶段：城市网络发展的初期。

在城市网络发展初期，随着生产力水平的提高，核心城市凭借其强劲的经济吸引力与完善的设施系统，迅速在城市群中脱颖而出并实现发展壮大。这些核心城市具备先进的基础设施、较高的技术水平以及集中的经济资源，不仅能够吸引周边城市的技术、资金、资源和人流，还能够依托强大的经济与服务功能，吸引外来投资和市场需求，从而形成强大的虹吸效应。这种虹吸效应表现为核心城市对周边区域的经济引导作用，资源和资金的集中进一步提升了核心城市的市场吸引力和综合竞争力。在这一阶段，核心城市往往已形成高度集中的产业体系，产业链条逐步完善，涵盖了各类关键产业和服务，尤其是金融、科技、教育和文化等领域。这些产业类别的多元化不仅推动了城市经济的全面发展，还完善了核心城市的功能体系，使其成为区域内的经济中心、政治中心和文化中心。同时，城市群内的资源流动逐渐形成单向联系，核心城市成为整个城市群的辐射源。外围城市和乡村逐步与核心城市建立起经济与社会联系，推动了初期的城市网络结构的形成。这种联系形式主要体现在基础设施建设、劳动力流动、市场需求的共享等方面。

第二阶段：单核心城市联系的资源集聚与功能互补。

随着单核心城市的辐射作用逐渐深入，城市群的发展步入第二阶段。在这一阶段，核心城市虽然推动了城市群的快速发展，但也暴露出了许多资源过度集中的不利影响。例如，中央商务区的高地租、交通拥堵、环境污染、房地产价格暴涨等问题，成为影响城市群健康发展的“瓶颈”。与此同时，郊区居民在城市与核心区之间的通勤问题逐渐凸显，城市发展中低收入人群的居住问题日益严峻，这些问题使得城市群的可持续发展面临挑战。为了解决这些问题，并在适当的经济联系范围内优化资源配置，第二阶段往往会出现另一个核心城市，它与初期的核心城市在规模、产业和功能上形成互补。通过这种双核心模式，不同等级的城市可以通过跨区域合作，优化资源配置，避免过度集中带来的不平衡发展。在这种模式下，两个或多个核心城市不仅在经济上相互扶持，还通过高效的交通网络和通信网络建立起更加紧密的联系。例如，北京与天津、沈阳与大连、济南与青岛等城市群，通过相互补充，提高了整体区域的发展潜力。这一阶段的主要特征是核心城市的多元化与互补性，推动了不同城市之间在就业、服务、贸易等领域的深度整合。

第三阶段：城市网络的功能演化与多核心发展。

随着城市群核心城市与周边城市数量的增加，城市之间的功能开始演化，城市群的空间结构逐渐复杂化。在这一阶段，城市群的联系不局限于单一的核心城市与周边城市之间，而是开始形成多元化的联系网络。不同城市的功能逐渐升级，资源的配置开始向更加多元和细化发展。这些城市群内的不同等级城市，依托新的交通、信息和服务网络，逐渐从原本的单一轴线发展到多个发展节点，形成了多节点的空间结构。在这一过程中，城市群的空间联系逐渐由传统的单核心模式转变为多核心模式。核心城市、次级核心城市和周边城市之间的联系日益密切，城市群内的城市逐渐形成多层次、多维度的空间联系。不同城市群之间的协调与互动促进了区域内资源要素的更加高效流动，推动了区域经济的平衡发展。例如，在多个核心城市相互作用的框架下，区域间的经济流、人才流、物流和信息流更加自由、快速地流动，推动了城市群之间的协同效应，形成了大范围的经济与社会整合。通过多核心模式，城市群的空间结构不仅增强了区域内城市的协同效应，还在全球化与信息化背景下，进一步扩大了城市群的国际影响力。这一阶段的核心特征是，城市群从过去的简单发展逐渐向复杂的多核心模式发展，不同等级、不同功能的城市通过新的空间联系与合作方式，打破了传统的单中心格局，推动了更大范围的空间协调发展。这种模式使得城市之间的联系更具弹性，区域发展更加均衡，并且能够应对日益复杂的经济、社会与环境挑战。

2. 中心城市发展模式

数字信息化时代下集合的感召力量，不仅让生活在城市里拥有关怀之情的人结成强大的“自组织”力量，更让城市延展出一种全新的组织、网络化方式。经由虚拟数据、网络信息等的介入与改变，城市的功能从传统的以物理基础设施为核心的城市发展模式发展到如今以信息流动为核心的“虚拟空间+物理空间”双重融合的模式——中心城市的形态和功能正在发生根本性的转变。

一是数字信息化时代的到来为城市居民提供了更广泛、更便捷的互动平台。通过互联网、社交网络和移动应用，城市居民之间的联系不再局限于地理上的邻里关系，信息与数据的流动打破了传统空间的限制，创造了更加灵活的“自组织”力量。这种力量不仅在社会层面上表现为社会网络的扩展和加强，还在经济层面上表现为基于信息技术的创业与创新活动的不断涌现。这些通过数字平台聚集起来的居民、企业、机构等，彼此之间形成了更为紧密的互动关系，进而推动了城市服务、资源配置、公共事务的灵活调度。例如，基于共享经济平台的创新企业、基于大数据与人工智能的智慧城市服务等，都是这种“自组织”力量的典型表现。通过这一力量，中心城市的功能变得更加开放、灵活、多元。

二是从传统功能向开放、网络化、多维空间转变。随着信息化技术和网络化设施的迅猛发展，传统的城市功能结构正经历深刻的变革。过去，城市的功能结构通常围绕生产、生活、娱乐、交通等环节来划分空间和功能，这些功能区呈现出一个封闭、层级分明的结构模式，传统的核心—边缘城市联系清晰可见。然而，随着虚拟信息流的介入，这种基于物理空间的功能划分正逐步转向更为开放、互联互通的网络空间结构。数字化进程打破了城市发展过程中的传统边界，使城市的功能和空间逐渐开放和流动。例如，数字平台的出现使得城市的服务不再局限于传统的城市边界，外地居民、外部企业、非政府组织等都可以通过互联网等技术实现城市资源的共享与协同。城市的物理边界变得模糊，城市功能的扩展不仅依赖传统的物理基础设施，也依赖虚拟空间的承载和支持。信息流动的加速使得城市的空间结构更趋向网络化。城市不再仅仅是一个静态的实体，而且是通过信息流、人才流、技术流等多维度的流动形成一个活跃的网络。这个网络使得城市的功能、组织形式、经济活动等呈现更加复杂的互动关系。通过信息技术和网络平台的搭建，城市与城市、城市与周边区域之间的联系更加紧密，使区域协同发展成为可能。在数字化和信息化的推动下，城市功能的空间结构不再单一地依赖地理位置上的分布，而是呈现多维度的变化。例如，虚拟办公、远程教育、在线医疗等形式的兴起，使得一些传统上只能在特定地理位置进行的活动，不再受限于物理空间。这些功能不仅在现实城市空间中不断延展，也在数字平台、云计算、虚拟空间等新兴领域中得到了发展。中心城市的功能和空间正在经历从物理空间到信息空间的双重扩展，形成一个更加多元、灵活和智能的城市体系。

三是核心—边缘关系的演变。在传统的城市理论中，核心城市和边缘城市之间的关系通常是通过距离、功能层级、资源分布等来界定的。核心城市在经济、文化、政治等方面的集聚功能远高于边缘城市。然而，数字化和信息化时代的到来，打破了这种传统的核心—边缘模型，使得边缘城市和外围地区能够通过信息化手段与核心城市形成更加紧密的联系。在数字信息化的推动下，地理位置不再是核心与边缘之间的唯一界限。边缘城市和区域通过互联网的接入和信息技术的利用，能够实现与核心城市在经济、文化、教育等方面的联动。例如，远程工作、在线教育、跨地域的合作项目等，都让边缘城市能够参与到城市群的核心活动中，逐渐形成更加平衡的城市群结构。数字平台的兴起让资源的共享变得更加高效。核心城市和边缘城市之间不仅可以通过数据流进行连接，还可以通过共享经济、数字平台等形式共同调配资源。这种资源共享的模式有助于缓解中心城市资源过度集聚的问题，推动城市群的均衡发展。信息技术的普及使得边缘地区在参与全球化和区域经济的过程中更加主动。无论是在产业链上的参与，还是在人才流动、资本流动方面的互动，数字化平台都提供了更多的机会，促进了核心城市与边缘城市之间的协同合作。

因此，数字信息化时代的到来为中心城市带来了新的发展动力，也深刻地改变了传统城市的发展模式。城市不再是一个静态的、地理上划定的空间，而是一个动态的、信息流动的网络。通过技术的介入，城市的功能逐渐从封闭的、层次分明的结构转向开放、网络化和多维空间的全新发展模式。与此同时，传统的核心—边缘关系也在信息化和数字化的推动下发生了深刻变化，核心城市和边缘城市之间的联系更加紧密，使区域协同发展成为可能。这一系列的变化不仅为中心城市的可持续发展提供了新的思路，也为全球城市体系中的区域竞争与合作带来了深远的影响。

（1）中心城市网络空间结构向扩散与辐射转变。随着城市化进程的推进，中心城市在区域空间结构中所扮演的角色不断发生变化，其网络空间结构由最初的集聚中心向更为广泛的辐射与扩散转变。这一转变是通过经济流动的方式实现的，尤其是通过向心经济流和离心经济流的双向作用，城市之间的空间经济联系逐步形成，推动了区域内不同城市之间的功能分工与协作。中心城市的经济流可细分为向心经济流和离心经济流，向心经济流体现中心城市对外服务的内向集聚功能，离心经济流则对应于中心城市对外服务的外向扩散功能（见图 3.3）。

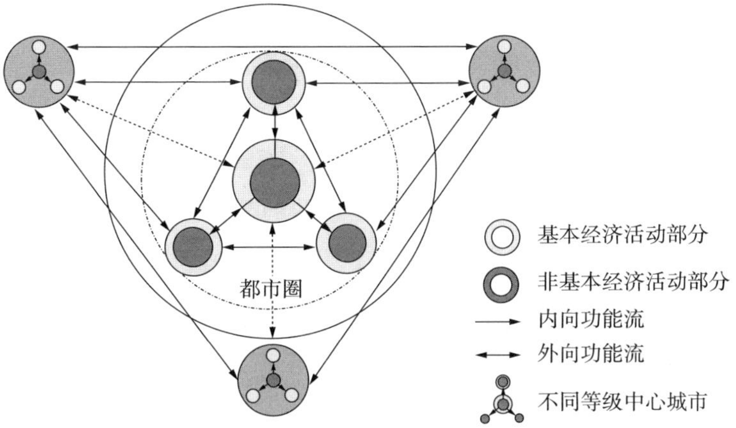

图 3.3　中心城市网络空间结构示意

经济流是城市间空间相互作用的具体体现，借助这些经济流，城市之间产生空间经济联系，使得中心城市实现其要素的集聚与扩散，并产生区域分工职能，使区域空间结构不断演化发育（王海江等，2013）。借由区域空间结构的演化发育，城市的辐射范围从最初的功能节点到功能通道线，最后到开放多元的城市流动空间。同时，受中心城市磁场的作用力，高新技术产业、各行业人才、金融商务中心、工业基地等城市功能的外在表现，通过交通信息的相互吸引与辐射作用，将城市功能由内而外地与另一座城市连接，形成城市群区域内的功能网络。与此同时，在以城市功能流向联系为导向的城市联系中，不同等级的中心城市借由这种内向与外向的功能流，通过“空间流”的交换运营实现城市的可持续发展。

（2）中心城市空间结构向多元开放网络发展。虽然城市网络仅作为一种政策工具或概念，并未参与具体的城市功能形态变化过程，但随着不同层级城市联系频次的加密、城市网络产生的加快，逐步参与到传统城市功能中，打破了固有的板块化城市功能，在“流动空间”替代“地方空间”的过程中形成了城市流动空间。赵维良等（2016）认为城市间可达性高，产业分工多元化，各种“流”将区域内的城市紧密地联系在一起，形态上的网络并不能保证互补性功能的实现，市场驱动的功能性网络才是城市网络产生的真正动力。

中心地模式下的空间结构强调城市功能互补下城市之间的等级性与圈层特征。与之形成对比的是网络模式下的空间结构（见图 3.4），它是以开放网络、紧密联系为基础的网络化空间结构，强调城市流空间联系的动态性与网络特征。从城市空间流的角度来看，不同城市之间形成高度紧密与高效的要素流动是不同城市之间互补与运行的效益最优。

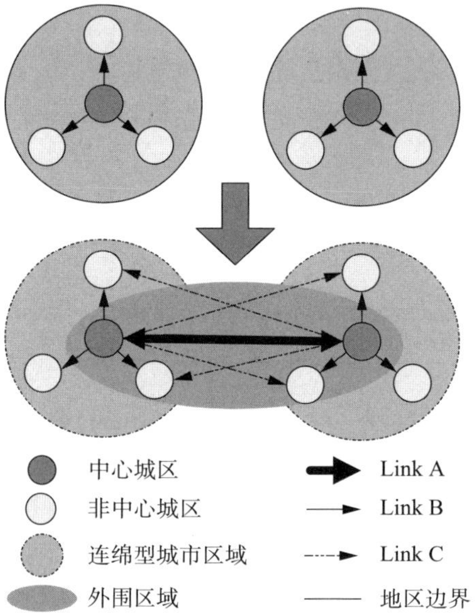

图 3.4　中心地模式向网络化模式转变的城市网络空间结构

资料来源：赵渺希．长三角区域的网络交互作用与空间结构演化 [J]. 地理研究，2011 (2).

（3）城市空间组织向高级生产性服务业集中化发展。信息技术和经济的全球化使得中心城市经济活动的空间组织发生了深刻的变化，集中表现在制造业的分散化与以知识服务为核心的高级服务业的集中化方面（吴晓隽、高汝熹，2006）。对于公司部门来说，信息技术的提升增加了公司部门的选择余地，分散化的办公地点并不影响整个公司部门系统的一致性，反而可以将需要大批量制造、生产的模块化部门置于生产成本低廉的地区，经济全球化的进一步扩大又把需要生产的部门投放外包、精细划分，直接或间接地使总部功能网络化与复杂化，在持续的外包流程中产生更为精细的专业化分工。制造业的分散化又使中心城市功能依靠智力、知识、信息等要素进一步集中化，并在集聚经济的外部性优势与良性循环周期内城市功能所涉及的内容，逐步由制造业分散化向高级生产性服务业集中化过渡并最终转变成形（见图 3.5）。

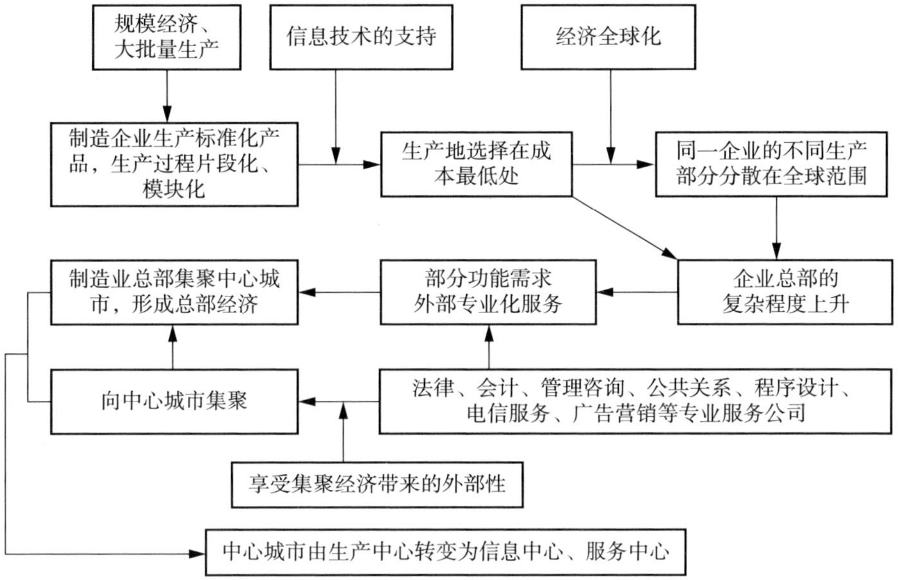

图 3.5 中心城市集聚内容变化的内在逻辑

资料来源：吴晓隽，高汝熹．试析全球化时代都市圈中心城市极化效应的新模式及对中国的启示［J］．世界经济研究，2006（11）：28-33.

三、城市流动空间的理论模型

随着区域经济一体化进程的不断深入，空间联系作为经济地理学中的核心概念，其内涵和表现形式也在不断演变和扩展。过去，区域之间的联系主要依赖物理的地理邻近性和传统的交通网络，如今，随着信息化和全球化的进程加速，区域间的联系逐渐脱离物理距离的制约，转而通过更加多元化和频繁化的流动来实现。具体而言，区域内的人流、物流、服务流、技术流、信息流等经济要素的跨区域流动呈现出越来越频繁、巨量化的趋势，这种现象不仅改变了区域间的传统联系模式，也深刻影响了区域经济的结构和发展方向。

空间联系的不断深化促使了区域间的合作和互动逐步增强，形成了以城市功能、产业分布、技术创新和资本流动为纽带的复杂网络。这种通过不断强化的经济要素流动形成的联系，不仅体现了区域经济一体化的核心特征，也为区域合作和联系提供了新的动力和框架。郑建峰（2006）提出，空间联系不仅是地区间物理距离的简单连接，还是基于经济、社会、文化等多方面因素交织的相互作用关系，是区域经济一体化下的关键机制和表现形式。在城市体系的流动空间中，城市之间的联系和交互也发生了显著的变化。沈丽珍和顾朝林（2009）认为，在这种流动空间体系中，城市的连接性不仅没有依赖传统的地理邻近性，反而通过多样化的交互作用和网络化的流动体系，逐渐弱化了物理距离的制约。在流动空间的作用下，城市之间的功能分布和联系网络发生了质的飞跃，呈现出一种更加复杂和动态的结构。例如，城市之间的交互不再是单纯的线性联系，双向、跳跃性的联系和跨层级的互动逐渐成为主流。这种流动空间作用下的城市体系开始表现出高度的网络化特征，城市不再局限于传统的中心—外围的层级关系，而是形成了更加灵活和多元的联系结构（见图 3.6）。

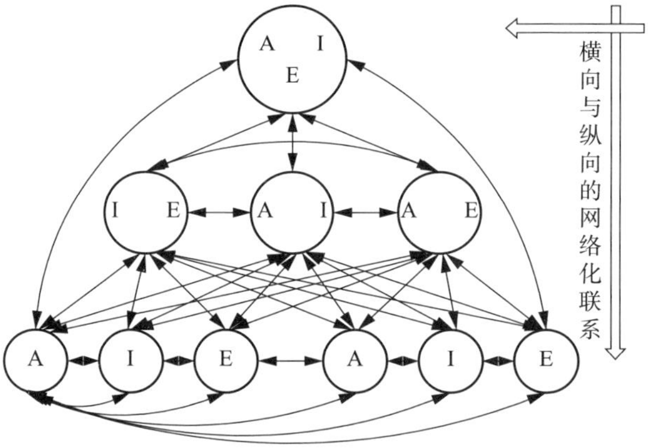

图 3.6　城市网络体系的城市功能分配与交互模型

资料来源：沈丽珍，顾朝林．区域流动空间整合与全球城市网络构建［J］．地理科学，2009，29（6）：788-793.

在这种网络化的流动空间中，城市不仅通过经济活动相互联系，还通过信息流、技术流、资金流等多维度的联系形成了一个高度互动和相互依赖的复杂体系。在这一体系中，城市之间的功能不再是孤立存在的，而是通过不同层级的互动与合作，形成了跨越区域界限的合作网络。这种网络结构的形成，不仅推动了城市之间资源的有效配置，也加快了区域经济一体化的进程。随着流动空间体系的日益完善，区域间的联系方式越来越依赖创新驱动、科技进步以及全球产业链的分工与合作。在这一过程中，城市和区域间的合作模式也逐渐呈现出多层次、多维度的特征，进一步促进了城市网络的形成和发展。这种新型的城市体系不仅提高了区域间的协调性和可持续性，也为区域经济的共同发展提供了新的路径和机遇。

西方关于城市区域的研究重点已从传统的属性研究转向了关系研究，功能联系成为考察巨型城市区域的重要指标（赵渺希等，2015）。国外学者如 Taylor（2004）认为通过功能解读城市之间的网络联系日益受到学术界的关注；Giuseppe（1997）将城市空间联系分为两种类型，即“网络联系”和“地区联系”。网络联系指城市体系内大尺度和长距离的联系，反映的是劳动分工；地区联系是一种“邻近”式的空间联系，主要指城市和邻近的城市（或区域）间的联系，反映了城镇体系的地区集聚程度（宗会明等，2013）。在流动空间的背景下结合城市发展的驱动要素，揭示知识、经济、信息、资金、交通等流动要素对城市资源的再分配，借由信息化平台将城市间复杂多变的联系表达出来（见图 3.7）。

区域发展网络化一方面可以加速沿线各城市节点的人流、物流交互，另一方面可以促进区域空间结构的演化与升级。不同层次的经济要素得以在更广阔的范围内高速流动并在某些特定的节点重新集聚，不断加速区域网络化的进程。同时，城市群是城市联系的空间与功能表达，各种“流”也在城市体系中加速运转（武前波、宁越敏，2013）。“流空间”网络化高度发育表现为两个层次：一层是由各种交通、通信线路设施和城市构成的最为典型的城市空间网络；另一层是由世界各国企业、公司构成的网络（岑迪等，2013）。由于企业内部网络数据相对容易获取，目前基于企业总部—分支网络的研究是国内外学术界的主流。从网络理论的观点来看，构成经济活动的基本单元是企业网络（Murdoch，1995），而企业母子联系网络又是企业网络的重要组成部分（Yeng，1994），因此，本书把母公司与子公司间的组织联系作为测度城市间联系度及位序关系的依据。

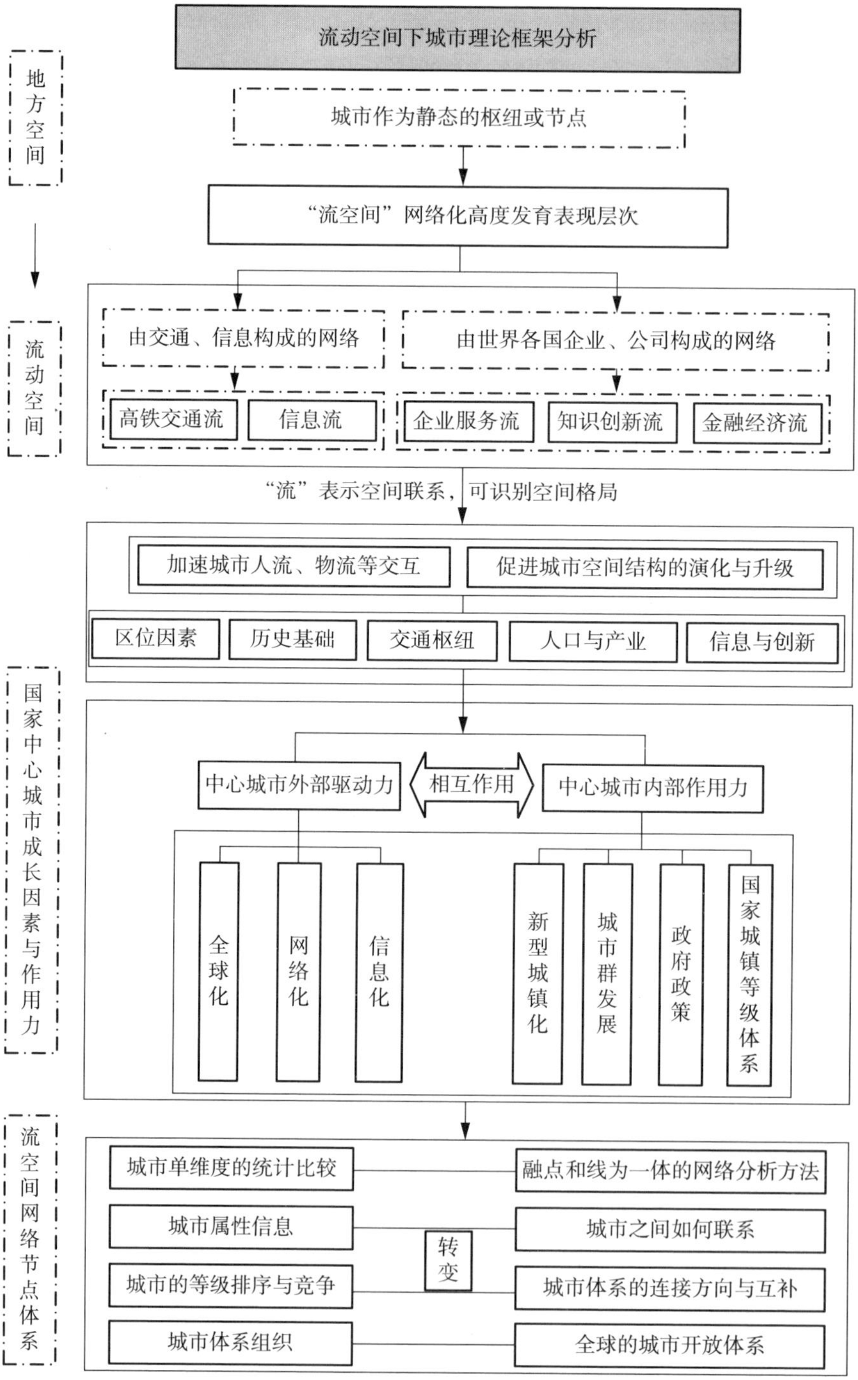

图 3.7　流动空间背景下城市理论框架分析

总体而言，随着全球化和信息化的加速，城市区域的联系越来越呈现出功能联系的特点。城市之间的网络联系和地区联系在知识、经济、信息、交通等流动要素的推动下不断深化，形成了更加复杂和动态的城市群网络。通过对“流空间”网络化的分析，我们能够更好地理解城市间的相互作用与区域发展的内在动力，并揭示城市区域在全球经济和社会结构中的重要位置。这一视角为城市规划、区域协同发展及全球城市体系的研究提供了新的理论框架和方法论。

在城市流动空间形成与完善的过程中，将以上因素综合起来并通过内外部影响力的交互作用，可构建基于城市流动空间视角下的城市流动空间的分析框架：城市联系是基于城市流动空间对不同等级中心城市的连接与交互作用下形成的空间结构，在这种等级差异化与扁平网络化的双重影响下，以国家中心城市之间不同功能类型下的各级城市为腹地，以相互之间的功能差异与互补为动力，以交通网络、航空运输、互联网信息为联系通道，形成城市联系的空间体系，在该等级体系内形成梯度差异与功能互补的动态联系，其中国际中心城市是最高等级的城市节点，更容易形成综合的功能服务枢纽、完善的金融中心以及总部经济的汇集地。此外，这种持久交互的城市流动空间的形成与全球化、网络化、信息化以及城市发展、政府政策、跨国或跨区域企业的背景紧密相关。

在城市空间联系主体的研究中，Hall（2006）指出，全球城市区域由内部联系日趋紧密的不同规模的城市组成，并认为这种多中心巨型城市区域或多核心城市区域反映了全球主要城市与其所在腹地区域城市之间的内部功能联系，且这种内部联系与经济全球化所带来的联系是同步扩展的。在区域空间的不同层面，城市的功能要素、联系通道以及作用载体均是参与、形成以及影响城市联系的空间主体，通过分析城市流动空间的空间组织，解释并识别两两之间的交互作用。在城市功能互补的前提下，不同的发展要素通过具体的联系通道彼此相互关联与作用，构成各类城市间一条条有机的功能联系网络。城市间的各种功能联系叠加后形成具有网络化的城市功能集合，即城市流动空间（刘涛，2015）。具体而言，城市流动空间分为三个组成部分：功能要素、联系通道以及作用载体（见表 3.3）。

表 3.3　城市流空间的主要空间组织主体

组成部分	主要空间组织主体
功能要素	功能要素是指城市对外服务的各种功能，如制造中心、金融中心、物流中心、旅游中心等，它们是城市相互联系的作用主体，是城市流空间的核心组成部分，功能要素间的互补是城市流空间形成的必备条件
联系通道	联系通道是城市间相互作用的媒介，包括有形的通道［如交通线路（公路、铁路等）、生态通道（河流水系和绿色廊道等）］和无形的通道（互联网、邮电业等信息通道），是形成城市流空间的空间路径
作用载体	作用载体是指人、物质和信息等载体城市间物质交换的“流”。城市流动空间的实证仍是一种联系，在功能要素互补的前提下，由这些实体的或虚拟的作用载体“流”通过有形的或无形的联系通道进行物质交换，是城市联系的作用载体

资料来源：刘涛，仝德，李贵才．基于城市流空间视角的城市联系研究：以珠江三角洲为例［J］．地理科学，2015，35（3）：306-313.

功能要素侧重对城市点状功能节点的描述，它将城市作为一个整体研究对象，看作一个功能集合的节点，如制造中心、金融中心、物流中心、旅游中心等，这些点状功能节点是功能联系的作用主体，也是功能网络的核心组成部分（刘涛，2015），在本书中表现为国家中心城市内部各类上市金融公司、高级生产性服务业涉及的八大类行业的功能集合节点。联系通道侧重对线状作用通道的描述，指那些为点状功能节点的相互作用提供路径的线状廊道。线状作用通道是城市间相互作用的媒介，包括有形的作用通道（如交通线路）和无形的作用通道，是功能网络在空间上的路径表达（刘涛，2015），在本书中表现为城际客运高铁的交通线路。作用载体是指城市联系所依靠的点状功能节点与线状作用通道所产生的“流动空间”，可以理解为城市之间进行物质、非物质交换时产生的“城市踪迹”。例如，总部与分支机构的业务往来、城际交通道路的客货运输、春运回家团聚探亲的人流以及互联网信息的相互交换等。这种作用载体是城市联系不可或缺的环节，也是城市特征的第二性表征。其中，城市功能与联系形成的空间组织可通过功能要素、联系通道以及作用载体三类主体的交互关系建立并维持稳固的相互关系（见图 3.8）。通过对三类主体交互作用下形成的城市联系的空间模型，把三者交互作用进一步细分为Ⅰ类、Ⅱ类、Ⅲ类并分别加以阐明。

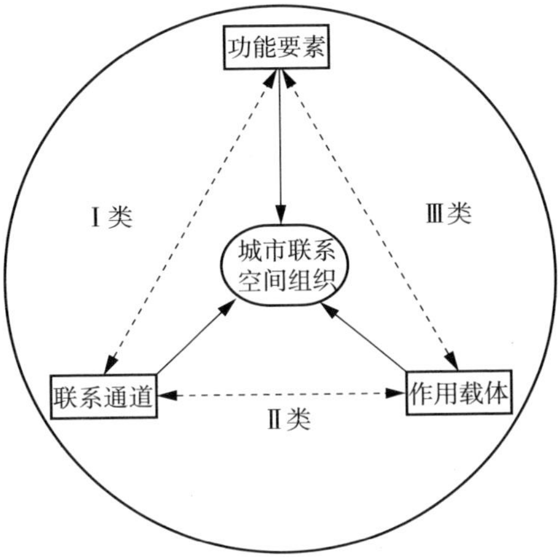

图 3.8　城市功能与联系形成的空间组织交互作用

Ⅰ类作用：功能要素与联系通道。在城市发展与城市网络研究中，Ⅰ类作用强调的是功能要素和联系通道的相互作用。功能要素是指城市所具备的多种功能单元，这些功能单元可表现为经济中心、金融中心、物流中心、创新中心等多样化的城市功能节点。联系通道是这些功能节点之间进行联系、交流与资源流动的媒介或路径，包括交通、通信、互联网等不同形式的通道。通过这种联系通道，城市间的资源流动得以顺畅开展，包括人流、资金流、信息流、物流等多维度的要素流动。在信息化日益发展的背景下，节点城市的互联互通得到了极大的强化。信息技术通过各种媒介（如互联网、物联网、大数据等）打破了传统空间的界限，使得城市功能节点之间的互动不仅更加频繁，而且更加高效。

孙九霞等（2016）指出，信息化为城市之间的流动空间赋予了更加复杂的社会联结，使得城市间的联系具有了更大的自由度和可拓展性。在这个新的联系格局中，城市之间的联系不再局限于物理空间的联系，而是通过信息流、技术流等非物理性资源的流动，极大地拓展了城市的空间边界。联系通道的作用不仅是简单地承载城市之间的物理连接，其还极大地提高了资源的流动效率。一方面，城市会选择最优的空间选址和布局，以便效益最大化，特别是在资源紧张或竞争激烈的情况下，优化空间布局能够促进资源的最大集聚与利用。例如，城市的功能区分配可以通过交通便捷、信息互通的联系通道来实现，进而推动功能的协同和经济活动的高效运作。另一方面，联系通道通过城市间的连接促进了人才、技术、资本等要素的流动和转化。城市与城市之间的合作和资源交换，不仅推动了本地经济的繁荣，也促进了区域甚至国家层面的经济一体化。

因此，Ⅰ类作用中的功能要素与联系通道是相互依存、相互促进的。城市的功能节点为联系提供了动力和方向，联系通道则使得这些节点之间的互动变得更加顺畅、高效。通过优化功能要素和联系通道的布局，城市能够实现更高效的资源配置和跨区域的协同合作，从而推动经济社会的可持续发展和整体竞争力提升。

Ⅱ类作用：联系通道与作用载体。在城市网络与区域发展的研究中，Ⅱ类作用聚焦联系通道与作用载体之间的交互，并通过这一交互过程构建了“流动空间”的概念。联系通道包括人流、物流、资金流、信息流等不同维度的资源流动，而作用载体是这些流动所依赖的媒介和通道。作用载体通过促进不同要素的流动，使得城市与城市、区域与区域之间的联系得以具体化与可视化，从而形成人与物、信息和技术之间的有效连接。作用载体的核心在于其承载着传递城市间流动的功能，构成了城市联系的“空间流”。这些流动不仅包括物理上的移动，如人流和物流，还包括资本、技术、信息等非物理性资源的流动。通过作用载体发挥作用，这些资源得以跨越空间和时间的障碍，在城市之间自由流动并促进区域间的互动与合作。崔功豪（2002）提到，城市与城市之间的互动是一个“流动空间”，也就是说，城市不再是孤立存在的，它们通过这些流动的要素形成了紧密的联系网，形成了一个相互联系的生产与服务空间。

具体而言，作用载体对于城市之间的流动至关重要，其不仅是物理的基础设施，如交通系统和物流线路，还包括信息传递的媒介，如互联网和通信网络。这些载体通过优化资源流动路径，促进了各类资源的高效集成，推动了区域与区域之间的协同发展。姚士谋等（2008）指出，人口在50万~100万的大中城市，甚至超过100万的特大城市，在这些联系载体的作用下，彼此间频繁互动，成为相互依赖、相互促进的经济体。这样的大中城市群，共同构成了一个活跃的有机体，推动区域内各个经济节点的协同发展。通过作用载体的流动，这些城市不仅在一个区域内部建立了紧密的经济网络，也加强了彼此间的经济联系和区域合作。王凤学（2012）提出，经济发达地区的城市密集区就是典型的“节点”和“流”的空间，体现了在流动空间下，城市之间的经济联系和社会联系得到了极大的增强和拓展。这种城市之间的互动不仅限于物理的商品流通，还包括技术、资金、人才等要素的流动，促进了区域经济的高效发展与创新能力的提升。因此，Ⅱ类作用中的联系通道与作用载体相互作用，构成了城市间联系的流动空间。这种流动空间不仅表现为物理空间的联通，更通过信息和资源的跨区域流动，推动了城市间的多维度合作和协同创新。有效的作用载体不仅优化了资源流动的路径，还提升了城市群体的竞争力和集聚效应，为经济的可持续发展提供了强有力的支撑。

Ⅲ类作用：功能要素与作用载体。功能要素与作用载体的关系是城市流动空间中至关重要的组成部分。功能要素是指各个城市作为节点所具备的各类静态功能，如经济中心、金融中心、科技创新中心等。这些功能节点代表了城市的核心竞争力和发展特征。与之相对，作用载体是将这些功能通过物理和信息的路径进行连接与扩展的桥梁。作用载体通常包括有形的交通基础设施（如公路、铁路、港口等）和无形的信息网络（如互联网、通信网络等）。两者相辅相成，共同推动城市流动空间的构建与发展。通过交通基础设施与信息网络的有机结合，城市流动空间形成了不同的联系模式。交通运输作为人和物资流动的主要载体，发挥了连接城市与城市、区域与区域的桥梁作用。公路、铁路、航运等基础设施为城市之间的物流、人流提供了物理的联通通道，缩短了城市之间的空间距离，促进了资源、商品和人才的流动。信息网络通过互联网和通信系统，进一步延伸了城市之间的信息与经济、文化交流，促进了城市间的无形联系。网络信息承载了城市的创新资源、科技进步、文化传播等内容，提升了城市之间的互动层次，使得城市流动空间的形态更加立体化和复杂化。

在这一过程中，功能要素与作用载体的结合使得城市流动空间的分析由“面”向“点、线”的转化成为可能。从空间的宏观层面来看，城市之间的联系和互动原本是通过城市群区域的整体布局来考察的，然而，当分析的尺度进一步细化到每个城市的功能要素和作用载体时，城市联系的核心便体现在“点”和“线”的维度上。城市作为一个个独立的功能节点，通过各类交通网络和信息网络在空间上形成了互动和联系。通过这种方式，城市流动空间的研究不仅能揭示各个城市在流动中的位置和作用，还能探讨它们之间的联系强度与网络结构。城市流动空间理论基础中的“空间流”概念尤为重要。空间流并非单一方向的流动，而是呈现多层次、多维度的交错状态。不同于传统的“面”的区域联通，“点、线”的视角从更精细化的层面分析了城市之间通过各种网络媒介形成的功能性流动。这种流动不再局限于人和物资流动的物理形式，还包括信息流、资本流、技术流等无形资源的跨地域传播。这些流动通过交通与信息网络的作用载体得以高效传递，进一步加强了城市之间的互动与合作。

总之，功能要素与作用载体的相互作用为城市流动空间的构建提供了动力。在有形的交通基础设施和无形的信息网络的共同作用下，城市之间的联系不仅在物理空间上得以实现，也在信息和文化交流的维度上不断深化。这种从“点、线”角度对城市联系进行的分析，不仅让城市流动空间更加复杂与多元化，也为理解城市之间的相互作用与协同发展提供了新的思路。

综上所述，进入 21 世纪，世界城镇体系经历了深刻的变革，尤其是在全球化进程的推动下，城市在全球体系中的枢纽和节点地位愈加突出，成为全球竞争和合作的核心平台。在这一背景下，国际的竞争已经从传统的国家竞争转变为以全球城市为主要参与者的博弈。例如，纽约、伦敦、东京等城市在全球经济、文化、政治等多重领域的影响力和吸引力不断提高。这些全球城市之间的博弈不仅在经济领域展开激烈的竞争，在资源配置、科技创新和人才吸引等方面也相互较量。

与此同时，传统的区位因素，如原材料的获取和交通运输的便利性，已不再是决定城市竞争力的唯一关键因素。技术和信息变革的重要性日益凸显。全球化带来的不仅是市场和资本的流动，还涉及信息流、技术流、人才流的跨国流动。在这一过程中，城市间的竞争逐渐从传统的产业链竞争转向依托价值链进行生产与消费组织的竞争（周岚等，2016）。城市在全球经济中的角色由单纯的生产和交易中心转变为创新、技术、人才和文化的聚集地，城市的经济竞争力逐步与其科技创新能力和信息流动能力紧密关联。在此背景下，空间层次上的交互作用显得越发重要。功能要素、联系通道和作用载体三类主体的互动，通过全球化的联通机制，展示了全球城市和其他城市之间在不同层次的联系与互动。这些城市联系不仅体现在地理空间的分布与组织上，还体现在城市间资源、信息流动的网络结构中。通过空间尺度上多层次立体化城市联系空间组织模型，可以有效反映地理学中经典的“驱动力—空间格局—空间过程”理论框架。

多层次立体化城市联系空间组织模型从上至下，可以划分为全球城市、国家中心城市、区域中心城市三个层级（见图 3.9）。每一层级的城市都有其独特的功能和作用，并通过多层次的空间联系形成一个复杂的城市网络体系。在这个体系中，不同等级城市之间通过联系通道的流动，形成一个庞大的地理、经济和社会网络。全球城市在这个网络中占据着核心位置，通过其功能要素的汇聚、信息流的传递和全球资源的整合，推动全球化进程。国家中心城市和区域中心城市在全球城市的引领下，承担着更为细化的区域协调和辐射作用。

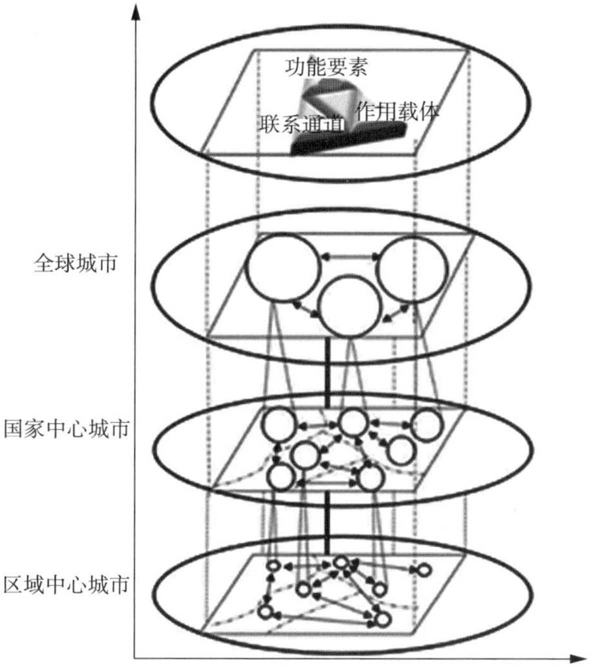

图 3.9　多层级立体化城市联系空间组织模型

因此，采用空间尺度多层次立体化城市联系空间组织模型，可以更全面地理解全球城市、国家中心城市、区域中心城市之间在全球化背景下的互动关系，以及这些城市如何在全球经济体系中扮演互为支撑的角色。基于这一分析视角，可以进一步揭示不同层级城市之间的资源流动、联系强度和互动模式，为城市发展战略和区域协调发展提供理论依据和实践指导。

在全球城市网络中，全球城市处于顶端地位，汇聚了巨量的经济、政治、金融、文化等资源，并主导这些资源要素的流动方向。作为全球化的战略节点，全球城市不仅在本国经济中占据重要地位，还引领着全球经济活动的方向。它们通过强大的集聚效应和资源整合能力，在全球范围内信息流动、资本流动、技术传播等方面起到关键作用，促进全球化的持续推进。全球城市还承担着调整和优化全球城市网络模块的任务，影响全球各大城市的合作与竞争格局，推动全球资源配置的优化。国家中心城市处于全球城市网络的国家级节点位置，既在全球体系中扮演着重要角色，也在国内城市体系中占据核心地位。全球城市的强大影响力直接作用于国家中心城市，使其能够吸引外来投资、提高国际事务的参与度，并推动自身功能的提升。同时，国家中心城市也在本国城市体系中承担着重要决策和指挥的职责，发挥着对国家发展战略和城市网络结构的引导作用。通过与全球城市的联系，国家中心城市在全球经济体系中发挥桥梁作用，并推动国家在国际竞争中的地位提升。区域中心城市位于城市联系空间组织中的底层位置，它们是国内区域层面或城市群层面的核心节点城市。尽管它们在全球或国家层面影响力有限，但在区域范围内，区域中心城市通过其集中的经济、文化、社会服务等功能，推动着周边城市的协同发展。作为区域功能中心，区域中心城市不仅承载着地区内的重要资源，还能通过与国家中心城市和全球城市的互动，进一步提升自身功能与地位。它们通过有效整合区域内外的资源，促进区域一体化，为城市网络的健康发展提供重要的支撑。

全球城市、国家中心城市和区域中心城市共同参与构建了城市联系的空间组织模式，三者之间层级分明、功能互补的关系，有效地促进了全球及区域内的资源流动和城市间的协作。全球城市的领导地位推动着国际化资源的高效配置；国家中心城市在全球和国内的双重作用，使其成为重要的协调中心；区域中心城市通过区域层面的合作，推动了区域内外的均衡发展。这种三者相互作用的城市联系空间组织模式，不仅提高了城市网络的整体性和协调性，还为全球经济、政治和文化的繁荣发展奠定了坚实的基础。通过全球城市、国家中心城市和区域中心城市的协同作用，城市流动空间的形态得以多元化和立体化。这一模式的构建推动了全球城市网络的深入发展，使得城市联系更加紧密、功能分工更加明确。随着这一组织模式的持续拓展，全球与区域城市群之间的联系将更加紧密，推动世界经济和区域经济一体化的进程，并进一步促进全球资源的优化配置和信息的自由流动。

四、小结

冷炳荣等（2014）指出，城市作为全球化或地方活动的最重要载体，正经历一系列新变化，这些变化包括要素流动性的加快、空间结构的扁平化，以及城市间联系的多样化。这些现象不仅改变了城市的功能和形态，也为城市联系研究提供了全新的视角和思路，推动了城市研究范式的转变。在这一背景下，城市联系不再是单一的物理或经济联系，而是一个多维、动态的空间组织过程。随着全球化、信息化、网络化以及新型城镇化的加速推进，城市群的发展、地方政府政策的影响，以及国家城镇等级体系的调整，都在不断塑造城市间的联系网络。对这些影响因素进行分析，能够帮助我们更好地理解当代城市群的空间组织和相互联系。结合中心流动理论与城市流空间的基本要素，本书构建了一个基于城市流动空间视角的城市联系理论框架。这一框架不仅揭示了城市间联系的演化过程，也为中国参与全球城市网络体系、推动国家中心城市建设提供了理论支持。此外，本书的研究视角和方法，能够为经济地理学领域提供新的理论启示，特别是为中国独特的城市发展路径提供了一种新的分析框架。在这一框架下，城市联系不再仅是静态的空间关系，而且是一个动态的，由信息、资本、技术等要素推动的过程。深入理解这一过程能够更好地指导中国在全球化背景下的城市发展策略，并推动国家中心城市的有效建设与城市群协同发展。

因此，基于城市流空间视角的城市联系研究，不仅具有学术价值，也为实际政策的制定和城市规划提供了深刻的理论支持。未来的研究可以进一步探索该框架在不同地区和城市类型中的应用，为全球城市网络的优化和区域经济一体化提供更加丰富的理论依据和实践经验。

第四章

国家中心城市成长条件及作用因素分析

一棵大树在森林中长得越高，就能够获取更多的阳光和雨水。一个城市在城镇规划体系中的层级越高，同样意味着可以集聚更多的人口、资源乃至文化财富。

——《瞭望东方周刊》

一、国家中心城市的基本成长条件

国家中心城市的形成、发育与迈向高等级的中心城市取决于所在地区的经济发达水平、城镇密集程度、交通与信息网络高度集聚与发达水平，它们在特定范围内逐步形成区域经济网络的核心与现代科技文化教育的交流中心。全球化、网络化与城市化三者的相互渗透共同构成了信息时代城市空间最为重要的发展动力。从某种程度上讲，现代意义上的特大城市、中心城市在经济全球化与信息化的深入发展背景下扮演着极为重要的节点角色，这些城市一方面在全球的城市网络体系中占据关键的地位，另一方面在自身国家城镇体系中发挥着核心的功能。如果从时间的深度（历史空间）与地域的集聚程度（地理空间）分析国家中心城市发展的时间维度与空间维度，剖析其成长过程中历史空间上的时间深度与地理空间上地域的集聚程度，国家中心城市成长过程必须具备以下四个基本条件：

（1）中心城市的成长所在地必须是经济高度发达的社会化、市场化的城市群区。在这样的城市群地理空间范围内所拥有的首位城市与第二位城市，其综合服务能力强、高端制造业与现代服务业云集。由于它们广泛地参与全球化进程，使之在发展过程中地域功能作用不断与世界接轨并与全球一流城市紧密联系，从而逐步转变为全球城市网络中的重要节点或门户城市。

首先，中心城市所在的城市群往往是区域经济的核心动力源。以长三角城市群为例，上海作为首位城市，凭借其在金融服务、航运物流、科技创新等领域的综合优势，成为全球经济的重要一环。与此同时，杭州以数字经济见长，苏州以高端制造业著称，二者与上海形成了协同发展的格局，推动了区域整体经济的高质量发展。在京津冀城市群中，北京作为国家的政治中心与科技创新枢纽，凭借高水平科研机构和政策优势，吸引了大批高端人才与国际投资；天津在智能制造和港口物流领域发挥支撑作用，与北京实现分工协作。

其次，中心城市的成长离不开高端要素的集聚和区域功能的全球化。一个中心城市能否在全球网络中占据重要地位，关键在于其产业结构与国际需求的契合度。例如，上海通过打造国际金融中心和自由贸易试验区，不断加强其在全球资本流动中的枢纽功能，同时在集成电路和人工智能等领域形成了全球领先的产业集群。北京通过中关村科学城的科技创新，以及“一带一路”倡议下的国际合作，逐步增强其在全球科技与文化交流中的话语权。

再次，中心城市与所在城市群中的其他城市之间需形成分工明确、互补发展的关系。首位城市扮演了区域发展的引领角色，其主要功能集中于全球化方向，例如，上海的国际贸易与航运服务、北京的科技创新与文化输出。第二位城市通过特色化定位为首位城市提供支持与补充，如苏州以制造业为基础的产业优势和天津的港口功能，不仅有效缓解了首位城市的压力，还提高了整个城市群的竞争力。

最后，中心城市的国际化进程依赖于其文化与软实力的提升。北京和上海不仅通过经济与产业的开放走向世界，还通过文化交流和品牌建设提高其国际影响力。例如，北京通过举办国际会议、推动“一带一路”沿线国家的文化互动，进一步彰显了中国在全球治理中的文化话语权；上海通过举办中国国际进口博览会等活动，将其国际化形象推向全球。

（2）中心城市的成长产业必须是多种高度专业化高端产业，同时是综合性发展的，只有单一产业发展的城市不可能是中心城市。例如，辽宁省的鞍山、抚顺等这些资源型的工业城市不可能形成大地区一级的中心城市，只有如沈阳、大连等可以形成东北地区一级的中心城市或门户城市。这是因为综合性的产业城市高端产业集中，具有复杂的多功能、多层次的产业集聚（见图4.1），可以与中心城市的文化科技、政治职能联系在一起，使之形成更大、更高、更系统的研究中心、创新中心。

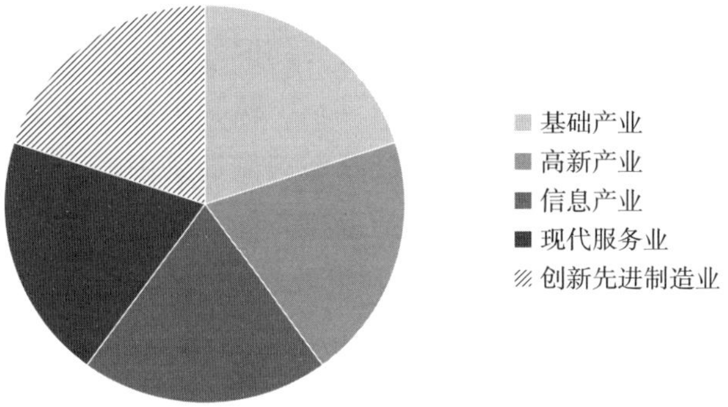

图4.1　中心城市主要产业集聚类型

首先，综合性产业结构是中心城市成长的基本条件。高端产业的集中和多功能、多层次的产业集聚为中心城市提供了强大的经济支撑和创新驱动力。例如，沈阳作为东北地区的工业重镇，早期以装备制造业为核心产业，通过产业升级和技术创新，逐步扩展至人工智能、智能制造等高端产业领域。同时，沈阳作为区域交通枢纽城市，其发达的铁路和航空网络进一步提高了区域辐射能力。大连在港口物流、海洋经济和金融服务方面形成了显著优势，同时依托大连理工大学等高等院校，发展了以软件服务业为代表的现代产业集群。

其次，综合性产业城市的多功能性决定了其可以承载更多区域性和国际性的职能。综合性产业不仅指多种产业共存，更重要的是这些产业之间具有协同效应。例如，大连通过港口经济推动国际贸易和物流业的发展，与其信息技术服务业形成互补，从而提高了其在全球供应链中的地位；沈阳通过发展高端制造业和科研创新，不仅满足了区域内的产业需求，还成为国内重要的创新中心和研究基地。

再次，综合性产业的多层次性使得中心城市能够与文化科技、政治职能紧密结合，从而形成系统性的社会功能网络。例如，沈阳作为省会城市，其行政功能和经济功能高度耦合，不仅在区域经济规划中扮演核心角色，还通过文化中心的建设提升了城市软实力。同时，大连作为东北地区的门户城市，通过其国际化港口功能和金融服务中心地位吸引了大量外资企业和高端人才，为区域的对外开放奠定了坚实基础。资源型城市的局限性进一步凸显了综合性产业城市的重要性。以鞍山和抚顺为例，这两个城市在资源开发和重工业方面具有显著优势，但过度依赖单一产业导致其经济弹性较差，难以适应产业转型的需求。资源枯竭或市场需求变化可能迅速削弱这些城市的竞争力，从而限制其在区域经济中的主导作用。相较之下，综合性产业城市不仅具有更高的抗风险能力，还能够通过多样化产业布局推动区域经济的可持续发展。

最后，综合性产业的发展为中心城市提供了高层次的创新能力和研究能力，使其能够引领区域乃至国家的发展。例如，综合性产业城市通过高校、科研机构和企业的联合，形成了技术研发和成果转化的机制。沈阳通过中国科学院沈阳分院等科研平台的支持，构建了覆盖多个领域的创新网络。大连通过建设国家级新区和自由贸易试验区，吸引了大量高技术企业和国际科研机构，为区域经济注入了新动力。

（3）中心城市的商贸成长必须是依托国际商圈、金融贸易比较发达的区域，以单纯工业发达、产业集聚的发达城市，还不具备国际市场交换的特点。任何一个城市群区内最具有中心性的核心城市均具备迅速地交换集散商品的能力与发达的交通网络枢纽，这才是商品经济与市场贸易最发达的中心城市，并且将促进这些中心城市向世界金融贸易城市发展，使之成为一个“金字塔”形状的发展形式，特别是当前高铁时代、航空网络时代，国家中心城市的航空港越来越现代化，旅客流量也越来越大（见表4.1）。借由高铁、航空等所产生的“流”为原始数据，并将其作为构建中心城市网络的表征媒介，在一定程度上深化了交通流对人流的指引导向以及对区域空间的再认知。

表 4.1　主要城市及机场枢纽客运量（2024 年）

城市/机场	旅客流量（万人）	较上年增长率（%）
北京/首都	6736	27.35
上海/浦东	7680	41.30
广州/白云	7635	20.85
成都/双流	3243	7.62
昆明/长水	4715	12.17
深圳/宝安	6146	16.55
上海/虹桥	4795	12.84
西安/咸阳	4704	13.70
重庆/江北	4868	8.99
天津/滨海	2006	8.60
厦门/高崎	2791	15.79
南京/禄口	3117.4	14.02

资料来源：2024 全年全国机场旅客吞吐量出炉［EB/OL］.［2025-01-02］. https://news.carnoc.com/list/631/631374.html.

首先，国际商圈与金融贸易的深度融合是中心城市商贸功能的核心特征。只有具备参与全球商品交换与资本流动能力的城市，才能真正地融入国际市场，成为国际城市网络中的重要节点。例如，上海的陆家嘴金融区作为全球重要的金融贸易中心，不仅吸引了大量国际资本和企业总部，还通过国际会展（如中国国际进口博览会）强化了其商贸交汇的功能。类似地，北京依托中关村科技园区及其作为政治中心的独特优势，在全球范围内提升了商贸辐射力。

其次，中心城市的商贸功能需要以发达的交通网络为基础支撑。高效的交通网络不仅能够加速商品的流通，还能极大地提升人流、物流与信息流的效率。在当前高铁与航空网络时代，国家中心城市的交通枢纽功能不断增强，航空港和高铁站的现代化建设使这些城市成为国际商贸的主要集散地。例如，北京首都国际机场和大兴国际机场分别承担了国际航空与国内枢纽的功能，大幅提高了北京的国际流通能力；上海虹桥枢纽通过高铁与航空的无缝对接，成为长三角地区商贸流动的重要节点。

再次，交通流所带动的人流、物流对区域空间的认知与整合具有深远影响。在高铁与航空的时代背景下，“流”的概念成为衡量中心城市功能的重要指标。交通流不仅是物理意义上的移动，还是经济联系、文化交流与信息传播的媒介。例如，中国的高铁网络通过连接京津冀、长三角、粤港澳大湾区等城市群，不仅强化了区域间的经济联系，也重塑了空间结构，推动了中心城市在商贸功能上的进一步深化。此外，中心城市的商贸功能还体现在其商品交换与集散能力的效率与规模上。一个真正的中心城市不仅能够实现商品的快速流通，还能够通过其市场规模和消费能力引领区域乃至全球的贸易方向。例如，广州作为华南地区的商贸中心，通过举办中国进出口商品交易会（广交会）等国际性贸易展会，不仅实现了商品的全球化流通，还带动了区域经济的整体发展。与之类似，香港作为国际金融贸易中心，通过港口和机场的物流功能，将商品经济与全球市场深度连接。

最后，中心城市的成长需要具备“金字塔”形的商贸结构，这种结构体现为中心城市在商贸功能上居于顶端，成为全球资本与商品流动的枢纽，而次一级的城市通过与中心城市的协同分工，形成区域性的商贸网络。这一结构不仅有助于资源的高效配置，也为区域经济的协同发展提供了保障。例如，上海在长三角地区的中心地位使其通过商贸功能、交通功能和金融功能的强大辐射作用，带动了杭州、苏州、宁波等周边城市的共同发展。

（4）中心城市的成长功能必须是上升到国家级与世界级的超大型城市。城市内人口、产业以及资本的集聚与科技顶尖人才的集聚达到了各国、各地区的顶峰，形成了一个超大多功能、综合发展的中心城市。由于城市高端产业的集聚与智慧型结构性人才的集中，催生了高度发达的世界经济与活跃的市场体系，形成了三维物质空间与数字互联网络的高密度耦合结构。与此同时，信息服务业与交通运输业迅速发展，国际门户城市（港口）和现代化大型国际机场相继建立，其年吞吐量高达 6000~8000 万人次（如表 4.1 所示）。这一系列发展不仅推动了科学技术与文化教育体系的完善，也催生了新兴创新中心与一批具有引领性意义的技术的发明，进而推动了国家与区域核心增长极的形成。最终，这种集聚演进过程塑造出“第一增长中心”格局，使部分城市群中的关键城市跃升为国家级中心城市，直至发展为全球范围内为数不多的世界级中心城市。

首先，超大型中心城市以高端产业和智慧型结构为核心驱动。城市中高端产业的集聚不仅带来了经济的高速发展，还催生了技术革新与产业升级。例如，纽约、伦敦和东京等世界级中心城市，其经济形态均高度依赖金融服务、科技创新和信息产业，这些领域的顶尖企业和研究机构汇聚于此，为全球经济提供核心动力。同时，这些城市吸引了大量的科技人才和高素质劳动力，形成了全球范围内最密集的智慧型结构。以东京为例，其以电子、汽车制造和金融为主导产业，形成了全球领先的产业链和创新体系。

其次，国际性门户功能是超大型中心城市的重要特征。这些城市通常拥有全球化的港口和现代化的大型国际机场，成为世界经济贸易流通的重要枢纽。例如，洛杉矶国际机场和迪拜国际机场通过其巨大的航空网络连接了全球主要经济区域，使这些城市成为国际贸易与文化交流的门户。同时，像上海和新加坡这样的国际性港口城市，通过货物吞吐量的领先地位，为世界商品流通提供了强大的支撑。

再次，超大型中心城市具备高度发达的三维物质空间与互联网络。这种三维空间不仅包括地面城市建设，还延伸到地下与空中，例如，高层建筑群、地下交通网络和无人机物流系统。这种空间结构的多维度发展体现了城市对土地资源的极限利用与创新能力。同时，城市的互联网络促进了信息服务业与智能化交通运输业的快速发展，形成了“数字化城市”的标杆。例如，伦敦凭借其智能交通系统和全球顶级的数据中心，成为信息与技术流动的核心枢纽。超大型中心城市的成长促进了科学技术与文化教育事业的高度完善。这些城市往往是世界顶级大学和研究机构的所在地，其科研水平和教育资源处于全球前列。例如，波士顿通过哈佛大学、麻省理工学院等高校的引领，带动了全球科技创新的浪潮，同时成为国际教育的标杆。类似地，北京的清华大学和北京大学，以及中关村科技园区的创新平台，成为中国的科研与教育中心，并在全球范围内具有重要影响力。与此同时，这些城市还通过技术发明和创新中心的建设，推动了区域经济和全球经济的发展。创新中心不仅提供了技术支持，还孵化了大量新兴企业，成为推动城市成长的重要引擎。例如，旧金山湾区的硅谷以其强大的科技研发能力和创业生态系统，为全球数字经济的发展提供了源源不断的动力。

最后，超大型中心城市作为“第一增长中心”，成为国家和世界经济的主要增长点。这些城市通过自身的高质量发展，带动了所在国家或区域内其他城市的协同发展。例如，纽约作为美国的金融中心，通过其资本市场的影响力，促进了美国整体经济的繁荣；上海通过其国际贸易功能和金融服务，成为中国经济融入全球市场的重要桥梁。

二、国家中心城市的成长因素

在全球经济一体化和信息网络化持续深化的背景下，各国中心城市作为国家与全球网络的重要节点，更加深刻地承受着来自多方的影响与规制。该进程伴随着互联网与物联网的广泛渗透，正在重构城市的社会结构、经济运行方式以及政治治理机制。以弗里德曼、萨森为代表的著名学者曾论述全球一流的国际城市，诸如纽约、伦敦、东京等的功能特征及其在世界网络城市中的重大作用和强大控制力，描述了它们都是具有重大吸引力与辐射力的全球网络城市的中心，并特别凸显它们在国际金融贸易与科技文化创新等方面的作用。作为国家中心城市，其发展与成长需具备以下五个基本因素：

（1）区位因素。区位因素是指一个城市的战略区位，靠近大江大河与海岸居中的枢纽城市或门户城市，具有中心性的重要战略地位的大都会，如纽约、东京、上海、香港、开罗、新加坡等。

首先，区位优势与自然条件的结合是中心城市形成的基础。纽约和上海分别位于哈得孙河与长江的入海口，这种靠近大江大河与海岸线的地理位置，使两座城市成为天然的交通枢纽和贸易中心。长三角区域不仅连接了中国内陆广大的经济腹地，同时通过上海港与全球主要经济体形成贸易纽带。纽约依托其优越的地理位置，自殖民时期便成为大西洋沿岸的重要门户，到后来逐步发展为世界级的金融与文化中心。同样，新加坡位于东南亚马六甲海峡的咽喉地带，这一战略位置不仅让其成为全球最繁忙的航运枢纽之一，也使新加坡能够以有限的自然资源构建起一个高度发达的国际贸易和金融中心。

其次，区位因素通过交通网络塑造了中心城市的枢纽功能。位于重要交通节点的城市，通常公路、铁路、航空和海运系统高度发达，为货物流通和人员往来提供了便利。例如，东京位于日本群岛的中心位置，通过高效的交通系统（如新干线网络）连接全国主要城市，同时作为全球航空枢纽与海运港口，为其发展成为全球城市奠定了基础。香港凭借其面向中国南海的区位优势，成为亚太地区的重要航空与航运枢纽。香港国际机场不仅年吞吐量位居世界前列，其港口物流设施也为国际贸易提供了强大的支持，从而强化了其在全球贸易网络中的地位。

最后，区位因素通过与经济腹地的联动效应进一步提升了中心城市的战略地位。位于关键区位的大都会通常能够连接广阔的经济区域，形成强大的辐射能力。例如，开罗位于尼罗河沿岸和北非的十字路口，其区位优势使其能够连接非洲、欧洲和中东地区，成为文化与经济交流的重要枢纽。上海在这一点上尤为突出，其不仅作为长江经济带的龙头城市，带动了整个长三角城市群的协同发展，还通过国际港口和自由贸易区建设，将中国经济更深地融入全球市场。

综上所述，区位因素是中心城市成长的基石，它决定了城市的战略意义和全球竞争力。通过自然条件、交通网络和经济腹地联动的综合作用，这些中心城市不仅具备强大的区域辐射能力，还在全球化进程中占据了重要的位置，成为区域与国际经济网络的重要节点。

（2）历史基础。国家级中心城市具有悠久的开发历史，是早期农业开发的商品集散地、劳动力吸收之处，是资本主义工业化、城镇化及其人类发展的文明之地，是商品交织和资本流动最活跃的中心地。西安、北京、开罗、罗马等都具有二三千年文明的历史。

首先，历史基础为中心城市提供了经济与贸易发展的传统优势。这些城市往往最早成为商品集散地和经济活动的活跃区域。以西安为例，作为古丝绸之路的起点，西安在汉唐时期是世界级的贸易和文化中心，会聚了来自中亚、西亚乃至欧洲的商人，使其成为当时全球商品交换和文化融合的枢纽。同样，开罗依托尼罗河流域的农业文明和地中海沿岸的贸易网络，自古以来便是连接非洲、亚洲和欧洲的重要商贸中心，为其现代化发展奠定了基础。

其次，中心城市的历史基础与早期劳动力和人口集聚密切相关。城市的悠久历史往往伴随农业开发与社会组织的形成，吸引了大量人口和劳动力，为经济活动提供了充足的支持。例如，北京自元代起就是中国的政治与文化中心，在明清时期更成为全国人口和资源的汇聚地。这种人口的高度集聚不仅推动了城市规模的扩大，也为资本主义工业化和现代化建设提供了基础条件。同样，罗马作为古罗马帝国的首都，其道路、港口和法律体系促进了区域内人口、商品和资本的流通，奠定了现代城市经济的雏形。

再次，历史基础体现在工业化和城镇化的早期起步中。这些中心城市在工业革命的浪潮中，往往率先发展出资本主义工业体系，并推动了社会的全面转型。例如，伦敦作为工业革命的发源地，通过纺织业、煤炭业和机械制造业的快速发展，吸引了资本和劳动力的大规模涌入，成为世界上第一个现代化大城市。同样，北京和上海在20世纪初的工业化进程中，通过外资引入与本土产业创新，逐渐确立了其在中国经济体系中的核心地位。历史基础赋予了中心城市深厚的文化积淀与文明意义。这些城市不仅是经济与贸易的中心，还是人类文明发展的重要场所。例如，罗马作为“永恒之城”，其建筑、法律和艺术对西方文明的发展产生了深远影响；北京和西安作为中国的古都，不仅承载了中华文明的辉煌历史，还成为文化遗产与旅游资源的重要聚集地，吸引着全球游客的目光；开罗的金字塔和法老文化，代表了人类文明的早期成就，为现代城市的全球吸引力增添了独特的历史价值。

最后，中心城市的历史基础体现为资本流动的活跃性与经济中心地位的持续性。自古以来，这些城市因其地理优势和经济活动，成为资本和财富的集中地。例如，罗马通过控制地中海的贸易路线，在古代成为欧洲和北非最富有的城市之一；上海通过19世纪的开埠和近现代的改革开放，逐步发展为中国乃至全球的重要金融和贸易中心。

综上所述，历史基础是国家级中心城市形成的重要支撑因素，其悠久的开发历史不仅为城市提供了经济、人口与产业的累积效应，还赋予了其独特的文化和文明价值。这些历史积淀不仅塑造了中心城市的独特形象，也为其在现代化进程中成为国家级中心和世界级中心打下了深厚的根基。

（3）交通枢纽。国家级的中心城市就是一个大区域，甚至是全国性的综合交通运输中心，起着客货运输枢纽与门户的作用，也是海、陆、空等多种交通的指挥中心和吸引与辐射的中心。例如，东京、纽约、伦敦、巴黎、上海、新加坡、柏林、洛杉矶、香港等等。

首先，交通枢纽能够极大地提升中心城市的连通性与可达性。中心城市通常位于国家和区域交通网络的交会点，通过发达的铁路、公路、航空和海运系统，将区域内外的重要城市连接起来。例如，东京通过覆盖全国的高效新干线铁路网络和成田国际机场与羽田国际机场，构建起国内与国际交通的无缝衔接体系，使其成为东亚地区的重要门户城市。同样，纽约通过其三大机场（肯尼迪国际机场、拉瓜迪亚机场和纽瓦克自由国际机场）以及发达的公路和地铁系统，不仅连通美国国内的重要城市，还与全球主要经济体形成了高效的交通网络。

其次，中心城市作为交通枢纽的功能，还体现在其对货物流通的枢纽作用。以港口为例，上海的洋山深水港和新加坡港均是全球最繁忙的集装箱港口，承担了大规模的国际贸易流通任务。上海不仅依托其长三角经济腹地的优势，还通过港口与国际市场紧密连接，带动了区域内制造业和服务业的协同发展。新加坡通过其优越的地理位置和高度现代化的港口设施，成为全球航运网络中的重要节点，其港口年吞吐量长期位居世界前列，对东南亚乃至亚太地区的经济流动起到了重要的推动作用。

再次，航空枢纽地位是现代中心城市的重要标志。国家级中心城市的航空设施不仅具有庞大的旅客吞吐量，还支持高效的货运物流。例如，伦敦的希思罗机场、巴黎的戴高乐机场，以及洛杉矶国际机场，均是全球航空网络的重要节点。这些机场为国际商贸和人员交流提供了便捷通道，使中心城市能够吸引更多的投资、人才和游客。以香港为例，其国际机场的旅客和货物吞吐量在全球名列前茅，通过密集的航线网络将中国与世界其他地区紧密连接起来，从而强化了香港作为国际金融和贸易中心的地位。交通枢纽的综合性还反映在多式联运的高效组织中。中心城市通常是海、陆、空三位一体的交通枢纽，能够实现货物运输与人流交换的无缝衔接。例如，柏林凭借其完善的铁路系统、公路网络和航空设施，将德国与欧洲其他国家紧密相连，是欧洲重要的交通中心。洛杉矶通过其国际机场与洛杉矶港的联动，为全球货物运输提供了重要的物流枢纽支持，同时带动了加州地区经济的快速发展。

最后，交通枢纽的建设与发展增强了中心城市的吸引力与辐射力。一方面，这些城市通过高效的交通网络吸引了大量的国际资本和人才，为经济增长注入了动力；另一方面，交通枢纽功能的提升使得中心城市能够更广泛地辐射周边地区，带动区域整体发展。例如，巴黎通过其铁路网络与法国及欧洲其他国家实现了高效连接，使其不仅是法国的首都，也是欧洲大陆的经济中心、文化中心与交通中心。

综上所述，交通枢纽是中心城市发展的核心动力之一，通过其卓越的连通能力和枢纽作用，这些城市不仅成为人员与货物流动的聚集地，也成为推动区域经济发展和全球资源流动的重要节点。中心城市通过交通的现代化和国际化发展，在全球化进程中占据了越来越重要的地位。

（4）人口、产业的集聚中心。国家级的中心城市人口、产业的集中度很高，就业岗位多，全国的农民工集中度也高，甚至是千万人口的超大城市，是产业集聚、高新技术开发区及其流动人口、资本与科学技术的集中地。我国的北京、上海、广州、深圳与重庆就是明显的例子。

首先，人口的高度集聚为中心城市的发展提供了强大的人力资源支撑。这些城市的常住人口规模通常超过千万，不仅包括本地居民，还吸引了大量的外来务工人员和高端人才。例如，北京和上海的人口规模长期保持在2000万左右，其中包含了庞大的农民工群体，为城市的建设与服务业发展提供了基础支持。此外，广州和深圳等沿海城市凭借发达的制造业和服务业体系，吸引了全国各地的劳动力资源，形成了国内外人口流动的主要目的地。人口的高度集聚不仅提高了城市的活力，还为产业链的延伸和多样化提供了可能。

其次，产业的高度集聚是中心城市经济发展的关键驱动力。这些城市通常以高新技术产业、现代服务业和先进制造业为支柱，形成了完整且高度发达的产业链条。例如，北京作为中国的政治中心和文化中心，依托其丰富的高校资源和科研机构，形成了以科技研发和文化创意为核心的产业集群。中关村被誉为“中国硅谷”，集聚了大量的科技公司和创新型企业，推动了首都经济的高速增长。同样，深圳以科技创新和制造业闻名，吸引了华为、大疆等全球领先的企业，成为中国改革开放的标志性城市。

再次，高新技术开发区和产业园区是人口与产业集聚的主要载体。这些开发区通过提供优质的基础设施和政策支持，吸引了大量的资本、企业和人才。例如，上海张江高科技园区和深圳高新区聚集了众多生物医药、人工智能、芯片研发等高新技术企业，为区域经济注入了强劲动力。此外，重庆两江新区作为国家级新区，吸引了大量的制造业和服务业企业进驻，带动了中西部地区经济的快速发展。人口与产业的集聚还催生了中心城市的辐射效应。通过高度发达的交通网络和经济联系，这些城市能够将资源、技术和资本向周边地区辐射，带动区域经济的协同发展。例如，北京通过京津冀协同发展战略，加强了与天津和河北的产业分工与合作，促进了整个区域的一体化发展。上海作为长三角城市群的龙头城市，依托其先进的制造业和金融业优势，为周边城市提供了资源支持和市场空间。

最后，人口与产业的高度集聚推动了城市的创新能力的提升和国际化进程的加快。高密度的人口与多样化的产业结构为跨领域的合作和创新提供了土壤。例如，广州作为中国的商贸之都，利用其完善的产业链和物流体系，发展出一系列国际化的贸易平台。深圳通过引入全球顶尖的科技和金融人才，提升了其在全球创新网络中的地位。这些中心城市不仅为本国经济发展提供了强劲动力，也逐渐成长为世界级的创新中心和国际化都市。

综上所述，人口与产业的高度集聚是国家级中心城市形成的重要特征。这些城市通过吸引全国乃至全球的人力资源和资本，不断优化产业结构，提升创新能力，成为带动区域经济增长和技术进步的核心力量。北京、上海、广州、深圳和重庆的成功经验表明，中心城市的未来发展将继续围绕人口和产业的集聚展开，为实现更高层次的经济繁荣和社会进步奠定坚实的基础。

（5）信息与创新中心。弗里德曼认为，一个城市的地位与作用的大小，不在于人口规模的大小，而在于参加国际经济社会活动的程度以及调控支配的资本能力。相对而言，如德国法兰克福，在全球经济网络、资本调控方面要强大得多。同样，这些金融资本的集中地又是全世界的信息与创新中心，世界一流的城市都具备这些功能。

首先，全球金融中心的核心地位使得这些城市能够调控并主导全球资本流动。法兰克福作为欧洲的重要金融中心，其影响力超越了人口规模。通过欧洲中央银行的总部设立及其在国际金融市场的作用，法兰克福成为全球资本的集散地，吸引了大量的国际投资、银行与金融服务。类似地，纽约、伦敦和香港等城市，也通过其强大的金融服务体系，成为全球资本流动的枢纽，这些城市不仅为全球经济提供了流动性支持，也在全球市场中占据了核心地位。

其次，信息中心的功能使得这些城市能够高效地连接全球各地的经济资源、政治资源和文化资源。信息流通在全球化的进程中扮演着至关重要的角色，中心城市通常是全球信息的集散地，拥有世界领先的通信基础设施和信息平台。例如，纽约和伦敦作为全球信息和媒体中心，凭借其强大的新闻、广告、出版等产业体系，影响了全球范围内的信息传播和舆论导向。作为信息与创新枢纽的城市，其信息产业往往不限于传统的传播功能，还延伸到了科技、教育和创新领域，推动了大数据、人工智能、区块链等前沿技术的发展。

再次，创新中心的构建使得这些城市成为全球创新体系的重要节点。创新不仅依赖企业和市场的活跃，还需要高端人才、科研机构与资本的协同作用。世界一流的城市，如硅谷（旧金山）、波士顿、伦敦、北京和上海等，均通过引入全球顶尖的科研资源、创新企业和高素质人才，形成了强大的创新生态系统。硅谷作为全球科技创新的代名词，集聚了全球最具创新性的科技公司与创业人才，其创新成果不断推动全球科技与产业革命。北京的中关村和上海的张江高科技园区，通过政府政策支持和资本的有效配置，也成为中国乃至亚洲的重要创新中心。信息和创新中心的建设促进了全球化和跨国企业的蓬勃发展。全球城市不仅为本国经济提供了核心竞争力，还为全球企业提供了创新的土壤和成长的机会。以东京为例，其在高科技领域、汽车制造领域和电子产品领域的创新和研发能力，使其成为全球制造业的重要基地。伦敦作为金融和技术创新的交汇点，吸引了大量跨国企业和创新型企业的总部或研发中心，为全球企业提供了无与伦比的创新机会。

最后，信息与创新中心的建设提升了中心城市的软实力和文化影响力。随着全球经济和社会活动的日益信息化与网络化，信息和创新的高效集聚不仅推动了经济发展，也带动了文化产业、创意产业的蓬勃发展。纽约和洛杉矶在电影、音乐、时尚等文化产业上的全球影响力，正是其作为信息与创新中心的直接体现。通过文化与创新的融合，这些城市不仅在全球经济中占据重要地位，还在全球文化影响力的塑造中扮演了重要角色。

综上所述，信息与创新中心的功能是国家级中心城市成为全球竞争力强大的核心动力之一。通过强大的金融、科技与信息网络，这些城市不仅能够调控全球资本流动，成为全球经济的核心节点，还能够推动全球创新，成为前沿技术和产业革命的发源地。信息与创新的集聚使得这些城市能够在全球化的浪潮中占据重要地位，推动全球经济、科技和文化的变革与发展。

中国超大城市群国家中心城市综合发展指数评价指标见表 4. 2。

表 4. 2　中国超大城市群国家中心城市综合发展指数评价指标

目标层	准则层	指标层（评价指标）	单位	变量
综合发展指数	土地与人口	市辖区面积	平方千米	X_1
		建成区面积	平方千米	X_2
		总人口	万人	X_3
		人口自然增长率	‰	X_4
	社会经济	国民生产总值	亿元	X_5
		固定资产投资	万元	X_6
		实际利用外资	万元	X_7
		公共财政收入	万元	X_8
	商品服务业	批发和零售业从业人员	万人	X_9
		商品服务业人员	万人	X_{10}
		教育人员	万人	X_{11}
		科学研究人员	万人	X_{12}
	基础设施	人均城市道路面积	平方米	X_{13}
		每万人拥有汽车数	辆	X_{14}
		排水管道长度	千米	X_{15}
		移动电话年末用户人数	万户	X_{16}
		互联网宽带用户	万户	X_{17}
		供水总量	万吨	X_{18}
		生活用电	万千瓦·时	X_{19}
	文教卫生	每万人拥有病床数	张	X_{20}
		医生数	人	X_{21}
		高中在校人口数量	人	X_{22}

三、国家中心城市的功能影响与辐射作用

在如今全球化与城市化快速发展的时代，一个国家的地位在很大程度上取决于其中心城市的能级，国家中心城市的发展已成为当今经济和社会发展的新特征。在国内层面，国家中心城市是全国经济、政治、文化等综合发展水平的最高代表；在国际层面，国家中心城市是全球资源配置和产业分工体系的重要功能节点，是国家对外开放的重要载体（田美玲、方世明，2015）。国家中心城市的功能影响与辐射作用体现在以下方面：

（1）综合枢纽功能。综合枢纽功能是各种运输方式的集合，但并不是简单地加总，而是各种运输方式在社会化的运输范围内和统一的运输过程中，按照其技术经济特征形成的分工协作、有机组合、连接贯通、合理布局的运输综合体（宋思曼，2013）。

第一，综合枢纽功能对国家中心城市起到了重要的外部连接和内部运转的载体作用。国家中心城市作为区域和全球的交通枢纽，承担着重要的客货转运与集散功能。这些城市通过建立完善的交通网络，连接了区域内外，形成了强大的经济辐射能力。例如，北京、上海和广州等城市，凭借其铁路、高速公路、港口和航空等多元化的交通方式，形成了极具竞争力的综合交通枢纽系统。这些城市的综合枢纽作用不仅方便了区域内人口的流动和商品的运输，也搭建了城市与外部世界的桥梁和纽带，推动了地方经济的快速发展。作为交通枢纽的中心城市，其作用不只限于本地范围内的物流和人员流动，也为外部区域的经济发展提供了支撑，形成了以点带面的经济辐射效应。

第二，综合枢纽功能实现了不同交通方式之间的无缝衔接，增强了客货运输的连续性。随着信息化和网络化的快速发展，综合交通枢纽不仅提供了单一运输方式的连接，还通过先进的管理和运营方式，实现了铁路、公路、水运和航空等多种运输方式之间的高效协同。以上海为例，上海作为长三角地区的重要交通枢纽，通过完善的铁路、公路、港口和机场网络，形成了一个高效的物流与人员流动体系。不同运输方式的无缝衔接，使得从货物的发运、运输到最终的交付，整个过程都能高效且低成本地完成。这种一体化的运输方式不仅提高了运输效率，还大幅降低了运营成

本，为城市经济提供了强大的动力。

第三，综合交通枢纽推动了交通运输产业的快速发展。交通运输产业的基础是客货运输的需求，而需求的多样化要求运输方式的整合与一体化。综合交通枢纽不仅是各类运输方式的交会点，也是运输产业发展的核心支撑。比如，在我国的交通枢纽城市，如北京、广州和深圳等地，运输网络的集成化、信息化和管理的一体化，使得这些城市能够有效吸引并疏散大量的客货流。对于交通运输产业来说，综合枢纽的建设为其提供了必要的基础设施和服务平台，同时推动了交通运输产业链上下游的协同发展。从物流、运输到最终的配送服务，整个产业链的优化和协同，使得运输行业的运营效率不断提高，服务水平不断提升，满足了多样化的市场需求。

综上所述，综合枢纽功能在国家中心城市的发展过程中起到了举足轻重的作用。它不仅通过多种交通方式的高效整合，促进了区域与全球的互联互通，还推动了城市经济、运输产业以及社会服务体系的高效运行。随着信息化和网络化的不断推进，综合交通枢纽的作用将愈加显著，成为未来中心城市经济增长和竞争力提升的关键因素。在全球化的背景下，拥有强大综合枢纽功能的中心城市，将更加成为推动区域、国家乃至全球经济繁荣与发展的核心力量。

（2）规模集聚功能。“集聚—扩散”理论已经明确，中心城市功能作用的本质和发生的过程就是集聚和扩散，在城市发展的各个领域，对物质流、资金流、人才流、技术流、信息流等的集聚和扩散，通过城市结构和城市体系变化达到自组织和自适应的目的（宋思曼，2013）。尤其是拥有众多企业总部的中心城市，由于地理环境邻近或规模相似，形成相关或互补的区域经济，产生集聚功能。

第一，集聚功能使得中心城市成为资源高度集中的区域。大规模的企业总部集中在中心城市形成的产业集群，通常会在城市中形成密集的经济活动和生产链条。这些产业集群往往具备相似的地理环境、产业结构、技术背景和市场需求，不仅能共享资源，还能在技术创新、人才引进、资本流动等方面产生协同效应。例如，纽约的金融中心、硅谷的科技中心、上海的外资企业集聚区等，这些地区通过汇聚大量的企业总部，形成了高度集中的产业生态系统。由于集聚效应，企业能够降低运营成本，提高竞争力，进而加速技术进步与创新，这种集聚效应进一步巩固了中心城市在全球经济体系中的地位。

第二，中心城市的集聚功能体现为人才和资本的高度集结。随着产业结构的多样化，特别是高新技术产业和现代服务业，中心城市成为人才、资金和创新资源的重要集散地。以北京、上海为例，作为中国的科技创新和金融服务中心，这些城市吸引了全国及全球的顶尖人才，特别是在科技、金融、文化创意等领域。与此同时，强大的资本市场也聚集在这些中心城市，支持着创新型企业的成长和国际化发展。资本和人才的集聚不仅推动了城市的经济增长，也加速了新兴产业的发展，并提高了其在全球市场中的竞争力。

第三，集聚功能产生的网络效应，促进了技术与信息的快速传播。在中心城市，技术创新和信息流通的速度大幅提高。企业和科研机构基于集中的地理位置，更容易共享技术成果、市场信息和人才资源。旧金山的硅谷就是一个典型的例子，其集聚了全球顶尖的科技企业和创新型初创公司，使得创新成果可以迅速转化为商业价值。技术人员、投资者、政府机构等多方的互动，形成了信息流、资金流、技术流的高效传导系统，推动了全球科技革命的快速发展。此外，集聚效应还促进了外部技术的引进和本地技术的自主创新，推动了城市经济的多元化发展。

第四，集聚并非只有正面效应，它也会带来一定的压力和挑战。当集聚效应过度时，城市可能面临资源的短缺、生活成本的上升以及环境压力的加大等问题。例如，硅谷、北京、伦敦等城市由于技术和创新资源过度集中，面临土地资源紧张、住房成本高等问题。因此，如何合理规划城市发展，利用集聚效应实现经济增长和社会福祉之间的平衡，成为中心城市面临的重要课题。扩散作用是集聚效应的另一表现。随着中心城市在经济、技术和文化等领域的高度集聚，影响力逐渐向外扩散使周边地区受益。中心城市通过产业外溢、技术外溢等方式，将经济效益和创新成果逐步扩展至周边地区，推动区域协调发展。例如，北京的中关村作为科技创新的核心区，促进了周边城市和省份在信息技术、人工智能等领域快速发展。上海的浦东新区也通过资源外溢的方式，带动了长三角地区的整体经济增长。

综上所述，规模集聚功能是中心城市发展的核心驱动力之一。通过集聚大量的人力、资本、技术和信息，这些城市形成了强大的产业网络效应，推动了区域经济的转型与升级。同时，集聚效应的扩散作用进一步促进了区域和全球范围内的资源共享与互联互通。这种集聚与扩散，体现了中心城市在全球化进程中的重要地位，也为未来城市的可持续发展提供了启示。

（3）要素辐射功能。城市并非孤立的个体，任何一座城市都有将自身资源辐射给其他城市的潜力，对于国家中心城市而言，这种辐射力更能通过交通、物流、信息等途径，将商品、资金、人才和文化资源传输到周边城市，并使自身成为整个城市网络的中心。一方面，核心从外围吸收生产要素进行创新；另一方面，这些创新源源不断地向外扩散，引起外围经济结构和社会结构的转变，从而促进整个区域系统的发展。国家中心城市的创新功能主要体现在观念创新、科技创新、经济体制创新和企业机制创新四个方面（丁健，2001）。同时，《国家新型城镇化规划（2014—2020年）》对城市规模发展方针重新进行了表述，即“优化城镇规模结构，增强中心城市[①]辐射带动功能，加快发展中小城市，有重点地发展小城镇。促进大中小城市和小城镇协调发展”，中小城市将承接特大城市的产业类型并构建适应自身发展的产业体系。这也意味着要素禀赋将从特大城市转移到中小城市，扩大要素辐射范围。

第一，国家中心城市的要素辐射功能体现为其对生产要素的吸引与扩散。中心城市通过其强大的经济吸引力，成为生产要素的集聚地。随着科技、资本、人才、信息等要素的高度集聚，中心城市能够进一步吸引全国乃至全球的资源，促进创新和科技进步。以北京、上海为例，这些城市不仅集中了大量的高端人才和先进技术，还通过良好的创新政策和投资环境，促进了科技创新的爆发。然而，这种集聚的优势并不局限于城市本身，而是通过创新驱动向周边区域扩散，带动了整个城市群甚至更广阔区域的经济和社会转型。具体而言，中心城市的创新活动往往能推动周边城

① 直辖市、省会城市、计划单列市和重要节点城市。

市在产业结构、科技研发、商业模式等方面的变革，从而推动区域经济的转型与升级。

第二，国家中心城市的辐射功能还体现在其对经济结构和社会制度创新的扩展上。随着中心城市在市场竞争中的领先地位逐渐显现，其不仅在技术和产业方面提供创新支撑，还在经济体制、企业机制以及社会政策方面带动周边城市的变革。例如，深圳作为中国改革开放的前沿阵地，其在电子信息产业、互联网技术和创新管理等方面的成功经验，被迅速地传递到珠三角地区乃至全国其他地方。深圳的创新精神和企业文化为周边城市发展提供了借鉴，并推动了区域内产业模式的现代化和社会制度的创新。这种辐射作用的背后，是以国家中心城市强大的经济体制改革和企业机制创新作为推动力，特别是其通过政策、资本、人才等多方面的联动，带动了区域内其他城市的快速发展。

第三，要素辐射功能的实现与国家和区域的城市化战略紧密相关。《国家新型城镇化规划（2014—2020 年）》强调，要优化城镇规模结构，增强中心城市的辐射带动功能，促进大中小城市和小城镇协调发展。这一政策表明，国家中心城市不仅承担着本地的经济与社会发展责任，还应通过辐射功能带动周边中小城市协同发展。通过产业升级和产业转移，大中型城市将部分产业和生产要素向中小城市辐射，将推动区域经济的整体提升并缓解特大城市负担过重的问题。例如，北京作为国家中心城市，其创新的科技产业和高端服务业不仅满足了本市的需求，还通过产业外溢和要素辐射，推动了河北、天津等周边地区的发展。天津的滨海新区和河北的雄安新区都受益于北京产业转移和科技创新的溢出效应。类似地，上海在长三角地区的辐射效应也体现在上海与江苏、浙江等省份的产业合作和技术共享上。上海的金融、航运等产业通过产业链的形成和分工协作，为周边城市的经济发展提供了强大的动力。

第四，随着中小城市的发展，它们承接了来自特大城市的产业类型，并在此基础上构建适应自身发展的产业体系。要素辐射不再局限于资本和技术，还包括劳动力、市场和社会资源的流动。通过要素的合理转移和产业的重新分布，中心城市与周边地区形成了互补的经济体系，使城市群整体能够协调发展。

总体而言，国家中心城市的要素辐射功能不仅是其自身发展的关键因素，也是推动区域和国家整体发展的核心力量。通过创新、产业转移和要素集聚，中心城市能够带动周边城市和区域进行转型，推动更广泛区域的经济和社会进步。与此同时，政策和规划的引导将进一步促进大中小城市的协同发展，提高城市群的整体竞争力，进而推动国家经济的全面升级。

（4）文化创新功能。城市文化在城市发展的进程中占据特殊地位，国际上的中心城市无一不在努力突出文化定位、保护城市个性、增加城市魅力，以提升综合竞争力。在我国，以文化为核心的城市发展战略已经成为越来越多中心城市的共同选择（宋思曼，2013）。多元的文化生态、文化设施以及由此产生的文化经济，是中心城市文化功能的外在表征，同时在知识经济、文化创意以及文化产业的共同作用下，形成文化创新功能。

第一，文化创新功能体现为城市文化的多元性和多样化。这种文化多样性不仅表现为丰富的文化传统和文化活动，还包括对新兴文化形态的包容和创新。例如，纽约作为世界级的中心城市，其文化景观不仅包括美国本土文化、艺术和历史，还广泛吸收了来自全球的不同文化元素。纽约的博物馆、艺术馆、音乐会等文化设施，以及其多种族、多语言的文化环境，使其成为世界文化创意的发源地之一。类似地，伦敦、巴黎和东京等全球化大都市，亦通过文化的多元融合和创新，提高了其全球文化影响力。在中国，随着文化产业的快速发展，越来越多的城市开始将文化创新功能作为城市发展的核心战略。以北京为例，作为我国的政治中心和文化中心，北京不仅有着深厚的历史文化底蕴，而且在现代文化创意产业和科技创新的推动下，逐渐成为全球文化创新的重要城市。北京市通过支持文化创意产业园区、国际文化交流平台以及本土文化创意项目，形成了一个独特的文化生态。传统的京剧艺术，当代的电影、动漫、时尚产业，都成为北京文化创新的重要组成部分。

第二，中心城市的文化创新功能表现为其文化设施的建设和文化经济的发展。文化设施的建设和文化创意产业的发展能够有效推动文化资源的共享和知识的传播。一个具备丰富文化设施的城市，能够提供更广泛的文化参与机会，从而激发居民的创造力和文化认同感。例如，上海通过加强博物馆、艺术馆、图书馆等文化基础设施的建设，不仅丰富了市民的文化生活，还吸引了大量国内外文化艺术爱好者的到访，推动了文化旅游和文化产业的繁荣发展。与此同时，随着文化产业链条的不断延伸，城市中的文化经济也得到了不断提升，成为经济发展新的增长点。在文化创意产业方面，中心城市的文化创新功能尤为突出。随着文化和创意经济的崛起，许多国家的中心城市都在大力发展文化创意产业，鼓励文化产业与高新技术产业、数字产业的结合，推动文化产品的创新。例如，深圳通过打造“创意产业园区”和文化创意集群，发展了包括设计、数字媒体、动漫、影视等在内的多元化的文化产业，使其成为中国乃至全球重要的创意产业基地。文化创意产业不仅带动了当地经济发展，也促进了城市品牌的塑造，提升了城市在国际上的文化竞争力。

第三，随着全球化进程的加快，文化创新功能不再局限于本土层面，还扩展出了国际交流与文化互动功能。许多国际中心城市通过举办国际性文化活动、艺术节、博览会等，进一步提升了城市的国际形象和文化影响力。例如，巴黎通过举办世界著名的时装周和文化艺术展览，成为全球时尚和艺术的中心；东京通过其创新的动漫和游戏文化，吸引了全球年轻人和文化消费者的目光。这些文化创新活动不仅为城市带来了经济效益，也提高了城市的全球话语权和文化软实力。

总之，中心城市的文化创新功能是城市竞争力的重要体现。通过文化的多元性、文化创意产业的发展以及全球文化交流的加强，中心城市能够形成独特的文化品牌，提高其在全球的文化软实力。尤其在当前知识经济和信息化时代，文化创新不再是附加要素，而是直接影响城市发展和竞争力的核心动力。随着城市文化创新功能的进一步发展，中心城市将在全球化背景下更好地发挥其文化引领作用，为推动区域和全球经济社会的创新和繁荣作出贡献。

在过去的30多年，中国经历了以实用主义和渐进主义为导向的体制转型和巨变，实现了从自力更生到对外开放、从高度中央集权的计划经济体制到市场经济体制的转变，这一转变可以分解为分权化、市场化和全球化等过程，推动了不同尺度上经济及其空间格局的重组（Wei，1999；He et al.,2007）。信息技术的不断发展，城市群网络一体化的加快，也对国家中心城市的构建产生了重要影响。国家中心城市形成的影响机理可分为外部影响与内部作用两方面内容。其中，外部影响包括全球化、信息化与网络化，内部作用包括新型城镇化、城市群发展、国家城镇等级体系以及地方政府政策。外部影响与内部作用均是促使国家中心城市形成的因素，因此，国家中心城市的形成是外部影响力与内部作用力共同作用的结果。全球化、信息化与网络化等外部影响因素推动了中心城市的国际化进程和资源的全球流动，新型城镇化、城市群发展、国家城镇等级体系的优化以及地方政府的政策支持等内部作用因素为国家中心城市的快速崛起提供了内生动力。随着这些因素的相互作用，国家中心城市不仅在国内经济和社会发展中占据着至关重要的地位，也成为全球经济网络中重要的节点和连接点。

第一，外部影响力。

（1）全球化与国家中心城市。

从全球尺度来看，自上而下包含和替代的等级体系被弱化，城市形成网络化的结构特征。虽然弗里德曼等就全球城市体系的等级划分提出了许多方案，但更多的学者仍然认为所有的方案只是表明了城市的重要程度，并没有反映等级特征（吕拉昌，2007）。等级体系意味着封闭竞争，网络连接则意味着开放合作。全球城市的关系是一种相互合作而非竞争的关系，全球尺度上城市体系的结构特征是网络而非等级（吕拉昌，2007；汪明峰，2007；Batten，1995）。传统的城市体系是一个国家或一个地域范围内由一系列规模不等、职能各异、相互联系的城镇所组成的有机整体（顾朝林，1996），而在信息技术的支撑下，全球化已不仅是城市发展的背景，还成为城市发展的巨大动力，信息、资金、劳动力等生产要素在全球范围内快速流动，几乎所有的城市都被纳入全球城市体系，新国际劳动地域分工业已成形，每个城市都将成为全球城市网络的组成部分，衡量等级高低的标准不再是人口、经济规模以及传统腹地范围的大小，而是与其他高等级城市间的联系与依赖强度（魏宗财，2013）。

（2）网络化与国家中心城市。

Castells（1985，1989）设想出一个由计算机网络所创造的新生产与管理空间，即流动空间。Castells 从技术决定论出发，认为流动空间将取代场所空间。“这样一个功能和权力位置等级构成了跨国和世界的地域，将生产、分配和管理功能隔离开来定位在最有利的地区，且通过通信网络将所有活动联系起来。”同时，他提出全球流动空间理论（Global Spaces of Flows），认为全球城市是一个开放体系，全球时代的每个城市都是全球城市网络中的一个节点，在全球城市体系某一领域具有影响力的城市都可以被称为“全球城市”，城市不是依靠它所拥有的东西，而是通过流经它的东西来获得并积累财富以及控制权力（Castells，1996）。这样就把国家中心城市放在了全球网络下，分析其在网络中的节点作用、联系范围以及流动空间。其一，网络化重塑城市联系，由等级体系向扁平网络转变，表现为城市经济活动的扩散趋势明显，城市群扁平化、网络化空间形态特征突出。其二，网络化关注国家中心城市在全球网络中的作用，表现为国家中心城市一方面需具备全球特色的核心功能与支撑功能，另一方面要发挥区域中心的连接与辐射作用。

（3）信息化与国家中心城市。

随着信息技术对生产的影响加深，一种全新的数字空间逻辑开始出现并加速改变传统的空间概念（甄峰，2002）。尼葛洛庞帝（1997）在其名著《数字化生存》中分析了信息空间，他认为数字世界的情况与现实全然不同。信息空间完全不受三维空间的限制，要表达一个构想或一连串想法，可以通过一组多维指针来进一步引申或辩明。陆大道（2013）认为，随着信息社会的到来，全球化互联网越来越发达，产生了许多“流动空间”，促进了城市群内各个城市的紧密联系，进而促进了人流、资金流、信息流、物流等各类资源在城市之间的相互流动。这得益于信息化对节点城市的联通，并形成了以人的活动为核心的流动空间，赋予社会和人以更复杂的社会联结、更广阔的自由空间和可拓展性（孙九霞，2016）。在这样的信息时代，城市空间结构改变的同时，城市联系也在改变，传统影响因素同样发生改变。其一，信息化使得传统的城市联系中的经济因素由资本、劳动等向信息、创新、智能等富含信息时代特征的因素转变，同时由交通网络、电报电话等传统基础设施向远程通信网络、智能即时定位、电子数据交换等技术型基础设施的转变拓展了城市联系范围。其二，传统的区域资源环境因素借由信息化的发展背景，从自然生态资源向知识与信息资源转变，并不断地改变着城市联系的隐性特征；而在政府的宏观调控方面，由传统的自上而下式管制向自下而上与自上而下结合转变，随着非政府组织（NGO）的参与、公司企业的业务往来、公众参与的加强，城市联系的底层代码在不断修正与改变。信息的可接入性和时间距离变得尤为重要，接入先进的全球信息网络的带宽的大小成为城市对外辐射带动能力的主要衡量标准，脱胎于中心地理论的传统的城镇体系理论及规划已难以适应信息时代的诉求（魏宗财，2013）。随着信息化的全域覆盖，城市联系更加紧密，资源配置和人口流动都将在“空间流”的连接与支撑下得到相应的调整与优化，国家中心城市也在重新塑造其在整个“流动空间”体系中的价值与地位，从而带动所在城市群可持续发展。

第二，内部作用力。

（1）新型城镇化与国家中心城市。

2014 年，中共中央、国务院印发了《国家新型城镇化规划（2014—2020 年）》。这是指导中国城镇化发展的战略性纲领。新型城镇化是人的城镇化，创建以人为本的和谐社会，而不是土地城镇化。据中央城市工作会议文件，中国城镇化水平 2015 年为 56.2%（包括暂住人口 1.8 亿），户籍人口的城镇化率仅为 49.7%，人户分离的人口达到了 2.89 亿，其中流动人口为 2.45 亿（国家统计局，2014）。从我国总体地理环境与自然条件分析，基本国情是人多地少，环境脆弱，历史性物质基础较差。虽然各种自然资源总量很大，但从人均指标来看，我国仍然是资源欠丰的发展中国家。1950 年，我国的城镇化水平仅为 10.6%，1960 年为 20.3%，1980 年为 19.8%，1990 年为 25.6%，2000 年为 35.1%，直到 2015 年才上升为 56.2%。我国正在进入工业化的中期和城镇化的加速发展阶段，特别是我国中西部地区。按照城镇化率每年提高 0.8~1.0 个百分点的速度发展是可以的，这样达到城镇化比较成熟或稳定的发育阶段，我国东部地区需要 10~15 年，中西部地区需要 25~30 年。在我国城镇化过程中，应当全面地认识一个城市，分析相邻地区及有机结合的城市群体，分析在新型城镇化背景下国家中心城市的发展趋势。其一，在全球城市网络体系中，依据国情科学合理地确定我国城市发展的思路、原则、方针与政策，以及综合发展模式。例如，集中力量建设具备条件的国际化大都市。其二，新常态下我国城镇化发展的底线思维是合理控制超大城市的人口、用地与经济规模，省会城市应当平稳发展，应大力削弱工业经济职能，走去工业化道路，重点发展现代化的第三产业；收缩特大城市人口、用地规模，重点发展中小城市和县级城镇。其三，适宜的环境容量下走中国城市绿色发展之路，建设智慧城市、海绵城市及生态城市，形成功能一体化和城乡一体化的新格局。

（2）城市群发展与国家中心城市。

中国新型城镇化中空间战略的“新”表现为建立以城市群为主体的国土架构。改革开放40多年来，中国城市化空间战略历经以小城镇为主、以大城市为主、以城市群为主的发展过程，而以城市群为主体的城市化区域空间战略正是中国经济长期发展的结果（姚士谋，2015）。姚士谋（2008）认为，城市群内部各个相对独立的城市是一个个子系统，城市群形成的过程就是各个城市相互作用的过程，及人与物（包括信息传输）的空间流动现象。在这个过程中存在比较严格的等级规模，形成大中小城市（镇）有序竞争的等级体系。随着社会经济的不断发展，现代科学技术又不断聚集在超大城市或特大城市，这些具有国际城市功能的超大城市和特大城市，其人口规模、用地规模越来越大，集聚的人才、资本、信息及技术产业以及综合性的交通运输体系，共同构成了城市群发育的基础和动力。城市群就是特定区域空间内，由自然环境要素和社会经济等级组成的有机体，是一个大系统中具有较强活力的子系统，无论是在区域层次上，还是在相互联系的空间上，均具有网络型的基本特征，是在全球经济一体化影响下的一个区域经济发展的基本实体（姚士谋，2014；胡序威，2014）。

一方面，城市群经济聚集的核心区域人口与总部经济聚集程度联系紧密。城市群地区作为全国经济聚集的核心地带，特别是都市连绵区中的城市，大部分已进入工业化中后期或后工业化阶段，经济增长逐渐由制造业主导向现代服务业主导转变，经济发展逐渐由数量扩张向质量提升转变。工业化推动城镇化，经济高度集聚区（城市群）是中国城镇人口高密度增长的区域。外来人口与本地人口融合聚集程度较高，总部经济密度与强度增加。另一方面，城市群是新增人口的主要聚集区域，聚集程度不断增强。从人口总量来看，城市群地区总人口由2000年的5.36亿增加到2010

年的6.68亿，所占比重由2000年的42.3%上升到2014年的52.8%，上升了10.5个百分点，超过全国人口的一半。从人口增量来看，城市群地区新增人口相当于全国新增人口的125.5%，10多年间城市群地区人口增加了9218万，而同期全国总人口仅增加7348万。从增速来看，10多年间城市群地区人口增长了17.2%，远高于全国5.8%的平均增速（方创琳，2011）。因此，在城市群的未来发展方面，应以超大型城市群为核心，划分为7个重要地区：以京津冀城市群为核心的华北、内蒙古地区，以长三角城市群为核心的华东地区，以珠三角城市群为核心的华南地区，以长江中游城市群为核心的华中地区，以成渝城市群为核心的西南地区，以关中城市群为核心的西北地区，以辽中南、长哈吉城市群为核心的东北地区。在城市群分区基础上，明确国家中心城市，以期提高区域空间品质水平，构建各个地区城市群、国土开发与人居环境空间的创新发展模式。

（3）国家城镇等级体系与国家中心城市。

城镇体系的支撑性理论是点轴理论和职能分工理论。前者与中心地理论的理论背景是不同的，中心地是农业时代的理论，点轴理论应该是工业化初级阶段的理论；职能分工理论是把工业化的职能分解到传统的农业体系中。总体来说，城镇体系理论是一个过渡性的理论，与我国处于由农业社会向工业社会过渡的历史时期相吻合，但这就牺牲了理论本身的系统性和科学性（罗志刚，2008）。城镇体系的空间联系研究是城市地理学的传统主题之一（许学强，2009）。一般而言，处于国家城镇体系顶层的城市，行政级别也远高于处于国家城镇体系下层的城市。一方面，处于国家城镇体系中的城市级别越高，拥有的资源（包括自然资源、行政资源、人力资源等）越丰富，调动相应资源有着其他等级城市无法比拟的灵活性与便捷性，且吸纳能力强大。另一方面，国家中心城市的高标准地位、综合效能与功能定位使其在发挥全国城镇体系规划的中心性、区域性、网络性与系统性方面有着不可替代的作用。

由于国家中心城市位于城镇体系的核心地带，能够调动周边区域的各类资源，并对区域经济、文化及社会发展产生重要的引导与辐射作用。处于这一层级的城市，不仅具备强大的吸纳能力，也能够实现资源的高效配置和流动，推动区域甚至全国的协同发展。举例来说，北京作为中国的政治中心和文化中心，不仅拥有丰富的政策资源，还能吸引大量的高端人才和科技创新资源集聚。上海作为经济金融中心，不仅在国内经济发展中扮演着重要角色，而且其国际化程度和金融辐射力使其成为全球重要的金融城市。这些城市的存在和发展，正是国家城镇等级体系的核心体现，它们在国家发展战略中的作用不可替代。

（4）政府政策与国家中心城市。

国家中心城市作为前沿的重要发展战略，政府层面会给予强大的政策支持。一方面，政府通过出台相应政策积极支持国家中心城市的规划工作，在城市发展的不同阶段给予相应的优先权，维护国家中心城市在城市群、全球城市网络中的重要地位。在国家发展战略中，政府通常将国家中心城市定位为区域经济、政治、文化和科技创新的引领者，例如，国家提出的“新型城镇化”战略和“区域协调发展”政策明确要求各大国家中心城市作为引领区域和国家发展的核心节点，承担起带动经济增长、促进科技创新和推动社会进步的重任。通过制定区域发展规划，政府对国家中心城市在经济、文化、环境等方面的功能布局进行了指导，以确保其在国家发展大局中占据重要地位。例如，《国家新型城镇化规划（2014—2020年）》提出，通过加强国家中心城市与其他城市的协同作用，优化区域空间布局，推动资源的合理流动与集中，提升城市群的综合竞争力。另一方面，政府政策在基础设施建设、综合信息枢纽建设、经济中心建设等方面都会向国家中心城市倾斜，用以保障城市机能的正常运行。另外，地方政府的激励环境有助于提升本地区城市的竞争力，为建设国家中心城市创造优良的环境。政府在基础设施建设方面的政策支持是国家中心城市发展的重要保障。作为国家中心城市，基础设施建设的优先级往往高于其他城市，政府倾向于加大在交通、能源、信息、环保等领域的投资，以确保这些城市能够承载更高密度的人口和产业活动，并具备全球竞争力。基础设施的完善不仅提高了国家中心城市的内部运行能力，也促进了其对外连通性的提升。例如，国家中心城市通常拥有完善的交通网络，包括现代化的高铁、高速公路、机场和港口等交通枢纽设施，这些设施为其周边城市和区域提供了高效的物流和人流支持。以北京、上海、广州等城市为例，它们的国际机场和港口在全球运输网络中占据着重要地位，这些设施的建设与优化离不开政府的政策倾斜和财政投入。同样，信息化建设也是政府政策支持的重点领域。随着互联网、物联网和大数据等技术的快速发展，国家中心城市在全球信息流通中的作用愈加显著。政府通过建设综合信息枢纽和智慧城市，推动信息流、资金流和人才流的高效利用，进而提高城市的创新能力和全球竞争力。

第三，内外综合效用。

在全球化、信息化与网络化等外部因素以及新型城镇化、城市群发展、国家城镇等级体系和地方政府政策等内生力量的共同作用下，国家中心城市的形成和演变呈现为一个复杂的过程。这些外部因素和内生力量不仅对城市发展起到推动作用，它们相互影响、互为补充，还形成了一个动态、互联的系统。这一系统的运行不仅促进了城市之间的联系与协作，还使得国家中心城市在全球和区域层面的作用日益突出。

全球化的进程加速了资源、信息、资本与人才在全球范围内的流动。国家中心城市通过与全球经济一体化的接轨，能够有效吸引全球范围内的投资与创新资源，从而推动其经济、文化、科技等方面的持续创新与发展。与此同时，受全球化的影响，信息化和网络化技术的应用得到前所未有的推广。这种技术革新不仅提高了信息流动的速度与效率，还使得不同地域、不同层级的城市能够更加高效地协作与互动。这种协作不只在经济领域，还扩展至文化、科技和社会治理等方面。新型城镇化和城市群发展的进程为国家中心城市的崛起夯实了基础。新型城镇化推动了城乡一体化的发展，使得资源、资本和技术能够更好地流动并向中心城市集中。城市群的发展加速了不同城市之间的功能分工与合作，推动了区域内中心城市和次级城市的互动与协同。城市群内部，各城市节点通过信息化、智能化手段实现高效的资源配置与服务优化，进而提高了国家中心城市的辐射与引领能力。通过城市群的网络化协作，国家中心城市的核心地位得到了进一步强化，成为整个城市群的战略引领者。与此同时，国家城镇等级体系和地方政府政策在我国特殊国情下发挥了重要作用。国家城镇等级体系不仅为不同等级的城市提供了明确的发展方向，而且在资源配置和政策倾斜方面给予了中心城市优先权。地方政府通过制定有针对性的政策措施，推动了本地区城市的功能升级与竞争力提升。例如，政策倾斜往往集中在交通基础设施建设、产业集聚、科技创新与人才引进等领域，从而为国家中心城市的崛起提供了制度保障和资源支撑。这些政策的有效实施，不仅加速了国家中心城市的功能提升，还进一步提升了其在区域和全球发展中的话语权。叶磊（2016）提出，在经济全球化与信息化的影响下，各城市节点之间获取资源的不对称性得到了显著改善。这一改善的核心在于，城市之间的资源流动更加自由、更加高效，尤其是信息、资本和技术等高级功能得到了集聚。国家中心城市通过这种自由流动和资源集聚，形成了强大的创新能力和市场竞争力。随着这些高级功能的不断集中，部分边缘城市也由于特定功能的集聚逐渐向次级核心城市转变，形成多层级的城市网络空间结构。在这一结构中，国家中心城市作为核心节点，连接着区域内外的资源和信息，并在全球范围内发挥着重要作用。

总体来说，外部的全球化、信息化、网络化与内部的城镇化、城市群发展、国家城镇等级体系以及地方政府政策，在相互交织和互动的过程中，推动了国家中心城市的形成与发展。国家中心城市在这一过程中不仅成为区域经济、文化和科技的引领者，还逐渐成为全球层面的关键节点，成为全球城市网络中的重要枢纽。通过这种内外部力量的协同作用，国家中心城市在全球化与信息化的背景下，不仅展现出强大的功能集聚能力，还会推动整个区域甚至全球城市网络的协同与发展。

四、小结

本章通过对国家中心城市成长条件和作用因素的综合分析，深入探讨了这些城市在各国和地区经济社会中发挥的重要作用。虽然国家中心城市在国际上通常被视为次一级的城市，但它们是世界各地的门户，是国家的经济增长极。国家中心城市不仅在国内经济发展中占据着核心地位，还在全球城市网络中扮演着日益重要的角色。

首先，国家中心城市在经济活动中的作用不容小觑。它们不仅承担着组织经济活动、配置资源的重要职责，而且在推动国家经济发展、连接国内外市场方面发挥着至关重要的作用。作为国家的经济增长极，国家中心城市的功能不仅体现为传统的产业集聚、资源配置等，还表现为在对外贸易、金融服务、科技创新等领域的引领作用。这些城市通过全球化的开放平台，促进了全球资本、技术、信息等的流动，推动了国家与世界经济的深度融合。其次，国家城市等级体系并非一个孤立的存在，而是可以向全球城市网络转变，并与其紧密连接。随着全球化的深化，国家中心城市的影响力逐渐超越国家边界，开始融入全球城市网络。它们不仅参与全球经济和文化交流，还在全球产业链、供应链中占据重要地位。通过跨国公司的总部、国际金融中心、文化交流平台等，国家中心城市成为全球化网络中的枢纽节点。此外，国家中心城市的多维空间与社会活动的多视角特点，使得它们在地理空间的扩展和分离中具备了更高的灵活性。基于信息化技术和交通网络的支持，城市可以在更大范围内实现资源的高效整合与共享。这种整合不只在国内，还能覆盖全球，为国家中心城市与世界级中心城市的联动提供了可能。在这种背景下，国家中心城市的形态和职能也在不断演变，逐渐从传统的经济中心、文化中心向更加多元化、国际化的全球城市转型。

因此，国家中心城市的综合功能、角色转变与形态变化将直接影响全球城市网络的结构与发展。这些城市不仅将在国家层面推动经济社会的进步，还将在全球化背景下，为世界各地的城市协作、经济发展和文化交流提供重要的推动力。随着全球城市网络的不断发展，国家中心城市与世界级中心城市的联系将愈加紧密，它们在全球范围内的地位和作用也将持续演变与加强。

第三篇

城市流动空间的实证分析

第五章

金融企业视角的城市网络

一、研究方法与数据来源

（一）研究方法

（1）联锁网络模型（Interlocking Network Model，INM）。

借鉴 GaWC 研究团队的方法，联锁网络模型的核心假设条件是，不同城市之间的联系可以转化为不同城市之间所共有的高级生产性服务业（APS）的企业联系。筛选并赋予 APS 企业所在城市的不同服务价值，在此基础上先构建企业—城市关系矩阵，接着转化为城市—城市关系矩阵。这种经过筛选并赋予一定服务价值的企业—城市、城市—城市相互之间的关系网络可以形象地称为联锁网络。

联锁网络的特殊性在于它是由三个不同层面的网络构成的：第一个层面属于外部可视化的网络层，它是城市之间的关系联络；第二个层面属于中部节点层，包含规模不同的城市，它是外部网络层与内部企业层之间的桥梁；第三个层面属于内部关键性次节点层，它是网络层的微观制造者。值得一提的是，虽然联锁网络模型最终是在测度城市—城市之间的关系，但是城市并不是外部网络层的主体，内部的 APS 企业才是外部网络层的最终制造者。基于同样的视角，王成等（2015）认为，城市节点并不是一个可以进行经济分析的行为主体，城市间的关系产生与否，更多地取决于城市代理人，如母子公司、生产性服务业企业等，城市代理人间的资本、技术、资金、资源、人员交流等关系，衍生出了城市间的相应关系。根据连锁网络模型的计算框架，城市之间的基本联系关系可通过二模网络的方法进行建模与量化。在该方法中，服务矩阵 V 表示城市与机构节点之间的连接关系，是刻画城市联系强度的基础数据结构。服务矩阵 V 可以表示为：

$$C_{ai,j}=V_{aj}V_{ij} \tag{5.1}$$

其中，V_{aj}是 j 公司在 a 城市的服务价值，V_{ij}是 j 公司在 i 城市的服务价值，$C_{ai,j}$是以公司 j 表示的城市 a 与城市 i 的基本连接关系量。基于联锁网络模型，城市 a，i 间的联系值 C 可以表示为

$$C_{ai} = \sum C_{ai,\ j} \tag{5.2}$$

每个城市最多有 $n-1$ 个这样的联系。网络内每个城市 a 的总连接程度可以表示为

$$C_{a} = \sum C_{ai}(a \neq i) \tag{5.3}$$

其中，C_a 是城市 a 的网络联系度，一个城市的联系度高，说明其很好地融入了整个生产性服务业网络（赵渺希，2016）。

在进一步的城市连接率与连接度计算中，同样是依赖于联锁网络模型中城市之间联系与世界网络联系，可表示为

$$CDC_{ai,j}=V_{aj}V_{ij} \tag{5.4}$$

$$CNC_{a} = \sum_{i,\ j} r_{ai,\ j} \tag{5.5}$$

其中，CDC 衡量城市之间的双边联通强度，CNC 衡量单个城市在整体城市网络中的嵌入程度，二者共同用于比较不同城市在全国城市网络中的结构性地位。

（2）社会网络分析。

度数中心度（Degree Centrality）是在网络分析中刻画节点中心性（Centrality）的最直接指标。节点的度数中心度越大，则该节点的重要性越突出，中心性越强（路紫等，2013）。测度公式为

$$C_D'=\frac{C_D\ (N_i)}{g-1} \tag{5.6}$$

其中，C_D'为节点 i 的度数中心度，g 为节点个数，C_D（N_i）为节点 i 在城市空间网络矩阵中对应的行或列所在的单元格值加总。$0.0 \leqslant C_D' \leqslant 1.0$，0.0

表示节点城市对间都没有联系，1.0 表示节点城市对间都有直接联系。在城市空间网络中，标准化的度数中心度用以测量城市在信息流中的参与程度。C_D'越接近 1.0，那么该节点城市在信息流中的参与程度越强，反之亦然。

（3）复杂网络模型。

网络相对连接率用来判断某城市在网络中的核心地位，也就是某城市的连接度占整个网络总连接度的比重，所占比重越高，其核心地位越显著。

$$P_i = \frac{N_i}{\sum_{i=1}^{n} N_i},\ n = 41 \tag{5.7}$$

其中，P_i 是网络相对连接率，N_i 是城市的网络总连接度。

（4）核密度函数。

核密度估计方法是现代非参数统计方法的代表，可应用于空间热点区的探测研究中（Chu Honejay et al.，2012）。该函数可根据单位网格内银行网点的密度来估计样本点周围的密度并产生一个光滑的表面。王洋（2013）认为在二维空间中，核密度函数的一般形式可表示为

$$\lambda(s) = \sum_{l=1}^{n} \frac{1}{\pi r^2}\varphi(d_{ls}/r) \tag{5.8}$$

其中，λ（s）是地点 s 处的核密度估计；r 为带宽，即核密度函数的搜索半径；n 为样本数；φ 是地点 l 与 s 之间距离 d_{ls}的权重。

（5）城市联系可视化。

Circos 环状图是由加拿大生物信息科学家 Martin Krzywinski 开发的，最初用于生物基因组测序，之后被广泛用于可视化的其他领域。这种基于拓扑网络可视化的方法，可以对城市联系细节特征进行精准刻画，并在地理空间上互相形成联系，为大量数据的处理提供了一种具备拓扑关系和属性的可视化表达。该图以节点属性为圆弧，不同颜色的圆弧表示不同的节点，属性值越大，对应的圆弧越长。各圆弧间的连线为弦，弦的颜色表示不同节点间的拓扑关系，弦的粗细则取决于节点间关联强度的大小（陈伟，2017）。

（二）数据来源

金融服务业是具有明显地理特征的经济活动（武巍，2007），选取金融业企业作为研究对象，主要是因为：一方面，企业是社会经济活动的微观主体，在金融资本流动越发显著的市场经济条件下，不同等级的城市联

系可以通过金融企业的布局来实现；另一方面，金融要素的流动与联系可加快有形和无形的生产要素一体化过程，推进区域经济一体化的形成，金融业的地理空间布局可以在一定程度上反映城市联系的紧密程度。

之所以选取中国500强数据，是因为“中国500强”由中国（不含台湾地区数据）在全球证券市场上市的经营规模最大的500家公司组成，能较好地反映当前中国的产业结构现状，并在一定程度上决定中国未来经济的发展方向（钟业喜，2017）。中国企业联合会、财富中文网发布《2016年中国500强企业》数据，其覆盖范围包括在中国境内外上市的所有中国公司，其依据数据为上市公司在各证券交易所正式披露的信息。将商业银行、多元化金融投资、保险、证券四个行业的50家大型金融企业作为研究对象，通过逐一查询APS企业的官方网站信息获取总部与分支机构的所在城市、规模大小，并基于此收集企业基础地理数据。在41个研究区各城市中设有2个以上（含2个）分支机构的，纳入研究对象名单。通过筛选选取银行22家、证券企业11家、多元化金融投资企业9家、保险企业8家，共计50家大型金融企业（见表5.1）以及若干分支机构。

表5.1　2016年中国500强企业中大型金融企业名录及其总部所在地

企业名称	总部所在地	企业名称	总部所在地
中国工商银行股份有限公司	北京	南京银行股份有限公司	南京
中国建设银行股份有限公司	北京	重庆农村商业银行股份有限公司	重庆
中国农业银行股份有限公司	北京	宁波银行股份有限公司	宁波
中国银行股份有限公司	北京	徽商银行股份有限公司	合肥
招商银行股份有限公司	深圳	盛京银行股份有限公司	沈阳
交通银行股份有限公司	上海	哈尔滨银行股份有限公司	哈尔滨
中国民生银行股份有限公司	北京	天津银行股份有限公司	天津
兴业银行股份有限公司	福州	锦州银行股份有限公司	锦州
上海浦东发展银行股份有限公司	上海	海通证券股份有限公司	上海
平安银行股份有限公司	深圳	国泰君安证券股份有限公司	上海
中国光大银行股份有限公司	北京	中国银河证券股份有限公司	北京
华夏银行股份有限公司	北京	广发证券股份有限公司	广州
北京银行股份有限公司	北京	申万宏源集团股份有限公司	乌鲁木齐

续表

企业名称	总部所在地	企业名称	总部所在地
浙商银行股份有限公司	杭州	国信证券股份有限公司	深圳
华泰证券股份有限公司	南京	深圳控股有限公司	深圳
招商证券股份有限公司	上海	远东宏信有限公司	香港
国投安信股份有限公司	上海	渤海金控投资股份有限公司	乌鲁木齐
光大证券股份有限公司	上海	中国平安保险（集团）股份有限公司	深圳
兴业证券股份有限公司	福州	中国人寿保险股份有限公司	北京
中国中信股份有限公司	北京	中国人民保险集团股份有限公司	北京
复星国际有限公司	北京	中国太平洋保险（集团）股份有限公司	上海
中国信达资产管理股份有限公司	北京	新华人寿保险股份有限公司	北京
中国华融资产管理股份有限公司	北京	中国太平保险控股有限公司	香港
北京控股集团有限公司	北京	中国再保险（集团）股份有限公司	北京
上海实业控股有限公司	上海	内蒙古西水创业股份有限公司	乌海

二、金融企业空间分布与流向分析

500强企业代表的是资源掌握能力，因此本节分析500强企业在城市流动空间构建中发挥的作用。首先从行业的角度分析500强企业的行业属性，其次从企业的角度甄别影响企业区位选择的因素，最后建立金融业企业布局和城市联系之间的耦合关系。

从行业属性的角度来看，500强企业分布在金融、科技、制造、能源、零售等多个领域，不同行业的企业在城市流动空间中的作用各异。金融行业企业集中在全球和国家中心城市，推动了资本和信息的流动，促进了全球城市网络的扩展；科技企业促进了技术和创新的跨城市流动，推动了知识的共享与城市间的协同创新；制造业和能源企业的区位选择更多地考虑资源的可获得性和生产基地的布局，促进了城市间商品和产业的流动。

500强企业的区位选择受多种因素影响。首先，市场需求和消费力是企业选择城市的关键因素，特别是零售和服务行业，它们倾向于选择人口密集、消费能力强的城市。其次，交通和基础设施的便利性对企业区位选择有重要影响，尤其是制造业和零售行业，便捷的交通网络能够降低其物流成本并提高运营效率。再次，人才资源和创新生态也是科技企业和金融企业选择城市的重要考虑因素，创新城市和学术资源丰富的城市通常成为这些企业的优选地点。复次，政府政策和税收环境同样影响着企业的选择，许多企业倾向于选择提供政策支持和税收优惠的城市，以降低成本并提升竞争力。最后，对于能源和制造业企业来说，资源的获取和生产基地的布局是其区位选择的决定性因素。

总之，500 强企业特别是金融业企业，在城市流动空间的构建中发挥着重要作用。通过行业属性的分析和区位选择因素的探讨，我们可以清晰地看到这些企业如何通过资本、技术和资源流动推动城市之间的互动与发展。金融业企业在推动资金流动、促进城市间资源配置方面起到了重要作用，进一步推动了城市群和全球城市网络的形成和发展。

（一）行业类别

通过分析可知，2016 年中国 500 强企业以中央企业为主，前 100 名以石油、天然气等资源型，外贸与金融以及装备机械制造企业为主（见图 5.1），涉及民生方面的行业排名较后。这表明中国 500 强企业最具实力的仍然是石油、天然气等资源型企业，外贸与金融企业以及装备机械制造企业，而服务型企业以流通类为主，缺乏高端服务业和文化服务企业。这体现了经济高速增长所带来的金融总部的聚集，在高级生产性服务业、科技创新以及文化影响力等方面仍有相当大的进步空间。

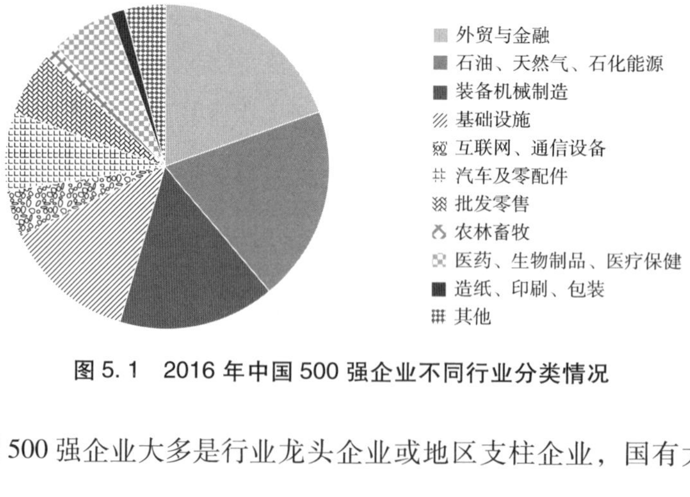

图 5.1　2016 年中国 500 强企业不同行业分类情况

中国 500 强企业大多是行业龙头企业或地区支柱企业，国有大型企业在国民经济中的地位突出，在中国500强企业中占据绝对的主导地位。2016年，中国500家上榜企业的总营业收入约为30.77万亿元，较上年增长1.2%；净利润达2.74万亿元，增长约1.5%；营业收入和利润增幅较2015年（分别为5%和6%）均明显下滑。2015年，中国500强企业中有293家国有企业、207家民营企业，分别占500家企业的58.6%、41.4%，民营企业的上榜数量比上年增加了7家。尽管民营企业在上榜数量上超过了40%，但它们在营业收入、资产、利润、纳税、职工人数等指标上与国有企业的差距还非常大。

（二）分布情况

2016年上榜的500强企业中，北京、山东、广东分别以101家、49家、48家企业的数量位列前三。500强企业呈现地区分布不平衡的情况，超过60%的企业集中在东南部环渤海城市群、长三角城市群和珠三角城市群（见图5.2）。

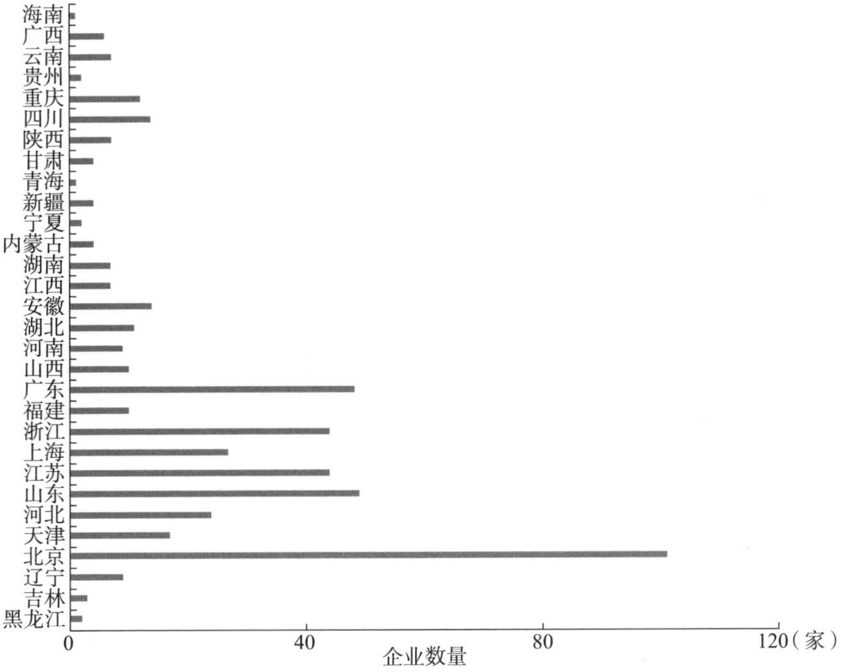

图5.2　2016年中国500强企业所在地域情况

从区域数据来看，东部沿海地区共上榜 364 家（北京 101 家、天津 17 家、河北 24 家、山东 49 家、江苏 44 家、上海 27 家、广东 48 家、福建 10 家、浙江 44 家）；东北三省共上榜 14 家（黑龙江 2 家、吉林 3 家、辽宁 9 家）；中部地区共上榜 58 家（山西 10 家、河南 9 家、湖北 11 家、安徽 14 家、江西 7 家、湖南 7 家）；西部地区共上榜 64 家（内蒙古 4 家、宁夏 2 家、新疆 4 家、青海 1 家、甘肃 4 家、陕西 7 家、四川 14 家、重庆 12 家、贵州 2 家、云南 7 家、广西 6 家、海南 1 家）。

从 2006—2016 年中国 500 强企业全国总部数量按所在城市分布情况来看（见表 5.2），10 年内在北京的总部数量为 84~112 家，远超其他城市；紧随其后的城市为香港、上海、天津、深圳、广州、杭州、南京、武汉等。香港作为全球金融中心，2014 年有 84 家、2016 年有 85 家，其经济结构以服务业为主导，占其 GDP 比重超过 92%，服务业就业人数占香港总就业人数的 88%，其中金融服务、贸易与物流服务、旅游服务，以及专业与工商业支持服务四个主要行业带动香港其他行业的发展。得益于区位优势以及长期的产业转型带来的巨大吸引力，香港现已成为跨国公司地区总部的集聚地之一。北京现已形成中关村、CBD、总部基地、金融街、亦庄、望京等几大经济区和总部聚集地，在人力资本潜力、文化交流、商业活动以及政治参与等方面显著强于其他城市，这不仅是因为它是中国独一无二的政治中心，还因为其日趋重要的商业中心地位。上海在 2006—2012 年的地位相对稳定，2014—2016 年地位相对缓慢下降。上海作为全国经济、金融中心，可吸引更多样化、更有才华的人群，这让上海较其他城市更具优势。

表 5.2　2006—2016 年中国 500 强企业全国总部数量按所在城市分布情况①

排名	2006 年		2008 年		2010 年		2012 年		2014 年		2016 年	
	总部所在城市	企业数（家）	总部所在城市	企业数（家）	总部所在城市	企业数（家）	总部所在城市	企业数（家）	总部所在城市	企业数（家）	总部所在城市	企业数（家）
1	北京	95	北京	92	北京	112	北京	84	北京	98	北京	101
2	上海	33	上海	32	上海	56	上海	53	香港	84	香港	85
3	天津	29	天津	25	香港	36	香港	33	上海	43	深圳	29

① 根据财富中文网（http：//www. fortunechina. com/）、中国企业联合会数据（http：//www. cec-ceda. org. cn/）整理绘制。

续表

排名	2006年		2008年		2010年		2012年		2014年		2016年	
	总部所在城市	企业数（家）	总部所在城市	企业数（家）	总部所在城市	企业数（家）	总部所在城市	企业数（家）	总部所在城市	企业数（家）	总部所在城市	企业数（家）
4	杭州	19	杭州	22	深圳	32	深圳	31	深圳	32	上海	27
5	深圳	19	深圳	18	广州	17	广州	14	杭州	17	天津	17
6	广州	15	广州	15	杭州	12	南京	9	广州	12	广州	13
7	南京	12	青岛	11	南京	12	武汉	9	武汉	10	杭州	12
8	青岛	11	南京	11	天津	9	重庆	9	太原	8	重庆	12
9	武汉	9	大连	10	重庆	8	杭州	8	南京	7	武汉	10
10	宁波	8	重庆	9	厦门	7	天津	8	重庆	7	南京	10
11	重庆	8	江阴	9	武汉	7	厦门	7	合肥	6	成都	7
12	大连	7	武汉	8	长沙	7	福州	4	厦门	6	太原	6
13	成都	5	厦门	8	济南	6	沈阳	2	成都	5	厦门	5
14	厦门	5	昆明	8	青岛	5	苏州	1	哈尔滨	5	合肥	5
15	太原	5	郑州	5	合肥	4	太原	1	天津	5	哈尔滨	4

通过对2016年中国500强中大型金融企业的初步筛选与整理，把城市—企业型的二模网络转置相乘形成城市—城市型的一模网络，具体的计算思路如图5.3所示。

基于41个城市的50个金融企业总部与若干分支机构的原始数据建立服务价值矩阵，分析城市联通性。①在选择时首先考虑在研究区域内设有至少2个分公司或分支机构的企业；如果只有一个分公司或分支机构，但在省会以上城市设有办事处的，也纳入研究范围。②在采集41个城市与50个大型金融企业总部与若干分公司的数据基础上，首先建立41×50的城市—企业网络关系，根据各类企业机构/办事处的重要程度赋予城市不同的分值，其中企业总部所在地3分，分公司所在地1分，如果企业在某城市没有布局，则得分为0。通过以上方法，得出50家大型金融类企业在41个所选城市的分布情况，确定服务价值。③把用于反映城市—企业网络关系的矩阵转换成41×41的城市矩阵，并运用乘法计算城市之间是否拥有共同的入驻企业，将城市之间的关系矩阵分类计算，得出城市联通值、企业联通值，据此生成城市流的直观地图，以便分析城市流动空间联系。

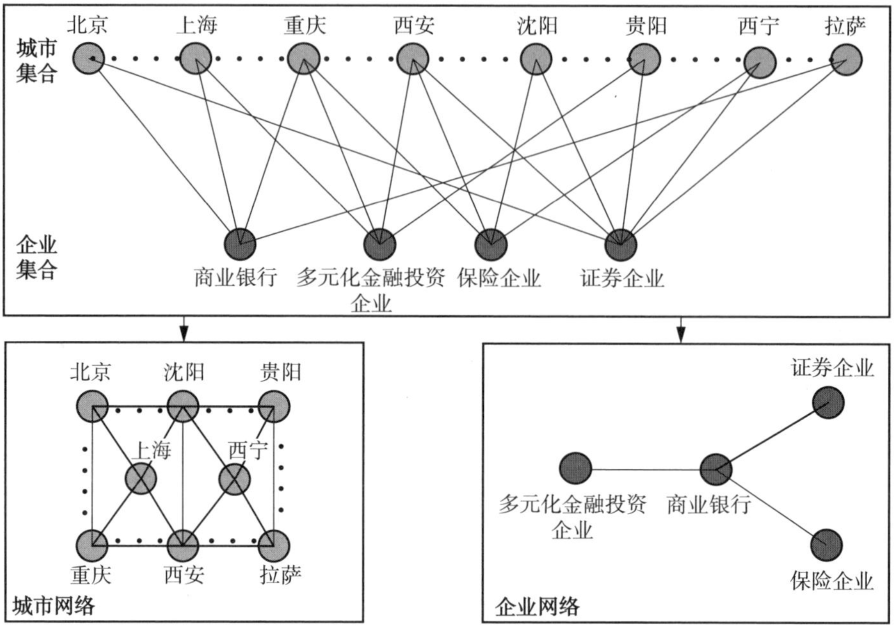

图 5.3　大型金融企业城市网络的联锁模型计算思路

通过筛选可将大型金融类企业分为商业银行、多元化金融投资企业、保险企业以及证券企业，对其进行赋值并分析城市联通度（见表 5.3）。其中：①通过对商业银行的服务价值进行判断，可初步确定商业银行在所有金融类企业中企业总部数量最多，服务价值得分总和最高，达到 697 分；②多元化金融投资类企业服务价值得分总和达到 328 分，其分支机构在四类金融企业中最少；③保险企业服务价值得分总和达到 327 分，其分支机构较多；④证券企业服务价值得分总和达到 450 分，其分支机构最多。

表 5.3　2016 年大型金融企业城市网络组成及服务价值汇总　　单位：分

大型金融企业城市网络组成	总数	0	1	3
商业银行	697	321	137	239
多元化金融投资企业	328	225	14	89
保险企业	327	53	202	72
证券企业	450	76	330	44

三、大型金融企业的城市联系结构与强度差异

大型金融企业在一定程度上代表了对资本的掌握能力，增加对城市人口、人才的吸纳力，借由金融自身的流动特性更能体现出城市间的联系与格局。

（一）大型金融企业的城市联系结构

基于以上数据和方法构建 41×41 的城市—模矩阵并计算城市联通度，运用 ArcGIS 软件得到其总体结构，并基于计算结果按照 Jenks 优化分类法分为五个等级，即 25~33、17~24、10~16、6~9、1~5，分别命名为一级联系轴、二级联系轴、三级联系轴、四级联系轴、五级联系轴。

（1）商业银行。

第一等级的城市联系结构呈现以北京为中心，分别向沈阳、成都、广州、南京、杭州、合肥等地辐射且城市联通值为 25~33 的特征。其中，北京、上海、天津、广州等城市的城市联通度为 0.0299~0.0483。基于商业银行的一级城市联系，显示出了以北京为核心的联系最为紧密的城市结构，具体包括北京—成都、北京—上海、北京—广州、北京—沈阳等城市对。

第二等级的城市联系结构呈现以北京为中心，分别向沈阳、哈尔滨、厦门、昆明、乌鲁木齐等地辐射且城市联通值为 17~24 的特征。其中，北京、天津、重庆、上海等城市的城市联通度为 0.0299~0.0757。

第三等级的城市联系结构呈现以北京、成都、广州、上海为顶点，城市主要联系流为菱形的空间结构，其菱形的顶角分别由北京（北）、广—深（南）、上海（东）、成—重（西）节点城市构成，且城市联通值为 10~16 的特征。其中，北京、上海、成都（重庆）、广州等城市的城市联通度为 0.0299~0.0757。在菱形空间结构内部，又形成了以济南、长沙、南京、杭州等省会城市组成的次级城市网络连线，这些不同城市共同构成菱形区域网状联系。

相较于第三等级的城市联系结构，第四等级的城市联系结构更为紧密，表现为在全国范围内以哈尔滨、成都、广州、乌鲁木齐、上海为顶

点，分别向不规则联系结构内的沈阳、成都、广州、南京、杭州、合肥等中心城市辐射且城市联通值为6~9，这样的联系结构占五个等级中的大部分。其中，规模较大的北京、上海、天津、广州等城市的城市联通度为0.0299~0.0757。

第五等级的城市联系结构密度明显较小，其联系主要集中在东南沿海各城市之间，其中，大连、青岛、上海、福州、汕头、深圳、三亚等城市形成紧凑的且城市联通值为1~5的城市联系结构。其中，北京、上海、天津、广州等城市的城市联通度为0.0299~0.0757。

总体城市联系结构呈现以北京为中心，分别向沈阳、成都、广州、南京、杭州、合肥等地辐射且城市联通值为25~33的特征。其中，北京、上海、天津、广州等城市的城市联通度为0.0299~0.0483。结合表5.4中商业银行的城市联通数据可以发现，以上海、北京、南京、深圳、沈阳、重庆等城市为代表的城市联通值较高。同时发现，以胡焕庸线为界，城市联系结构在东、中、西部之间存在显著差异，这在第三、第四、第五等级的城市联系结构中表现得尤为明显。其中，乌鲁木齐、拉萨、昆明等城市同东部城市间存在较强的联系，但由于地理距离形成金融信息孤岛，这也从侧面体现东、中、西部的城市联系结构呈现显著的不平衡特征。

表5.4　2016年不同类型金融行业的城市联通性（前15）

排序	城市	商业银行NC	排序	城市	证券企业NC	排序	城市	多元化金融投资企业NC	排序	城市	保险企业NC
1	北京	33	1	上海	20	1	北京	16	1	北京	15
2	上海	21	2	北京	13	2	深圳	8	2	上海	7
3	天津	18	3	南京	13	3	上海	7	3	天津	6
4	南京	17	4	广州	13	4	武汉	5	4	深圳	6
5	深圳	16	5	深圳	13	5	成都	5	5	太原	6
6	沈阳	15	6	福州	13	6	长沙	5	6	石家庄	6
7	杭州	15	7	沈阳	11	7	乌鲁木齐	5	7	呼和浩特	6

续表

排序	城市	商业银行NC	排序	城市	证券企业NC	排序	城市	多元化金融投资企业NC	排序	城市	保险企业NC
8	重庆	14	8	重庆	11	8	天津	4	8	大连	5
9	合肥	13	9	合肥	11	9	广州	4	9	济南	5
10	宁波	13	10	厦门	11	10	合肥	4	10	南京	5
11	大连	12	11	南宁	11	11	沈阳	3	11	杭州	5
12	济南	12	12	贵阳	11	12	济南	3	12	武汉	5
13	成都	12	13	哈尔滨	11	13	杭州	3	13	长春	5
14	西安	12	14	石家庄	11	14	重庆	3	14	郑州	5
15	郑州	11	15	天津	10	15	西安	3	15	合肥	5

（2）证券企业。

第一等级的城市联系结构呈现以上海为中心，分别向沈阳、成都、广州、南京、杭州、合肥等地辐射且城市联通值为 25~33 的特征。可以发现，一级联系轴凸显长三角城市群一体化发展的显著效果，以上海为中心向南京、杭州、宁波、合肥等地基于证券联系的轴线密集，综合实力较强的地级单元之间联系紧密。其中，北京、上海、天津、广州等城市的城市联通度为 0.0299~0.0483。

第二等级的城市联系结构呈现中部地区城市联系较为紧密，且以北京、郑州、武汉、长沙、深圳、广州为主要节点形成向周边邻近单元的辐射联系轴，分别向沈阳、哈尔滨、厦门、昆明、乌鲁木齐等地辐射且城市联通值为 17~24 的特征。其中，北京、天津、重庆、上海等城市的城市联通度为 0.0299~0.0757。

第三等级的城市联系结构呈现以东中部地区城市联系为主，分别向北京、郑州、成都、武汉、广州、南京、广州等地辐射且城市联通值为 12~15 的特征。其中，北京、上海、天津、广州等城市的城市联通度为 0.0231~0.0512。

第四等级的城市联系结构呈现东、中、西部城市联动，分别以所在省会城市为节点，向沈阳、银川、昆明、南宁、重庆、广州、南京、上海等地辐射且城市联通值为5~8的特征。其中，北京、上海、天津、广州等城市的城市联通度为0.0231~0.0512。

相较于第四等级的城市联系结构，第五等级的城市联系结构与之相似，不同之处在于联系密度明显减小，呈现以哈尔滨、北京、西安、重庆、南宁、广州、福州、上海、石家庄等为节点且城市联通值为0~4的特征。其中，北京、上海、天津、广州等城市的城市联通度为0.0231~0.0512。

总体城市联系结构呈现以上海为中心，以第二、第三等级城市联系为主，分别向沈阳、成都、广州、南京、杭州、合肥等地辐射且城市联通值为0~24的特征。结合表5.4中证券企业的城市联通数据可以发现，以上海、北京、南京、广州、深圳、福州、沈阳、重庆等城市为代表的城市联通值较高。

（3）多元化金融投资企业。

第一等级的城市联系结构呈现以北京为中心，分别向上海、南京、广州、深圳、贵阳、成都等地辐射且城市联通值为8~13的特征。其中，北京、上海、天津、广州等城市的城市联通度为0.0340~0.1356。

第二等级的城市联系结构呈现以北京为中心，分别向沈阳、哈尔滨、乌鲁木齐、重庆、福州、南京等地辐射且城市联通值为5~7的特征。其中，北京、天津、重庆、上海等城市的城市联通度为0.0340~0.1356。

第三等级的城市联系结构呈现以中西部地区的城市联系为主，分别向沈阳、太原、西安、成都、武汉、南京、青岛等辐射且城市联通值为3~4的特征。其中，北京、上海、天津、广州等城市的城市联通度为0.0340~0.1356。

第四等级的城市联系结构密度大、紧凑并呈现向哈尔滨、沈阳、成都、重庆、广州、上海、青岛、石家庄等地辐射且城市联通值为1~2的特征。其中，北京、上海、天津、广州等城市的城市联通度为0.0340~0.1356。

相较于第四等级的城市联系结构，第五等级的城市联系结构密度明显较小，呈现向沈阳、青岛、重庆、武汉、南京以及天津、上海等地辐射且城市联通值为0~1的特征。其中，北京、上海、天津、广州等城市的城市联通度为 0. 0340~0. 1356。

总体城市联系结构呈现以北京为中心，以第二等级城市联系为主，分别向沈阳、成都、海口、广州、南京、上海等地辐射且城市联通值为 0~13 的特征。其中，北京、上海、天津、广州等城市的城市联通度为 0. 0340~0. 1356。结合表 5. 4 中多元化金融投资企业的城市联通数据可以发现，以上海、北京、南京、广州、深圳、福州、沈阳、重庆等城市为代表的城市联通值较高。

（4）保险企业。

第一等级的城市联系结构呈现以北京为中心，分别向东北地区的哈尔滨、长春、大连，华南地区的广州，中部地区的太原以及东部地区的上海等地辐射且城市联通值为 10~12 的特征。其中，北京、上海、天津、广州等城市的城市联通度为 0. 0223~0. 0833。

相较于第一等级的城市联系结构，第二等级的城市联系结构密度较大，呈现以北京为中心，分别向东北地区的沈阳，东中部地区的石家庄、青岛、济南、郑州、长沙、深圳、福州、上海等地辐射且城市联通值为 7~9 的特征。其中，北京、天津、重庆、上海等城市的城市联通度为 0. 0223~0. 0833。

第三等级的城市联系结构呈现以中西部地区的节点城市太原、西安、重庆、武汉以及东部沿海城市上海、大连、宁波、广州为主，且城市联通值为 5~6 的特征。其中，北京、上海、天津、广州等城市的城市联通度为 0. 0233~0. 0833。

第四等级的城市联系结构密度大、饱满且呈现以东、中、西部多个城市，如哈尔滨、沈阳、大连、北京、天津、西安、重庆、成都、广州、深圳、上海、青岛等为节点，且城市联通值为 3~4 的特征。其中，北京、上海、天津、广州等城市的城市联通度为 0. 0233~0. 0833。

相较于第四等级的城市联系结构，第五等级的城市联系结构密度较小，呈现以北京、长春、西安、成都、重庆、广州、南京、杭州、上海等地为节点，且城市联通值为 0~2 的特征。其中，北京、上海、天津、广州等城市的城市联通度为 0. 0233~0. 0833。

总体城市联系结构呈现以北京为中心，以第四等级城市联系为主，分别以北京、沈阳、西安、成都、重庆、广州、南京、合肥、上海等为节点，且城市联通值为0～12的特征。其中，北京、上海、天津、广州等城市的城市联通度为0.0223～0.0833。结合表5.4中保险企业的城市联通数据可以发现，以上海、北京、南京、深圳、沈阳、重庆等城市为代表的城市联通值较高。

（二）大型金融企业的城市联系强度差异

（1）城市间联系的总体结构特征。

利用全国各地级市大型金融企业的联系数据，经网络分析得到城市两两之间的1681条不对称的城市联系线，对所选的大型金融公司的企业总部与分公司组成的城市联系差异进行分析，并利用自然断裂法（Natural Breaks）将其分为五级。以工商银行、证券企业、多元化金融投资企业以及保险企业为主线的金融流动较强，致使相应城市间联系密切，虽然联系数值有大小之分，但在西南、华南、华北三个区域内，城市间联系并未因所在区域的不同受到明显约束，也形成跨区域城市交错联系的空间结构。相对而言，东北的沈阳、哈尔滨，内蒙古的呼和浩特作为区域中心城市，出现区域性辐射现象，有向周边中小城市辐射的趋势。

就城市联系程度而言。首先，最明显的联系是以北京为核心（见表5.5），以哈尔滨、上海、广州、乌鲁木齐等城市为边界组成的金融联系流动结构，北京、广州、厦门、成都、乌鲁木齐作为不同城市群的核心城市，分别构成城市联系的内部结构。这五个顶点主要分布在京津冀城市群的京—津区域，长三角城市群的沪—杭、沪—宁、沪—甬区域，珠三角城市群的广—深区域，成渝城市群的成—渝区域以及新疆乌鲁木齐。这是因为北京、广州、上海等城市各类型的金融企业总部多，其企业总—分机构间的人员调动、业务信息等管理联系密切，并在所处的区域影响较大。在业务流量方面，这几个城市都拥有密集的互联网基础设施，信息化管理条件高于其他城市，综合配套服务水平高。其次，北京—长春、北京—哈尔滨这两组城市，呈现明显的密集线状联系，人流及信息流联系较为频繁。这是因为北京是华北地区的核心城市，在所选的金融企业名录中北京联通度为64，集聚程度为412，金融人员管理流动与信息传递较为频繁。长春、哈尔滨作为东北地区的中心城市，也是除沈阳之外，东北地区城市间联系的主要节点，并在东北地区内外企业要素流动与交换中发挥着与以北京为代表的华北地区城市联系的重要功能补充作用。除考虑长春、哈尔滨的常住人口与经济因素外，还要考虑其在国际商贸物流中的中心作用，长春、哈尔滨与北京的联系之所以表现突出，主要是因为这两个城市不仅承担覆盖本地区的快递业务，还承担着大量的境外中转业务，尤其是面向俄罗斯乃至整个东北亚地区的业务。最后，北京—呼和浩特、北京—成都这两组城市，同样呈现明显的金融信息流密集联系。呼和浩特与成都分别作为内蒙古、四川的首府和省会城市，人员交往成本较低，信息流连接频率较高。

表 5.5　2016 年大型金融企业的城市联系差异（一级城市联系）

城市对	商业银行	证券企业	多元化金融投资企业	保险企业	小计
北京—长春	21	11	6	11	49
北京—沈阳	26	13	7	8	54
北京—天津	33	12	10	12	67
北京—大连	23	12	3	11	49
北京—青岛	21	12	3	8	44
北京—太原	24	11	6	12	53
北京—济南	26	12	7	9	54
北京—郑州	22	12	7	9	50
北京—西安	25	12	7	5	49
北京—成都	25	12	13	6	56
北京—重庆	22	13	7	5	47
北京—长沙	24	10	13	9	56
北京—武汉	22	13	13	9	57
北京—南昌	23	12	6	8	49
北京—广州	22	15	12	8	57
北京—深圳	30	15	16	10	71

续表

城市对	商业银行	证券企业	多元化金融投资企业	保险企业	小计
北京—福州	22	15	6	8	51
北京—上海	29	22	13	11	75
北京—南京	29	15	6	9	59
北京—苏州	20	7	3	3	33
北京—合肥	24	13	10	9	56
北京—杭州	29	11	9	9	58
北京—哈尔滨	18	13	7	11	49
北京—呼和浩特	20	11	6	12	49

就节点城市所在区域而言。首先，在全国范围内，最强节点城市是北京、上海、广州。北京是我国政治中心、经济中心、文化中心，这不仅有利于金融企业总部布局，而且有助于总部同政府部门交流，更快地了解新的行情及政策动态。上海是我国的经济中心、金融中心、贸易中心，金融网络密集。北京和天津主要控制包括河北、山西、内蒙古在内的华北地区，北京、重庆形成对四川、贵州、云南等西南地区的控制，而华南地区由北京、上海、深圳和广州共同控制，东北地区则形成了以辽中半岛为核心的网络，并接受北京的控制。其次，在全国范围内，郑州、武汉、长沙等中部城市与其他城市联系较为明显，但是在所在地区内部，城市联系网络集聚程度不高。这是因为郑州、武汉、长沙均是各地政治经济中心，可承担各自所在区域的中心职能，金融市场庞大且政策信息流畅，人力资源管理与机构信息对接较全面，可以在较短时间内与其他城市建立快速联系，并在扩散效应与累积效应的推动下吸引更多城市与之建立联系并达成一致目标。这不仅有益于以郑州、武汉、长沙等为代表的中部城市与其他城市建立业务对接联系，还有益于加大中部节点城市在全国范围内的影响力，成长为重要中心节点城市。在中部地区范围内，郑州属于中原城市群，武汉和长沙属于长江中游城市群，这两个城市群信息化起步相对较晚且基础设施建设水平不高，未能在城市群内部形成一个完善的城市网络，

导致地区内部中小城市之间联系不强，集聚强度分别只有41、117，远远落后于成熟的东部城市群，未能达到地区范围应有的中心节点强度。最后，成都拥有较多的类似成都—北京、成都—上海、成都—广州等与重要核心城市间的联系。这是因为成都作为西南地区重要的节点城市，集商贸中心与交通枢纽于一体，《成渝城市群发展规划》明确提出，成都以建设国家中心城市为目标，提升核心功能，包括增强成都西部地区重要的综合交通枢纽等功能。因此在金融企业人流与信息流方面，能与多个核心城市建立持久联系，提升成都作为重要节点城市的地位，构建内陆开放型经济集聚地。成都拥有国际金融中心，跨境经贸往来频繁，使得成都成为国际金融机构布局中国西部地区的首选。值得一提的是，作为人民币跨境结算、跨国公司总部外汇资金集中运营管理以及个人本外币特许兑换业务的试点城市，成都承担着大量的境外金融业务，这为成都参与“一带一路”项目建立了金融资本优势。此外，位于海西经济区的福州、泉州、厦门、汕头自成一体，同样具有很高的城市联系，并与珠三角城市群的广州、深圳等城市有着紧密联系，区域经济联动发展。

（2）城市节点的结构特征。

城市会因自身规模大小的限制和所处网络格局的差异，与其他城市形成一个遵循位序—规模法则的城市等级体系，而且这一等级体系随着全球经济一体化与产业分工专业化，促使城市间相互作用更加显著、涉及内容更为广泛。城市位次不仅看规模，还与城市化地域的空间形态及城市在网络中的节点位阶有关。

观察图5.4中折线变化幅度较大的几处，可以将所有的41个节点分成五组：城市网络相对连接率最高的一组为全国性的金融中心，包括北京、上海、深圳、南京、广州、天津6个城市；第二组包括福州、沈阳、济南、杭州、武汉、合肥、重庆、成都、郑州、石家庄10个城市；第三组包括西安、太原、长沙、哈尔滨、大连、南宁、厦门、南昌、长春、贵阳、呼和浩特、青岛、宁波、昆明、乌鲁木齐15个城市；第四组包括兰州、海口、银川、苏州、无锡、西宁6个城市；第五组包括珠海、汕头、三亚、拉萨4个城市。

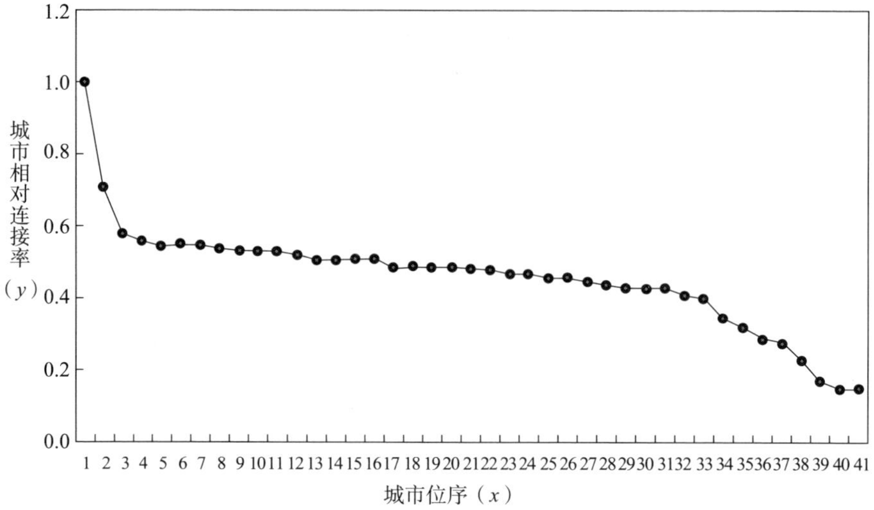

（a）位序—规模分布

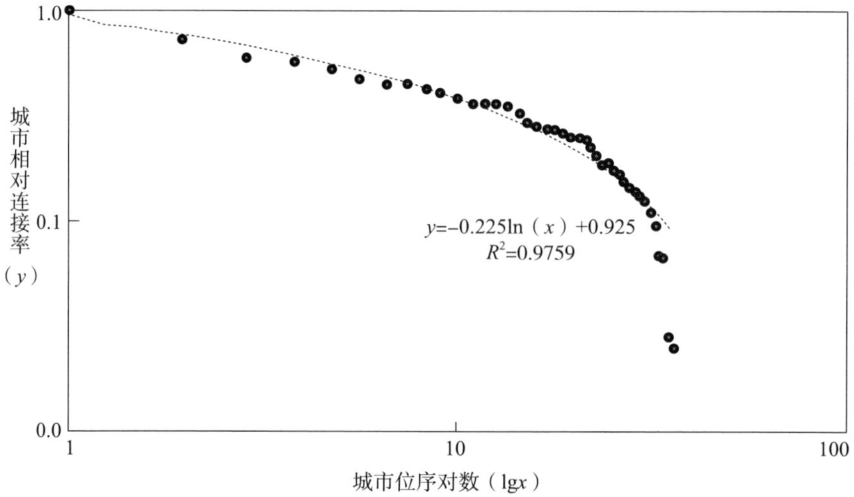

（b）位序—规模分布对数

图 5.4　城市相对连接率规模分布

（3）城市集聚强度。

一方面，通过分析联锁网络模型下大型金融企业与所在城市的复杂关联，可以清晰地表明企业—城市、城市—城市联系的组成内容与形式；另一方面，通过对大型金融公司的企业总部及其分公司的城市集聚强度差异进行核密度分析，可以直观地反映一个城市在区域联系网络中的流通集聚能力。

以北京、天津为中心的京津冀城市群的城市网络化联系强，集聚强度高；以广州、深圳为中心的珠三角城市群，尤其是广州、深圳与香港的城市集聚，以及与海峡西岸经济区的联系，都已逐步呈现并有待进一步加强深化；以上海、杭州、南京为中心的长三角城市群空间上呈现相对高水平均衡的网络化状态，根据最新发布的《长江三角洲城市群发展规划》，上海、南京分别作为仅有的超大城市与特大城市，规模等级高，杭州、合肥、苏州等大城市与之紧密联系，其他重要廊道城市间联系明显提升，促使长三角城市群城市间形成较为完善的网络化格局，而囊括安徽之后的城市网络化联系也在原有基础上进一步加强，这不仅可提升合肥、芜湖等城市的等级，还能加强三省一市间的城市联系，培育其他节点城市成长为长三角城市群的多中心之一；成渝城市群以四川、重庆为核心，其大型金融企业集聚强度为0.05~0.10；而中原经济群、辽宁中部城市群以及关中城市群作为新生城市群的代表，其社会经济水平、人口密度与快递机构的网点布局有着紧密联系，从侧面反映出这三个城市群中各自城市间的联系得到一定程度的增强。

（4）五大国家中心城市与其他城市的网络联系。

五大国家中心城市与其他所选城市的网络联系强度如图5.5所示。结合城市对联系数据，得到五大国家中心城市与其他城市的网络联系值（见表5.6）。

从北京与全国城市的联系情况来看，上海、深圳、天津与北京的大型金融企业联系最为密切，可见北京作为全国的政治中心、文化中心、国际交往中心，与全国其他城市有着较强关联。第一层级城市网络联系中北京—上海城市联系对最为紧密，其具体联系值为72；北京—深圳城市联系对次之，其具体联系值为68；北京—天津城市联系值为65。第二层级城市网络联系中北京—沈阳、北京—太原、北京—石家庄、北京—济南、北京—南京、北京—成都、北京—武汉、北京—合肥、北京—杭州、北京—福州、北京—广州等城市联系对具体联系值为51~59。第三层级城

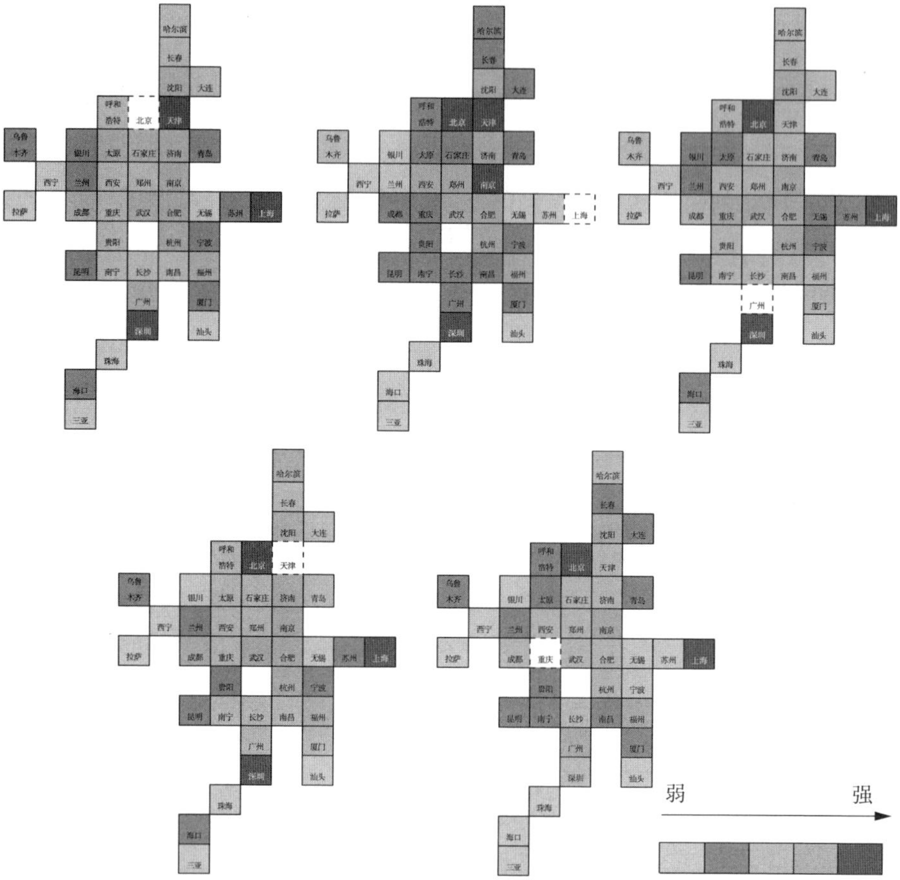

图 5.5　北京、上海、广州、天津、重庆与其他所选城市的网络联系强度

市网络联系中北京—郑州、北京—青岛、北京—乌鲁木齐、北京—银川、北京—兰州、北京—苏州、北京—宁波、北京—昆明、北京—厦门、北京—海口等城市联系对具体联系值为 41～50。第四层级城市网络联系中北京—哈尔滨、北京—长春、北京—大连、北京—西安、北京—重庆、北京—贵阳、北京—南宁、北京—长沙、北京—南昌城市联系对具体联系值为 30～41。第五层级城市网络联系中北京—西宁、北京—拉萨、北京—无锡、北京—汕头、北京—珠海、北京—三亚城市联系对具体联系值为 13～28。

表 5.6　北京、上海、广州、天津、重庆与其他城市的网络联系值（前 15）

排序	城市对	北京 CDC	排序	城市对	上海 CDC	排序	城市对	天津 CDC	排序	城市对	广州 CDC	排序	城市对	重庆 CDC
1	北京—上海	72	1	上海—北京	72	1	天津—北京	65	1	广州—北京	54	1	重庆—北京	47
2	北京—深圳	68	2	上海—南京	49	2	天津—上海	44	2	广州—深圳	41	2	重庆—上海	35
3	北京—天津	65	3	上海—深圳	45	3	天津—深圳	37	3	广州—上海	35	3	重庆—沈阳	28
4	北京—南京	59	4	上海—天津	44	4	天津—沈阳	32	4	广州—南京	31	4	重庆—天津	27
5	北京—杭州	58	5	上海—济南	42	5	天津—济南	30	5	广州—沈阳	29	5	重庆—济南	26
6	北京—沈阳	54	6	上海—西安	41	6	天津—南京	30	6	广州—重庆	28	6	重庆—长沙	25
7	北京—济南	54	7	上海—沈阳	38	7	天津—杭州	30	7	广州—成都	27	7	重庆—大连	24
8	北京—广州	54	8	上海—杭州	38	8	天津—成都	29	8	广州—天津	26	8	重庆—太原	23
9	北京—成都	53	9	上海—福州	37	9	天津—哈尔滨	29	9	广州—西安	25	9	重庆—长春	22
10	北京—太原	53	10	上海—武汉	36	10	天津—武汉	28	10	广州—太原	24	10	重庆—青岛	21
11	北京—合肥	53	11	上海—郑州	36	11	天津—合肥	28	11	广州—海口	23	11	重庆—宁波	20
12	北京—石家庄	52	12	上海—广州	35	12	天津—福州	28	12	广州—青岛	22	12	重庆—苏州	18
13	北京—武汉	51	13	上海—重庆	35	13	天津—大连	27	13	广州—宁波	21	13	重庆—银川	17
14	北京—福州	51	14	上海—成都	35	14	天津—重庆	27	14	广州—苏州	19	14	重庆—无锡	13
15	北京—郑州	50	15	上海—合肥	35	15	天津—西安	27	15	广州—银川	17	15	重庆—珠海	11

从上海与全国城市的联系情况来看，北京、南京、深圳与上海的大型金融企业联系最为密切，可见上海作为经济金融中心，与全国其他城市有着较强关联。其中，第一层级城市网络联系中上海—北京城市联系最为紧密，其具体联系值为72；上海—南京城市联系次之，其具体联系值为49；上海—深圳城市联系值为45。第二层级城市网络联系中上海—天津、上海—济南、上海—西安等城市联系对具体联系值为41～44。第三层级城市网络联系中上海—沈阳、上海—杭州、上海—福州、上海—武汉、上海—郑州、上海—广州、上海—重庆、上海—成都、上海—合肥、上海—长沙等城市联系对具体联系值为35～38。第四层级城市网络联系中上海—石家庄、上海—青岛、上海—厦门、上海—南昌、上海—哈尔滨、上海—大连、上海—宁波、上海—南宁、上海—昆明、上海—太原、上海—贵阳、上海—长春等城市联系对具体联系值为30～34。第五层级城市网络联系中上海—呼和浩特、上海—兰州、上海—乌鲁木齐、上海—苏州、上海—银川、上海—海口、上海—无锡、上海—珠海、上海—西宁、上海—汕头、上海—三亚、上海—拉萨城市联系对具体联系值为6～29。

从天津与全国城市的联系情况来看，北京、上海、深圳与天津的大型金融企业联系最为密切，天津与全国其他城市有着较强关联。其中，第一层级城市网络联系中天津—北京城市联系最为紧密，其具体联系值为65；天津—上海城市联系次之，其具体联系值为44；天津—深圳城市联系值为37。第二层级城市网络联系中天津—沈阳、天津—济南、天津—南京、天津—杭州等城市联系对具体联系值为30～32。第三层级城市网络联系中天津—成都、天津—哈尔滨、天津—武汉、天津—合肥、天津—福州、天津—大连、天津—重庆、天津—西安等城市联系对具体联系值为27～29。第四层级城市网络联系中天津—广州、天津—长沙、天津—青岛、天津—长春、天津—厦门、天津—南昌、天津—南宁、天津—呼和浩特、天津—宁波、天津—贵阳、天津—昆明、天津—乌鲁木齐、天津—兰州等城市联系对具体联系值为21～26。第五层级城市网络联系中天津—苏州、天津—海口、天津—银川、天津—无锡、天津—西宁、天津—珠海、天津—汕头、天津—三亚、天津—拉萨等城市联系对具体联系值为7～19。

从广州与全国城市的联系情况来看，北京、深圳、上海与广州的大型金融企业联系最为密切，广州与全国其他城市有着较强关联。其中，北京而非深圳成为广州金融业最主要的合作城市，这表明深圳在该领域与广州存在一定的竞争关系。由于两地产业结构的相似性，深圳对广州的金融业发展形成了一定的竞争压力，使其在这一领域处于相对弱势或受限的状态，从而成为广州产业扩展中的“阴影”区域。第一层级城市网络联系中广州—北京城市联系最为紧密，其具体联系值为54；广州—深圳城市联系次之，其具体联系值为41；广州—上海城市联系值为35。第二层级城市网络联系中广州—南京、广州—沈阳、广州—重庆等城市联系对具体联系值分别为31、29、28。第三层级城市网络联系中广州—成都、广州—天津、广州—西安等城市联系对具体联系值分别为27、26、25。第四层级城市网络联系中广州—太原、广州—海口、广州—青岛等城市联系对具体联系值分别为24、23、22。第五层级城市网络联系中广州—宁波、广州—苏州、广州—银川等城市联系对具体联系值分别为21、19、17。

从重庆与全国城市的联系情况来看，重庆与北京、上海构成第一层级的高强度联系城市对，在互锁网络中表现出显著的功能互嵌性。其中，重庆—北京的联系最为紧密，其联系值为47，反映出两地在高阶企业布局与总部职能上的强协同。第二层级联系城市对主要包括重庆—天津、重庆—济南等，表现为区域性门户城市与重庆之间的中高强度互动关系。第三层级联系城市对包括重庆—长沙、重庆—大连、重庆—太原、重庆—长春、重庆—青岛等，其联系为21~25，代表了重庆与中部、东北及环渤海部分二线城市的中等联系强度。第四层级联系城市对包括重庆—宁波、重庆—苏州、重庆—银川、重庆—无锡等，其联系值为13~20，表明重庆与这些城市在全国企业网络中的功能耦合相对较弱，联系相对边缘化。第五层级联系城市对包括重庆—珠海等，显示其企业网络联动程度较低，仅存在弱功能连接。

四、城市联系的网络格局与流向

（一）城市联系的网络格局

对所选的50家大型金融企业总部与分公司组成的城市联系的网络强度

差异进行分析（见图 5.6）。

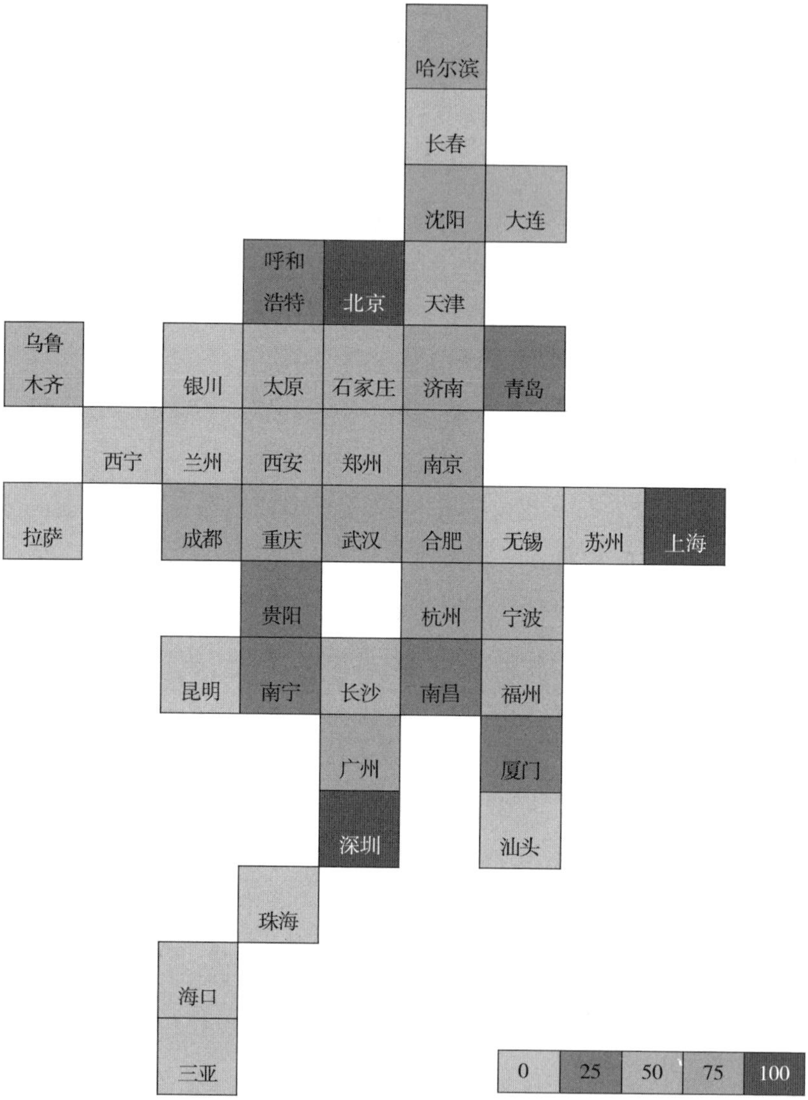

图 5.6　2016 年大型金融企业的城市联系网络强度差异

由大型金融企业的城市网络强度差异与城市 CDC 指数可知（见表 5.7），北京（5.28）、上海（3.75）、深圳（3.04）、南京（3.02）、天津（2.92）、广州（2.91）、福州（2.89）、沈阳（2.83）、杭州（2.82）以及济南（2.80）等城市排名靠前。需要注意的是，在所有的城市中，排名前

15 的城市联系对（见表 5.8）为北京—上海（72）、南京—上海（49）、天津—上海（44）以及广州—深圳（41）等。这些城市所在的京津冀城市群、长三角城市群、珠三角城市群、辽中南城市群以及辽东半岛城市群经济实力雄厚，金融联系紧密。

表 5.7　2016 年大型金融企业的城市 CDC 排序

排序	城市	CDC	排序	城市	CDC
1	北京	5.28	22	南宁	2.52
2	上海	3.75	23	厦门	2.50
3	深圳	3.04	24	南昌	2.49
4	南京	3.02	25	贵阳	2.45
5	天津	2.92	26	呼和浩特	2.43
6	广州	2.91	27	长春	2.42
7	福州	2.89	28	青岛	2.33
8	沈阳	2.83	29	乌鲁木齐	2.30
9	杭州	2.82	30	昆明	2.27
10	济南	2.80	31	宁波	2.25
11	武汉	2.80	32	兰州	2.19
12	合肥	2.76	33	海口	2.10
13	成都	2.71	34	银川	1.83
14	石家庄	2.71	35	苏州	1.68
15	郑州	2.69	36	无锡	1.52
16	重庆	2.68	37	西宁	1.45
17	西安	2.61	38	珠海	1.23
18	哈尔滨	2.59	39	汕头	0.92
19	长沙	2.59	40	拉萨	0.81
20	太原	2.56	41	三亚	0.77
21	大连	2.55			

表 5.8　2016 年前 15 名城市联系对

排序	城市对	CDC
1	北京—上海	72
2	南京—上海	49
3	天津—上海	44
4	广州—深圳	41
5	武汉/杭州—深圳	39
6	沈阳—上海	38
7	上海—杭州	38
8	济南—深圳	36
9	青岛—上海	33
10	大连/上海—深圳	32
11	合肥—福州、福州—石家庄	29
12	重庆—福州、成都—合肥	28
13	长春—海口	28
14	深圳—重庆、西安/太原—福州、郑州—合肥	27
15	哈尔滨/长沙/南宁—石家庄	25

（二）城市联系流向

利用 R 语言编程，得到 41 个城市的 Circos 环状图（见图 5.7）。该图能清晰地表明城市网络在各个城市群内不同城市之间的路线。其中，不同颜色表示不同城市，环状结构的外层是每个城市占整个城市网络的比例，环状结构内层条带的宽窄反映城市联系的强弱程度，从同一城市出发，条带所流向的方向是不同城市对间的联系流向。

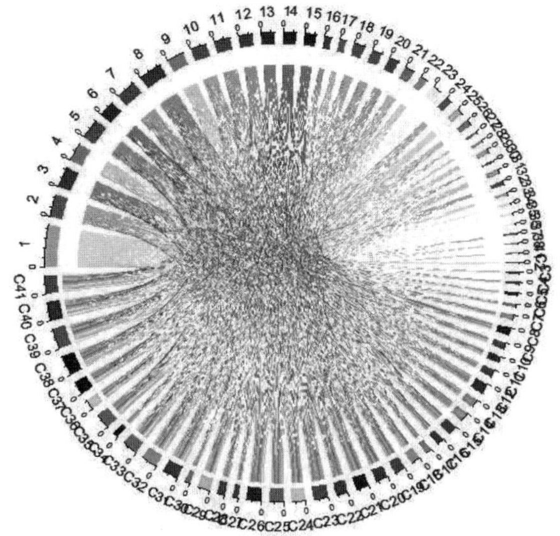

1＝北京，2＝天津，3＝沈阳，4＝大连，5＝济南，6＝青岛，7＝南京，8＝上海，9＝杭州，10＝武汉，11＝广州，12＝深圳，13＝重庆，14＝成都，15＝西安，16＝苏州，17＝无锡，18＝长春，19＝太原，20＝郑州，21＝合肥，22＝宁波，23＝福州，24＝厦门，25＝南昌，26＝长沙，27＝汕头，28＝珠海，29＝海口，30＝三亚，31＝南宁，32＝贵阳，33＝昆明，34＝拉萨，35＝兰州，36＝西宁，37＝银川，38＝哈尔滨，39＝石家庄，40＝乌鲁木齐，41＝呼和浩特

图 5.7　基于 R 语言 Circos 环状图分析不同城市联系流向

结合表 5.9 罗列出的与全国 41 个城市对应的城市联系对，以东、中、西部典型城市群为例，对其城市联系进行地理联系网络和拓扑环状网络分析，以长三角、京津冀、珠三角城市群为例。其中，长三角城市群的城市联系流向主要为上海—北京、上海—南京、上海—深圳、上海—天津、上海—济南、上海—西安、上海—沈阳、上海—杭州、上海—福州、上海—武汉。其区域联系密度由“沪—宁”“沪—杭”沿线向两侧递减。整体而言，位于华东地区的上海、江苏与浙江一市两省，区域经济一体化趋势明显。同时，相关研究表明，长三角城市群呈现明显的多中心、网络化发育结构，具有显著的空间依赖性和层级特征（陈伟，2017；叶磊，2016；孙阳，2016）。

从流向分布来看，上海、南京、杭州是长三角城市群内对外联系总量前三位城市，与区域外的北京、天津、济南等城市联系总量差距较小。上海、南京、杭州作为长三角城市群中三个核心城市，其城市功能各具优势：上海作为全国最大的金融中心，具备国际性城市特征，空间流动规模大、密度大，功能特征具有综合性、复杂性。南京、杭州具备部分国际功能特征，其中南京以历史文化与旅游为主，杭州以人居环境与旅游为主。这种因城际交通、金融信息形成的特色各异的城市功能对人口产生差别化吸引力，在强化人口集聚效应的同时向周边中小城市扩散人流，从而形成具有多中心模式的长三角城市群空间流动网络结构特征。从地理联系网络来看，北京、上海、南京、天津、广州、深圳等城市分别有形成以自身为核心的城市关联网络的趋势，多中心发展态势明显。

表 5.9　2016 年基于大型金融企业的城市网络排序及其联系流向

排序	城市	排序前 10 的城市对
1	北京	1 上海　2 深圳　3 天津　4 南京　5 杭州　6 沈阳　7 济南　8 广州　9 成都　10 太原
2	上海	1 北京　2 南京　3 深圳　4 天津　5 济南　6 西安　7 沈阳　8 杭州　9 福州　10 武汉
3	深圳	1 北京　2 上海　3 广州　4 南京　5 杭州　6 武汉　7 天津　8 沈阳　9 济南　10 大连
4	南京	1 北京　2 上海　3 深圳　4 杭州　5 合肥　6 广州　7 福州　8 天津　9 济南　10 郑州
5	天津	1 北京　2 上海　3 深圳　4 沈阳　5 济南　6 南京　7 杭州　8 成都　9 哈尔滨　10 武汉
6	广州	1 北京　2 深圳　3 上海　4 南京　5 福州　6 沈阳　7 杭州　8 武汉　9 合肥　10 长沙
7	福州	1 北京　2 上海　3 南京　4 广州　5 沈阳　6 合肥　7 石家庄　8 天津　9 济南　10 杭州
8	沈阳	1 北京　2 上海　3 深圳　4 天津　5 南京　6 广州　7 福州　8 哈尔滨　9 重庆　10 大连
9	杭州	1 北京　2 深圳　3 上海　4 南京　5 天津　6 武汉　7 济南　8 广州　9 合肥　10 福州
10	济南	1 北京　2 上海　3 深圳　4 天津　5 南京　6 杭州　7 福州　8 沈阳　9 武汉　10 成都
11	武汉	1 北京　2 深圳　3 上海　4 杭州　5 南京　6 广州　7 海口　8 天津　9 合肥　10 福州
12	合肥	1 北京　2 上海　3 南京　4 广州　5 福州　6 天津　7 杭州　8 武汉　9 成都　10 沈阳

续表

排序	城市	排序前 10 的城市对
13	成都	1 北京　2 上海　3 天津　4 南京　5 合肥　6 沈阳　7 济南　8 杭州　9 武汉　10 广州
14	石家庄	1 北京　2 上海　3 南京　4 福州　5 广州　6 天津　7 合肥　8 沈阳　9 济南　10 杭州
15	郑州	1 北京　2 上海　3 南京　4 广州　5 福州　6 天津　7 沈阳　8 济南　9 杭州　10 武汉
16	重庆	1 北京　2 上海　3 沈阳　4 南京　5 广州　6 福州　7 天津　8 深圳　9 成都　10 哈尔滨
17	西安	1 北京　2 上海　3 南京　4 天津　5 济南　6 福州　7 沈阳　8 重庆　9 成都　10 郑州
18	哈尔滨	1 北京　2 上海　3 天津　4 沈阳　5 大连　6 重庆　7 福州　8 南京　9 广州　10 成都
19	长沙	1 北京　2 上海　3 广州　4 南京　5 福州　6 杭州　7 武汉　8 合肥　9 天津　10 沈阳
20	太原	1 北京　2 上海　3 天津　4 深圳　5 济南　6 沈阳　7 大连　8 青岛　9 昆明　10 宁波
21	大连	1 北京　2 上海　3 深圳　4 天津　5 广州　6 石家庄　7 重庆　8 济南　9 杭州　10 青岛
22	南宁	1 北京　2 上海　3 南京　4 广州　5 合肥　6 天津　7 深圳　8 长春　9 昆明　10 青岛
23	厦门	1 北京　2 上海　3 福州　4 广州　5 沈阳　6 天津　7 深圳　8 青岛　9 长春　10 宁波
24	南昌	1 北京　2 上海　3 南京　4 广州　5 深圳　6 天津　7 武汉　8 成都　9 青岛　10 海口
25	贵阳	1 北京　2 上海　3 广州　4 成都　5 天津　6 西安　7 大连　8 海口　9 青岛　10 宁波
26	呼和浩特	1 北京　2 上海　3 福州　4 天津　5 重庆　6 大连　7 长春　8 宁波　9 银川　10 西宁
27	长春	1 北京　2 上海　3 广州　4 南京　5 天津　6 深圳　7 重庆　8 成都　9 兰州　10 青岛
28	青岛	1 北京　2 上海　3 深圳　4 福州　5 天津　6 合肥　7 沈阳　8 重庆　9 宁波　10 长春
29	乌鲁木齐	1 北京　2 上海　3 福州　4 天津　5 重庆　6 大连　7 长春　8 宁波　9 银川　10 西宁

续表

排序	城市	排序前 10 的城市对
30	昆明	1 北京　2 上海　3 福州　4 天津　5 广州　6 太原　7 大连　8 青岛　9 宁波　10 海口
31	宁波	1 北京　2 上海　3 深圳　4 南京　5 天津　6 济南　7 广州　8 重庆　9 大连　10 南昌
32	兰州	1 北京　2 上海　3 南京　4 广州　5 沈阳　6 重庆　7 天津　8 长春　9 大连　10 海口
33	海口	1 北京　2 武汉　3 长春　4 上海　5 广州　6 南京　7 福州　8 沈阳　9 重庆　10 成都
34	银川	1 北京　2 深圳　3 上海　4 南京　5 福州　6 天津　7 广州　8 青岛　9 大连　10 西宁
35	苏州	1 北京　2 上海　3 南京　4 杭州　5 武汉　6 成都　7 天津　8 沈阳　9 无锡　10 大连
36	无锡	1 北京　2 上海　3 深圳　4 南京　5 苏州　6 广州　7 宁波　8 杭州　9 武汉　10 郑州
37	西宁	1 北京　2 深圳　3 南京　4 上海　5 天津　6 成都　7 济南　8 太原　9 沈阳　10 银川
38	珠海	1 北京　2 深圳　3 上海　4 广州　5 沈阳　6 南京　7 合肥　8 福州　9 厦门　10 石家庄
39	汕头	1 北京　2 上海　3 广州　4 深圳　5 沈阳　6 大连　7 南京　8 合肥　9 福州　10 厦门
40	拉萨	1 深圳　2 北京　3 天津　4 青岛　5 汕头　6 珠海　7 三亚　8 苏州　9 兰州　10 无锡
41	三亚	1 深圳　2 北京　3 南京　4 上海　5 天津　6 青岛　7 苏州　8 珠海　9 汕头　10 拉萨

京津冀城市群的城市联系流向主要为北京—上海、北京—深圳、北京—天津、北京—南京、北京—杭州、北京—沈阳、北京—济南、北京—广州、北京—成都、北京—太原，这些城市彼此之间呈现复杂网状联系特征。具体而言，京津冀城市群整体基本形成了以北京为绝对核心向津冀地区辐射的放射状空间联系格局，具有明显的空间依赖性和层级特征，空间距离在较大程度上塑造了城市网络格局，与北京联系最强的前 3 个城市分别是上海、深圳、天津。

长三角城市群城市联系流向主要为上海—北京、上海—南京、上海—

深圳、上海—天津、上海—济南、上海—西安、上海—沈阳、上海—杭州、上海—福州、上海—武汉，并形成了以上海、南京、杭州等城市为主的网络连线。具体而言，上海与所在城市群内各城市形成了向内陆普遍联系的扇形辐射格局，与周边的杭州、南京、苏州等城市构成区域层级的关联结构，且随着距离增加，城市间联系逐渐减弱，如苏北和上海的联系强度明显弱于苏南与上海的联系强度。杭州是沟通省内城市、苏南地区和上海的核心枢纽，基本形成放射状的对外联系格局，其与浙北地区城市如宁波、嘉兴和绍兴等的联系强度明显强于与浙南地区城市的联系强度，南京则与周边城市构成了子联系网络，并向北辐射到苏北地区。

珠三角城市群的城市联系流向主要为广州—北京、广州—深圳、广州—上海、广州—南京、广州—福州、广州—沈阳、广州—杭州、广州—武汉、广州—合肥、广州—长沙，并形成了以佛山、惠州、江门等城市为主的网络连线，其中广佛肇、深莞惠、珠中江这些城市之间有形成城市网络组团的趋势。具体而言，广东是中国第一经济大省，珠三角地区也是全国层面经济活动最为活跃、对外联系度最高的区域之一。广州在对外联系总量上具有绝对优势，其次是深圳、珠海等城市，共同构成了该区域的联系枢纽。从宏观格局上看，该区域城市网络主要表现出多中心、多层次、网络化的空间关联形态，珠三角子网络格局凸显。最高层级关联结构是广州—深圳。广州是一级中心，形成了多层级、放射状的空间关联形态，对外联系强度随距离的增加呈减弱趋势；深圳、珠海为次级中心，分别形成了各自的子网络。

五、城市联系的社会网络分析

（一）城市中心度分析

利用社会网络分析软件 Ucinet 加载的 Net Draw 绘图工具生成金融城市联系网络图谱（见图 5.8）以及城市中心度分析结果（见表 5.10）。

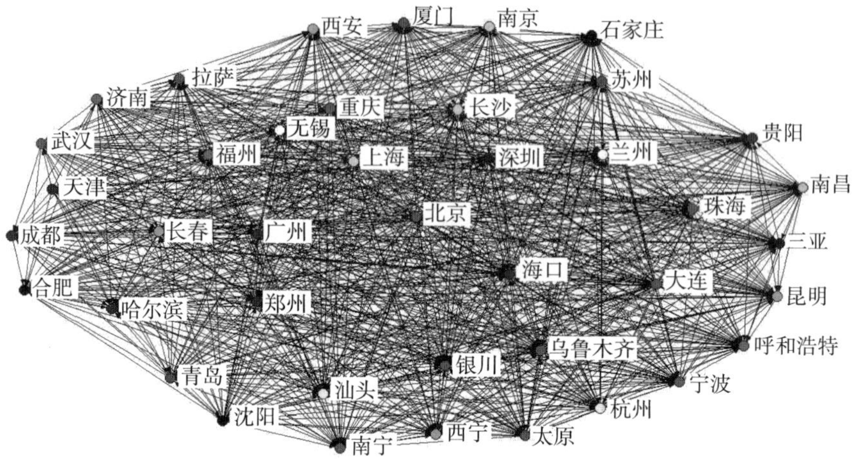

图 5.8　基于社会网络分析的金融城市联系网络图谱

表 5.10　不同城市中心度分析结果

排序	城市	绝对中心度	相对中心度	占所有度数总和比例
1	北京	1802	62.569	0.053
2	上海	1279	44.41	0.037
3	南京	1053	36.563	0.031
4	深圳	1037	36.007	0.03
5	天津	997	34.618	0.029
6	广州	993	34.479	0.029
7	福州	987	34.271	0.029
8	沈阳	965	33.507	0.028
9	杭州	962	33.403	0.028
10	济南	954	33.125	0.028
11	武汉	954	33.125	0.028
12	合肥	943	32.743	0.028
13	成都	926	32.153	0.027
14	石家庄	924	32.083	0.027
15	郑州	919	31.91	0.027
16	重庆	915	31.771	0.027

续表

排序	城市	绝对中心度	相对中心度	占所有度数总和比例
17	西安	890	30.903	0.026
18	哈尔滨	884	30.694	0.026
19	长沙	882	30.625	0.026
20	太原	874	30.347	0.026
21	大连	870	30.208	0.025
22	南宁	861	29.896	0.025
23	厦门	852	29.583	0.025
24	南昌	849	29.479	0.025
25	贵阳	836	29.028	0.024
26	呼和浩特	829	28.785	0.024
27	长春	827	28.715	0.024
28	青岛	794	27.569	0.023
29	乌鲁木齐	783	27.188	0.023
30	昆明	775	26.91	0.023
31	宁波	766	26.597	0.022
32	兰州	747	25.938	0.022
33	海口	715	24.826	0.021
34	银川	625	21.701	0.018
35	苏州	574	19.931	0.017
36	无锡	518	17.986	0.015
37	西宁	496	17.222	0.015
38	珠海	419	14.549	0.012
39	汕头	315	10.938	0.009
40	拉萨	277	9.618	0.008
41	三亚	264	9.167	0.008

首先，综合分析以北京、上海、南京、深圳、天津、广州为中心组成的圈层结构。北京以绝对中心度 1802 占据首位，之后依次是上海（1279）、南京（1053）、深圳（1037）、天津（997）、广州（993）等城

市，最低的是三亚（264）。

其次，分别对长三角城市群、京津冀城市群、珠三角城市群进行社会网络结构分析。在长三角城市群城市网络结构中，上海—南京—杭州—苏州—无锡组成度中心网络的核心，度中心值较低的其他城市位于网络密度较低的两侧。其中，上海处于网络的绝对中心位置，作为全国最大的金融中心，上海具备国际性城市特征，空间流动规模大、密度大，功能特征具有综合性、复杂性。然后是南京，具备部分国际功能特征，以历史文化与旅游为主。再者是杭州、苏州、无锡，这些节点城市处于长三角城市群信息网络空间的中心位置，对其他次级城市均有吸引与集聚的作用。在京津冀城市群城市网络结构中，北京—天津—石家庄组成度中心网络的核心，度中心值较低的其他城市位于外围低密度圈层，“核心—边缘”网络结构特征显著。其中，北京起绝对主导作用，是全国的政治中心、文化中心，是世界著名的古都和现代化国际城市①。然后是天津与石家庄。天津是中国北方经济中心、国际港口城市、北方国际航运中心、北方国际物流中心②。石家庄是随着近代铁路的开通而崛起的新兴城市，是实行沿海开放和金融对外开放政策的城市③。这两个节点城市处于京津冀城市群城市网络空间的中心位置，对其他次级城市均有吸引与集聚的作用。在珠三角城市群城市网络结构中，广州—深圳组成度中心网络的核心，度中心值较低的节点城市组成外围低密度圈层，“核心—边缘”网络结构特征显著。广州、深圳处于珠三角城市群城市网络结构的中心位置，对其他次级城市均有吸引与集聚的作用。其中，广州是重要的中心城市、国际商贸中心与综合交通枢纽④；深圳是全国经济中心，是中国经济效益最好的城市之一⑤。

---

① 国务院关于北京城市总体规划的批复［EB/OL］. http：//www. gov. cn/zhengce/content/2008-03/28/content_5625. htm.

② 全国主体功能区规划［EB/OL］. http：//www. chinanews. com/gn/2011/06-09/3099774_4. shtml.

③ 城市综述［EB/OL］. http：//www. sjz. gov. cn/col/1274083913577/2010/08/13/1281683162825. html.

④ 广州概况［EB/OL］. http：//www. gz. gov. cn/gzgov/s2768/sq_tt. shtml.

⑤ 深圳概貌［EB/OL］. http：//www. sz. gov. cn/cn/zjsz/gl/201608/t20160826_5230558. htm.

（二）城市联系结构的影响因素

为进一步探讨中心城市实力与联通度之间的关系，选取户籍人口数、地区生产总值、人口密度、土地面积四个维度指标进行相关性分析，其中，户籍人口数和地区生产总值与大型金融企业的城市联通度之间存在较强的相关性，相关系数 R 分别为 0.4806 和 0.6838，后者同联通度的相关性更强（见图 5.9）。基于此，可解释不同等级中心城市在城市网络中扮演的重要角色，说明城市间的金融联系规模与城市节点本身的规模（户籍人口数、地区生产总值）存在密切联系。

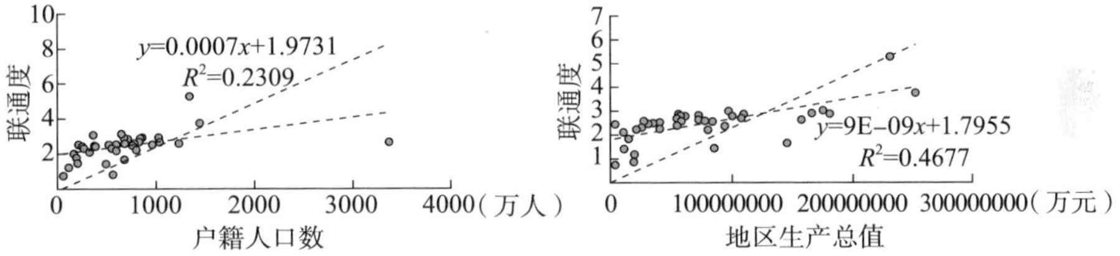

（a）城市联通度与户籍人口数的关系　　（b）城市联通度与地区生产总值的关系

图 5.9　城市联通度与户籍人口数、地区生产总值的线性相关关系

六、小结

本章选取金融企业进行研究，探讨了其在城市联系中的作用与影响。金融企业的布局与城市联系之间存在紧密的耦合关系。金融企业通过集中布局，促进了全球和国家中心城市资金流动和资本市场的连接。这些城市不仅成为全球经济的重要节点，还通过金融服务推动了区域经济的协同发展。金融流动加速了城市间资本、信息和资源的流动，提升了城市群的整体竞争力。此外，金融业的布局推动了城市间的功能互补，大城市作为金融中心，提供资金和金融服务；中小城市通过金融分支机构参与区域经济发展。通过金融流动，城市间的经济联系得到进一步加强，推动了城市群的协同发展和全球城市网络的扩展。

第六章

高级生产性服务业视角的城市网络

一、数据来源与处理

本章延续了前文所述的研究方法，具体实施过程不再赘述，重点讨论本章节研究内容和分析结果。根据高级生产性服务业的定义，选取了会计、律师、广告、管理咨询四类专业性服务领域，数据分别来自2016年中国会计师事务所、律师事务所、广告代理公司以及管理咨询公司，共计261家公司（见表6.1）。具体数据来源如下：中国注册会计师协会发布的2016年会计师事务所100家，国际知名法律评选机构《亚洲法律杂志》（*Asian Legal Business*，ALB）发布的2016年中国上榜的律师事务所30家，中国商务广告协会综合代理专业委员会（中国4A）发布的2016年综合性广告代理公司81家，中国企业联合会管理咨询委员会发布的2016年中国管理咨询公司50家。

表6.1　2016年中国高级生产性服务业企业名录以及总部所在地

企业名称	总部所在地	企业名称	总部所在地
盈科律师事务所	北京	陕西鸿英会计师事务所	西安
大成律师事务所	北京	四川中衡安信会计师事务所	成都
德恒律师事务所	北京	浙江至诚会计师事务所	杭州
锦天城律师事务所	上海	中众益（广西）会计师事务所	南宁

续表

企业名称	总部所在地	企业名称	总部所在地
中伦律师事务所	北京	山东天元同泰会计师事务所	济南
中银律师事务所	北京	宁夏天华会计师事务所	银川
国浩律师事务所	北京	北京东审鼎立国际会计师事务所	北京
金杜律师事务所	北京	北京中瑞诚会计师事务所	北京
隆安律师事务所	北京	中一会计师事务所	北京
中伦文德律师事务所	北京	江苏天宏华信会计师事务所	南京
广和律师事务所	深圳	北京中光华会计师事务所	北京
北京德和衡律师事务所	北京	新疆宏昌天圆会计师事务所	乌鲁木齐
君合律师事务所	北京	青岛振青会计师事务所	青岛
天驰君泰律师事务所	北京	上海沪港金茂会计师事务所	上海
泰和泰律师事务所	成都	湖南建业会计师事务所	长沙
四川明炬律师事务所	成都	北京红日会计师事务所	北京
海华永泰律师事务所	上海	湖南天平正大会计师事务所	长沙
金诚同达律师事务所	北京	恒信弘正会计师事务所	长沙
众成清泰律师事务所	济南	浙江同方会计师事务所	杭州
观韬中茂律师事务所	北京	湖南湘能卓信会计师事务所	长沙
竞天公诚律师事务所	北京	浙江南方会计师事务所	杭州
方达律师事务所	北京	上海玛泽会计师事务所	上海
君泽君律师事务所	北京	中审国际会计师事务所	北京
广信君达律师事务所	广州	上海公信会计师事务所	上海
京都律师事务所	北京	江苏公勤会计师事务所	无锡
环球律师事务所	北京	湖南友谊联合会计师事务所	长沙
浩天信和律师事务所	北京	上海宏大东亚会计师事务所	上海
天元律师事务所	北京	浙江中兴会计师事务所	绍兴
天达共和律师事务所	北京	江苏中兴会计师事务所	泰州
兰台律师事务所	北京	无锡方盛会计师事务所	无锡
北京华夏基石企业管理咨询有限公司	北京	祥浩会计师事务所	南宁

续表

企业名称	总部所在地	企业名称	总部所在地
北京北大纵横管理咨询有限公司	北京	江苏利安达永诚会计师事务所	南京
中华财务咨询有限公司	北京	无锡宝光会计师事务所	无锡
上海华彩咨询有限公司	上海	广东中天粤会计师事务所	广州
万隆国际咨询集团有限公司	上海	江苏金陵会计师事务所	南京
中智人力资源管理咨询有限公司	北京	苏州方本会计师事务所	江苏
北京信索咨询股份有限公司	北京	浙江浙经天策会计师事务所	杭州
天津倚天管理咨询有限公司	天津	浙江新华会计师事务所	杭州
北京同合至诚医院管理咨询有限责任公司	北京	云南永盛会计师事务所	昆明
北京中建政研信息咨询中心	北京	广东诚安信会计师事务所	广州
深圳市研成创意设计有限公司	深圳	重庆华西会计师事务所	重庆
北京华鼎方略国际咨询有限公司	北京	杭州富春会计师事务所	杭州
中国国际经济咨询有限公司	北京	浙江正健会计师事务所	海宁
北京捷盟管理咨询有限公司	北京	北京中平建华浩会计师事务所	北京
北京知本创业管理咨询有限公司	北京	广州中职信会计师事务所	广州
北京求是联合管理咨询有限公司	北京	浙江中铭会计师事务所	嘉兴
广东省电信规划设计院有限公司企业咨询研究院	广州	陕西益友会计师事务所	西安
福建省理臣管理咨询有限公司	厦门	四川中砝会计师事务所	成都
北京市长城企业战略研究所	北京	北京华审会计师事务所	北京
北京同心动力企业管理顾问有限公司	北京	奥美	北京
北京信永方略管理咨询有限责任公司	北京	中视金桥	北京
北京八九点管理咨询有限公司	北京	电通	北京
深圳市百思特企业管理咨询有限公司	深圳	麦肯·光明	北京
上海长伴信息技术咨询有限公司	上海	广东省广告	广州
北京传奇巴玛管理咨询有限公司	北京	思美传媒	杭州
深圳市迪博企业风险管理技术有限公司	深圳	群邑	上海
北京朴智企业管理有限公司	北京	分众传媒	上海

续表

企业名称	总部所在地	企业名称	总部所在地
深圳市合众资源 3A 企业管理顾问有限公司	深圳	阳狮	法国
上海诺姆四达投资集团有限公司	上海	恒美	北京
深圳市明天企业管理咨询有限公司	深圳	凯络	伦敦
厦门同博企业管理咨询有限公司	厦门	李奥贝纳	上海
北京英大长安风险管理咨询有限公司	北京	灵思云途	北京
中业财务咨询有限公司	杭州	智威汤逊—中乔	北京
上海视野经济研究所	上海	中航文化	北京
辽宁财道纳税人管理咨询有限公司	沈阳	北京广告	北京
北京国研趋势管理咨询中心	北京	灵智精实	纽约
深圳市深远企业顾问有限公司	深圳	视新天元	北京
深圳市华天谋企业管理顾问有限公司	深圳	伟视捷	北京
深圳市卓越成长管理顾问有限公司	深圳	玺桥传播	北京
成都绎达企业咨询有限公司	成都	博达大桥	美国
北京博洋零询管理咨询有限公司	北京	葛瑞	北京
上海博阳精讯信息科技有限公司	上海	达彼思	香港
上海立信锐思信息管理有限公司	上海	海润	北京
北京国培创新教育科技股份有限公司	北京	省广合众	北京
广州和英企业管理咨询有限公司	广州	睿狮	伦敦
浙江瑞铃企业管理咨询股份有限公司	台州	众成就	北京
上海希尔企业管理咨询股份有限公司	上海	龙韵传播	上海
上海通和企业咨询有限公司	上海	腾迈	上海
深圳市天成投资集团有限公司	深圳	同盟	上海
健封管理技术研修中心（宁波）有限公司	宁波	盛世长城	上海
普华永道中天会计师事务所	上海	天联	北京
瑞华会计师事务所	北京	扬罗必凯	北京
德勤华永会计师事务所	上海	杰尔思行	北京

续表

企业名称	总部所在地	企业名称	总部所在地
立信会计师事务所	上海	奥美世纪	北京
安永华明会计师事务所	香港	唐神	上海
毕马威华振会计师事务所	荷兰	加信奥美	北京
天健会计师事务所	杭州	互通国际	北京
信永中和会计师事务所	北京	北京金马	北京
天职国际会计师事务所	北京	引力传媒	上海
大华会计师事务所	北京	盛世至尊	北京
致同会计师事务所	北京	思恩客	北京
大信会计师事务所	北京	高速广告	深圳
中审众环会计师事务所	武汉	火之鸟	广州
中汇会计师事务所	北京	利器传播	武汉
中天运会计师事务所	北京	智立方	北京
北京兴华会计师事务所	北京	天马传媒	贵阳
中审华寅五洲会计师事务所	天津	黄橙	北京
中兴财光华会计师事务所	北京	国域无疆	沈阳
中兴华会计师事务所	北京	平成	广州
天衡会计师事务所	南京	电通数码	北京
利安达会计师事务所	北京	澳门广告商会	澳门
江苏苏亚金诚会计师事务所	南京	美传	北京
众华会计师事务所	上海	东伽文化	上海
华普天健会计师事务所	北京	正邦	北京
中审亚太会计师事务所	北京	迪思	北京
亚太（集团）会计师事务所	北京	吉广国际	长春
广东正中珠江会计师事务所	广州	缘之盟	北京
北京永拓会计师事务所	北京	和盛传媒	杭州
中勤万信会计师事务所	北京	梅高	上海
希格玛会计师事务所	西安	百孚思	北京

续表

企业名称	总部所在地	企业名称	总部所在地
江苏公证天业会计师事务所	南京	蓝色光标	北京
中准会计师事务所	北京	上海旭通	上海
立信中联会计师事务所	天津	视觉中国	北京
北京中证天通会计师事务所	北京	琥珀传播	北京
新联谊会计师事务所	济南	汇特传媒	南京
四川华信（集团）会计师事务所	成都	全景	北京
北京中天恒会计师事务所	北京	旭日因赛	广州
上会会计师事务所	上海	银都奥美	南京
北京天圆全会计师事务所	北京	新意互动	北京
中喜会计师事务所	北京	壹捌零	北京
福建华兴会计师事务所	福建	电通安吉斯	北京
中建华会计师事务所	北京	纳恩	上海
北京兴中海会计师事务所	北京	顺为	上海
北京大地会计师事务所	北京	云指	佛山
重庆康华会计师事务所	重庆	狼卜	重庆
浙江天平会计师事务所	杭州	西安三人行	北京
天津中审联会计师事务所	天津	舜风	济南
山东和信会计师事务所	济南	沃捷传媒	北京
天津倚天会计师事务所	天津	阳狮媒体	法国
北京中路华会计师事务所	北京	电通日海	北京
新疆驰远天合会计师事务所	乌鲁木齐		

二、不同类型高级生产性服务业的城市流动空间联系概述

通过对 2016 年中国 500 强中高级生产性服务企业的初步筛选与整理，把城市—企业型的二模网络转置相乘形成城市—城市型的一模网络，具体的计算思路如图 6.1 所示。

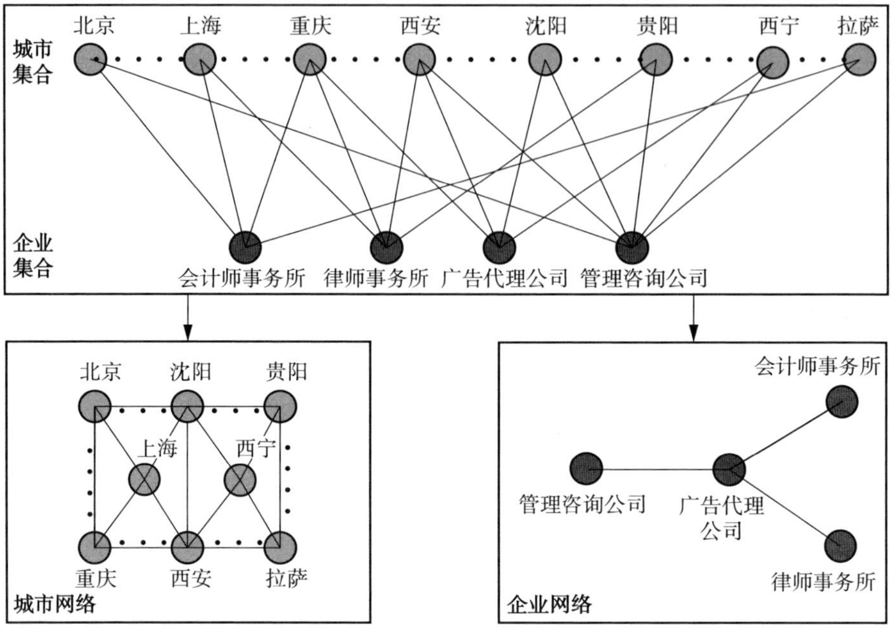

图 6.1　高级生产性服务业城市网络的联锁模型计算思路

基于 41 个城市的 261 个高级生产性服务企业总部与若干分支机构的原始数据建立服务价值矩阵，分析城市联通性。①在选择企业时首先考虑在研究区域内设有至少 2 个分公司或分支机构的企业；只有一个分公司或分支机构，但在省会以上城市设有办事处，也纳入研究范围。②在采集 41 个城市与 261 个高级生产性服务企业总部与若干分公司数据的基础上，首先建立 41×261 的城市—企业网络关系，根据各类企业机构/办事处的重要程度赋予不同的分值，其中企业总部所在地 3 分，分公司所在地 1 分，5 分表示企业在城市中同时设有总部及多个核心机构，体现其高度嵌入性。如果企业在某城市没有布局，则得分为 0。通过以上方法，得出 261 家高级生产性服务企业在 41 个所选城市的分布情况，确定其服务价值（见表 6.2）。③把用于反映城市—企业网络关系的矩阵转换成 41×41 的城市矩阵，并运用乘法计算城市之间是否拥有共同的入驻企业，将城市之间的关系矩阵分类计算，得出城市联通值、企业联通值，据此生成城市流的直观地图，以便分析城市流动空间联系。

表 6.2　2016 年高级生产性服务业企业网络组成及服务价值汇总

高级生产性服务业城市网络组成	总数	0	1	3	5
会计师事务所	4100	3403	96	510	91
律师事务所	984	805	22	133	24
广告代理公司	3321	2999	17	236	69
管理咨询公司	2050	1832	26	146	46

通过筛选与赋值分析，可将高级生产性服务业划分为四个典型行业类型，即会计师事务所、律师事务所、广告代理公司与管理咨询公司，并据此分析其服务价值与城市网络联通度特征。①会计师事务所的服务价值得分总和最高，达到 4100 分，企业总部与分支机构在各等级城市中广泛分布，呈现出较强的城市渗透性与核心主导性，成为 APS 体系中网络联通度最强的组成部分；②律师事务所服务价值得分总和为 984 分，尽管总部数量相对较少，但其在一线及新一线城市的布局密度较高，显示出法律服务在区域性高阶城市中的专业聚集特征；③广告代理公司服务价值得分总和为 3321 分，在各大城市中具有较强的营销传播资源嵌入能力，尤其在媒体产业发达与消费市场活跃的城市表现出明显集聚特性；④管理咨询公司服务价值得分总和为 2050 分，其在企业总部经济高度集中的城市形成重要的战略支持网络，对城市创新功能与高端服务体系的完善具有重要推动作用。

总体来看，这四类高级生产性服务业企业共同构成了城市功能高级化与网络化的重要支撑，其服务价值得分总和不仅反映了行业本身的经济影响力，更体现了城市之间在知识密集型服务领域的连接强度与协同能力。

三、高级生产性服务业的城市联系结构与强度差异

（一）高级生产性服务业的城市联系结构

基于以上数据和方法构建 41×41 的城市一模矩阵并计算城市联通度，运用 ArcGIS 软件得到其总体结构，并基于计算结果按照 Jenks 优化分类法分为五个等级，即 456~805、232~455、107~231、40~106、0~39，分别命名为一级联系轴、二级联系轴、三级联系轴、四级联系轴、五级联系轴。

（1）会计师事务所。

第一等级的城市联系结构呈现以北京为中心，分别向上海、南京、广州、长沙、成都、西安、太原、武汉等地辐射且城市联通值为456~805的特征。其中，北京、上海、天津、广州等城市的城市联通度为0.0376~0.1096。基于会计师事务所的一级城市联系，显示出了以北京为核心的联系最为紧密的城市结构，具体包括北京—成都、北京—上海、北京—广州、北京—西安等城市对。

第二等级的城市联系结构呈现以北京、上海、成都为中心，分别向其周边城市太原、石家庄、南京、重庆、西安等地辐射且城市联通值为232~455的特征。其中，北京、天津、重庆、上海等城市的城市联通度为0.0376~0.1096。

相较于第二等级的城市联系结构，第三等级的城市联系结构密度较大，但更为扩散，并呈现以北京、成都、广州、上海为顶点，城市主要联系流为菱形的空间结构，其菱形的顶角分别由北京（北）、广—深（南）、上海（东）、成—重（西）节点城市构成，且城市联通值为107~231的特征。其中，北京、上海、成都（重庆）、广州等城市的城市联通度为0.0376~0.1096。在菱形空间结构内部，又形成了以济南、长沙、南京、杭州等省会城市组成的次级城市网络连线，这些不同城市共同构成菱形区域网状联系。

相较于第三等级的城市联系结构，第四等级的城市联系结构更为紧密，表现为在全国范围内以哈尔滨、成都、广州、乌鲁木齐、上海为顶点，分别向不规则联系结构内的沈阳、成都、广州、南京、杭州、合肥等中心城市辐射且城市联通值为40~106，这样的联系结构占五个等级中的大部分。其中，北京、上海、天津、广州等城市的城市联通度为0.0376~0.1096。

第五等级的城市联系结构密度较大，其联系主要集中在东南沿海各城市之间，其中大连、青岛、上海、福州、汕头、深圳、三亚等城市形成紧凑的且城市联通值为0~39的城市联系结构。其中，北京、上海、天津、广州等城市的城市联通度为0.0376~0.1096。

总体城市联系结构呈现以北京为中心，以第四、第五等级城市联系结构为主，分别向沈阳、成都、广州、南京、上海、武汉等地辐射且城市联通值为0~805的特征。其中，北京、上海、天津、广州等城市的城市联通度为0.0299~0.0483。结合表6.3中会计师事务所的城市联通数据可以发现，以北京、上海、成都、济南、广州、长沙、杭州、南京等城市为代表的城市联通值较高。同时发现，以胡焕庸线为界，城市联系结构在东、中、西部之间存在显著差异，这在第四、第五等级的城市联系结构中表现得尤为明显。

表6.3 2016年不同类型高级生产性服务业的城市联通性（前15）

排序	城市	会计事务所NC	排序	城市	律师事务所NC	排序	城市	广告代理公司NC	排序	城市	管理咨询公司NC
1	北京	228	1	北京	102	1	北京	269	1	北京	132
2	上海	132	2	上海	56	2	上海	202	2	上海	78
3	成都	111	3	成都	46	3	广州	131	3	深圳	45
4	济南	108	4	深圳	45	4	南京	43	4	广州	37
5	广州	101	5	广州	38	5	成都	42	5	成都	35
6	长沙	95	6	济南	29	6	杭州	35	6	西安	24
7	杭州	94	7	天津	24	7	武汉	32	7	重庆	21
8	南京	90	8	南京	21	8	深圳	29	8	郑州	21
9	武汉	83	9	杭州	21	9	天津	18	9	天津	20
10	西安	78	10	武汉	21	10	沈阳	17	10	沈阳	20
11	沈阳	72	11	重庆	12	11	重庆	17	11	杭州	20
12	合肥	72	12	西安	12	12	济南	15	12	武汉	18
13	郑州	69	13	太原	12	13	合肥	15	13	南京	15
14	天津	68	14	长沙	12	14	福州	15	14	长沙	15
15	重庆	59	15	昆明	12	15	长春	14	15	昆明	15

（2）律师事务所。

第一等级的城市联系结构呈现以北京为中心，分别向上海、南京、广州、深圳、成都等地辐射且城市联通值为181~365的特征。其中，北京、上海、天津、广州等城市的城市联通度为0.0537~0.1885。基于律师事务所的一级城市联系，显示出了以北京为核心的联系最为紧密的城市结构，具体包括北京—成都、北京—上海、北京—广州、北京—南京等城市对。

第二等级的城市联系结构呈现以北京、上海、成都、广州为中心，分别向其周边城市诸如太原、石家庄、南京、杭州、重庆、西安、深圳等地辐射且城市联通值为 82～180 的特征。其中，北京、天津、成都、上海等城市的城市联通度为 0.0537～0.1885。

第三等级的城市联系结构密度较大，但更为扩散，并呈现以北京、成都、广州、上海为顶点，城市主要联系流为菱形的空间结构，其菱形的顶角分别由北京（北）、广—深（南）、上海（东）、成—重（西）节点城市构成，且城市联通值为 41～81 的特征。其中，北京、上海、成都、重庆、广州等城市的城市联通度为 0.0167～0.1885。在菱形空间结构内部又形成了济南、长沙、南京、杭州等省会城市组成的次级城市网络连线，这些不同城市共同构成菱形区域网状联系。

第四等级的城市联系结构更为紧密，表现为在全国范围内以北京、成都、广州、深圳、上海为顶点，分别向不规则联系结构内的沈阳、深圳、南京、杭州等中心城市辐射且城市联通值为 16～40，这样的联系结构占五个等级中的大部分。其中，北京、上海、天津、广州等城市的城市联通度为 0.0537～0.1885。

第五等级的城市联系结构密度较小，其联系主要集中在东南沿海各城市之间，其中哈尔滨、三亚、宁波、武汉等城市形成紧凑的且城市联通值为 0～15 的城市联系结构。其中，北京、上海、天津、广州等城市的城市联通度为 0.0537～0.1885。

总体城市联系结构呈现以北京为中心，以第四、第五等级城市联系结构为主，分别向沈阳、成都、广州、南京、上海、武汉等地辐射且城市联通值为 0～365 的特征。其中，北京、上海、天津、广州等城市的城市联通度为 0.0537～0.1885。结合表 6.3 中律师事务所的城市联通数据可以发现，以北京、上海、成都、深圳、广州等城市为代表的城市联通值较高。同时发现，以胡焕庸线为界，城市联系结构在东、中、西部之间存在显著差异，这在第四、第五等级的城市联系结构中表现得尤为明显。

（3）广告代理公司。

第一等级的城市联系结构呈现以北京、上海、广州以及西安、长沙、武汉等为基本结构的城市联系且城市联通值为 302～661 的特征。其中，北京、上海、广州等城市的城市联通度为0.0403~0.2541。基于广告代理公司的一级城市联系，显示出了以北京、上海、广州、西安为节点的联系最为紧密的城市结构，具体包括北京—上海、北京—广州、西安—广州、上海—广州等城市对。

第二等级的城市联系结构呈现以北京、上海、成都为节点，分别向其周边城市太原、石家庄、南京、重庆、西安等地辐射且城市联通值为119~301的特征。其中，北京、上海、成都等城市的城市联通度为0.0403~0.2541。需要注意的是，上海—长春呈现明显的密集线状联系。这是因为上海作为华东地区的核心城市，人员流动与信息传递较为频繁。长春作为东北地区的中心城市，也是除沈阳之外，东北地区城市间联系的主要节点，并在东北地区内外企业要素流动与交换中发挥着与以上海为代表的华东地区城市联系的重要功能补充作用。除考虑长春的常住人口与经济因素外，还要考虑长春在广告代理与物流中的中心作用，长春与上海的联系之所以表现突出，主要是因为这个城市不仅承担着覆盖本地区的快递业务，还承担着大量的境外中转业务，尤其是面向俄罗斯乃至于整个东北亚地区的业务。

相较于第二等级的城市联系结构，第三等级的城市联系结构密度较大，但更为扩散，并呈现以北京、成都、广州、上海为顶点，城市主要联系流为菱形的空间结构，其菱形的顶角分别由北京（北）、广—深（南）、上海（东）、成—重（西）节点城市构成，且城市联通值为58~118的特征。其中，北京、上海、成都（重庆）、广州等城市的城市联通度为0.0403~0.2541。在菱形空间结构内部，又形成了以武汉、长沙、南京、西安等省会城市组成的次级城市网络连线，这些不同城市共同构成菱形区域网状联系。

相较于第三等级的城市联系结构，第四等级的城市联系结构更为紧密，表现为在全国范围内以哈尔滨、成都、广州、乌鲁木齐、上海为顶点，分别向不规则联系结构内的沈阳、贵阳、杭州、合肥等中心城市辐射且城市联通值为22~57，这样的联系结构占五个等级中的大部分。其中，北京、上海、成都、广州等城市的城市联通度为0.0403~0.2541。

第五等级的城市联系结构密度较大，其联系主要集中在东南沿海各城市之间，其中大连、青岛、上海、福州、汕头、深圳、三亚等城市形成紧凑的且城市联通值为 9~21 的城市联系结构。其中，北京、上海、天津、广州等城市的城市联通度为 0. 0403~0. 2541。

总体城市联系结构呈现以北京、上海、西安、广州为主要节点，以第五等级城市联系结构为主，分别向成都、深圳、南京、合肥、武汉等地辐射且城市联通值为 9~661 的特征。其中，北京、上海、西安、广州等城市的城市联通度为 0. 0169~0. 2541。结合表 6. 3 中广告代理公司的城市联通数据可以发现，以北京、上海、广州、南京、成都、杭州、武汉等城市为代表的城市联通值较高。同时发现，以胡焕庸线为界，城市联系结构在东、中、西部之间存在显著差异，这在第四、第五等级的城市联系结构中表现得尤为明显。

（4）管理咨询公司。

第一等级的城市联系结构呈现以北京、上海、广州为基本结构的城市联系且城市联通值为 118~192 的特征。其中，北京、上海、广州的城市联通度为 0. 0348~0. 1910。基于管理咨询公司的一级城市联系，显示出了以北京、上海、广州为节点的联系最为紧密的城市结构，具体包括北京—上海、北京—广州、上海—广州等城市对。

第二等级的城市联系结构呈现以北京、上海、广州、成都、昆明为节点，分别向其周边城市太原、石家庄、南京、重庆、西安、昆明等地辐射且城市联通值为 58~117 的特征。其中，北京、上海、成都等城市的城市联通度为 0. 0348~0. 1910。

第三等级的城市联系结构密度较大，但更为扩散，并呈现以北京、成都、广州、上海、武汉为节点，城市主要联系流为菱形的空间结构，其菱形的顶角分别由北京（北）、广—深（南）、上海（东）、成—重（西）节点城市构成，且城市联通值为 33~57 的特征。其中，北京、上海、成都（重庆）、广州等城市的城市联通度为 0. 0348~0. 1910。在菱形空间结构内部，又形成了武汉、长沙、南京、西安等省会城市组成的次级城市网络连线，这些不同城市共同构成菱形区域网状联系。

第四等级的城市联系结构更为紧密，表现为在全国范围内以哈尔滨、成都、广州、乌鲁木齐、昆明、上海为顶点，分别向不规则联系结构内的沈阳、贵阳、杭州、合肥等中心城市辐射且城市联通值为 13~32，这样的联系结构占五个等级中的大部分。其中，北京、上海、成都、广州等城市的城市联通度为0.0348~0.1910。

第五等级的城市联系结构密度较低，其联系主要集中在东南沿海各城市之间，其中大连、青岛、上海、福州、汕头、深圳、三亚等城市形成紧凑且城市联通值为0~12的城市联系结构。其中，北京、上海、天津、广州等城市的城市联通度为0.0113~0.1910。

总体城市联系结构呈现以北京、上海、广州为主要节点，以第四、第五等级城市联系结构为主，分别向成都、深圳、南京、合肥、武汉等地辐射且城市联通值为0~192的特征。其中，北京、上海、西安、广州等城市的城市联通度为0.0348~0.1910。结合表6.3中管理咨询公司的城市联通数据可以发现，以北京、上海、深圳、广州、成都、西安、重庆等城市为代表的城市联通值较高。同时发现，以胡焕庸线为界，城市联系结构在东、中、西部之间存在显著差异，这在第四、第五等级的城市联系结构中表现得尤为明显。

（二）高级生产性服务业的城市联系强度差异

（1）城市间联系的总体结构特征。

对所选的高级生产性服务业的企业总部与分公司组成的城市联系差异进行分析。以会计师事务所、律师事务所、广告代理公司以及管理咨询公司为主线的高级生产性服务流动较强，但相应城市间联系有强弱之分。相对而言，东北的沈阳、哈尔滨，西藏的拉萨，新疆的乌鲁木齐，云南的昆明作为区域中心城市出现区域性辐射现象。

就城市联系程度而言。最明显的联系是以北京、成都、广州、上海四个城市为顶点组成的金融联系流动结构，其具体的城市联系值为601~1588（见表6.4）。这四个城市作为不同城市群的核心城市，构成城市联系的内部结构。这四个顶点主要分布在京津冀城市群的京—津区域，长三角城市群的沪—杭/宁区域、珠三角城市群的广—深区域、成渝城市群的成—渝区域。这是因为北京、广州、上海等城市各类型的高级生产性服务企业总部多，其企业总—分机构间的人员调动、业务信息等管理联系密切，并在所处的区域影响较大。在业务流量方面，这几个城市都拥有密集的互联网基础设施，信息化管理条件高于其他城市，综合配套服务高。加入世界贸易组织（WTO）后，国外大多选择在上海设立机构，所以上海的高级生产性服务业机构以外资居多，而北京则集中了本国的银行、保险、法律等机构。广州成为节点与珠三角城市群的制造业升级、对高级生产性服务业的需求增加有关，而且本土机构的能力也在不断提升。珠三角城市群的经济开始逐渐脱离“低端加工”的初级阶段，诞生了一大批有自主品牌的企业，由之前单向的整合开始变为双向的融合。随着华南地区在世界经济版图中的地位越来越重要，境外的跨国公司将高级生产性服务业放在此地区有利于效率的提高，而广州作为广东省会，凭借深厚的文化底蕴，成为这些公司在华南地区的首选。此外，成都、武汉的城市联系之所以表现突出，主要是因为这两个城市不仅承担着覆盖本地区的生产性业务，还承担着大量的中转业务。

表 6.4　2016 年高级生产性服务业的 CDC 城市联系差异（一级城市联系）

城市对	会计师事务所	律师事务所	广告代理公司	管理咨询公司	小计
北京—广州	291	159	447	111	1008
北京—成都	354	189	147	96	786
北京—武汉	327	84	117	78	606
北京—南京	249	105	156	45	555
北京—杭州	213	105	105	78	501
北京—上海	429	264	653	192	1538
上海—南京	222	63	138	33	456
上海—杭州	183	63	118	57	421
上海—广州	237	63	381	84	765
上海—济南	270	72	47	36	425
上海—成都	264	114	141	87	606
上海—武汉	207	45	78	51	381
广州—武汉	186	60	78	54	378
广州—成都	192	81	123	54	450
广州—南京	135	81	81	27	324
广州—杭州	132	54	69	60	315

续表

城市对	会计师事务所	律师事务所	广告代理公司	管理咨询公司	小计
广州—济南	165	54	36	27	282
成都—武汉	171	45	45	36	297
成都—南京	153	54	54	27	288
成都—杭州	168	45	30	51	294
成都—济南	207	72	21	27	327

就节点城市所在区域而言。首先，在全国范围内最强节点城市是北京、天津、上海、广州、成都、武汉、杭州。北京、上海是我国政治、文化、经济中心，不仅有利于完善高级生产性服务业企业总部布局，而且有助于总部同政府部门交流，更快地了解新的行情及政策动态。其次，在全国范围内天津、武汉、杭州等东中部城市与其他城市联系较为明显，在所在地区城市联系网络中也较为突出，集聚程度较高。这是因为天津、武汉、杭州均是各地方政治经济中心，生产性服务市场庞大且政策信息通道流畅，人力资源管理与机构信息对接较全面，可以在较短时间内与其他城市建立快速联系，并在扩散效应与累积效应的推动下吸引更多城市与之建立联系并达成一致目标。这不仅有益于这些城市与其他城市建立业务对接联系，还有益于增强中部节点城市在全国范围内的影响力，成长为重要中心节点城市。最后，成都拥有较多的类似成都—北京、成都—上海、成都—武汉等与重要核心城市间的联系。这是因为成都作为西南地区重要的节点城市，集商贸中心与综合枢纽于一体，因此在高级生产性服务业企业人流与信息流方面，能与多个核心城市建立持久联系，提升成都作为重要节点城市的地位，构建内陆开放型经济集聚地。从创造价值的角度来看，高级生产性服务业属于知识型、创意型工作，需要在相对安静闲适、多元开放、随和随性的氛围中完成工作内容，成都高级生产性服务企业的集聚以及与其他城市的紧密关联（如成都—武汉、成都—南京），与城市自身的文化底蕴密不可分。具体而言，2016 年，成都服务业增加值 6463.3 亿元，位于全国副省级城市第 4 位，增速达到 9%，高于全国 1.2 个百分点，服务业增加值占 GDP 的比重为 53.1%，超出全国 1.5 个百分点，但与北

京、上海、广州的差距分别较 2010 年的差距扩大了 5576.03 亿元、5852.06 亿元、3100.01 亿元。武汉作为长江中下游地区的中心城市，也是除成都之外的主要节点，并在西部与长江中下游地区内外高级生产性服务企业要素流动与交换中，发挥着与以武汉为代表的华中地区城市联系的重要功能补充作用。

（2）城市节点的结构特征。

城市相对连接率规模分布如图 6.2 所示。

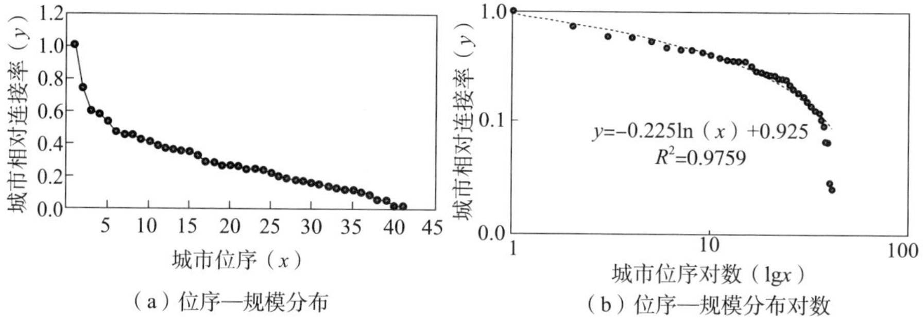

图 6.2　城市相对连接率规模分布

城市节点的结构呈位序—规模分布特征。观察折线变化幅度较大的几处，可以将所有的 41 个节点分成五组：城市网络相对连接率最高的一组为全国性的金融中心，包括北京、上海、深圳、南京、广州、天津 6 个城市；第二组包括福州、沈阳、济南、杭州、武汉、合肥、重庆、成都、郑州、石家庄 10 个城市；第三组包括西安、太原、长沙、哈尔滨、大连、南宁、厦门、南昌、长春、贵阳、呼和浩特、青岛、宁波、昆明、乌鲁木齐 15 个城市；第四组包括兰州、海口、银川、苏州、无锡、西宁 6 个城市；第五组包括珠海、汕头、三亚、拉萨 4 个城市。

（3）城市集聚强度。

一方面，通过分析联锁网络模型下 APS 企业与所在城市的复杂关联，可以清晰地表明企业—城市、城市—城市联系的组成内容与形式；另一方面，通过对 APS 企业总部及其分公司的城市集聚强度差异进行分析，可以直观地反映一个城市在区域联系网络中的流通集聚能力。

相较于京津冀城市群、长三角城市群中的超强规模集聚，成渝城市群中的四川、重庆两市的 APS 企业集聚强度较大，具体值为 390~1400，这对成渝城市群现代化服务业的提升起到了积极作用。而中原经济群、辽宁中部城市群，以及关中城市群作为新生城市群的代表，其社会经济水平、人口密度与现代服务业的空间布局有着紧密联系，从侧面反映出这三个城市群中各自城市间的联系得到一定程度的增强。

（4）五大国家中心城市与其他城市的网络联系。

现已确定的五大国家中心城市（北京、上海、广州、天津、重庆）在全国城市联系层面起到支撑、服务、辐射、带动作用，与其他城市的网络联系强度见图 6.3，与其他城市的网络联系值见表 6.5。

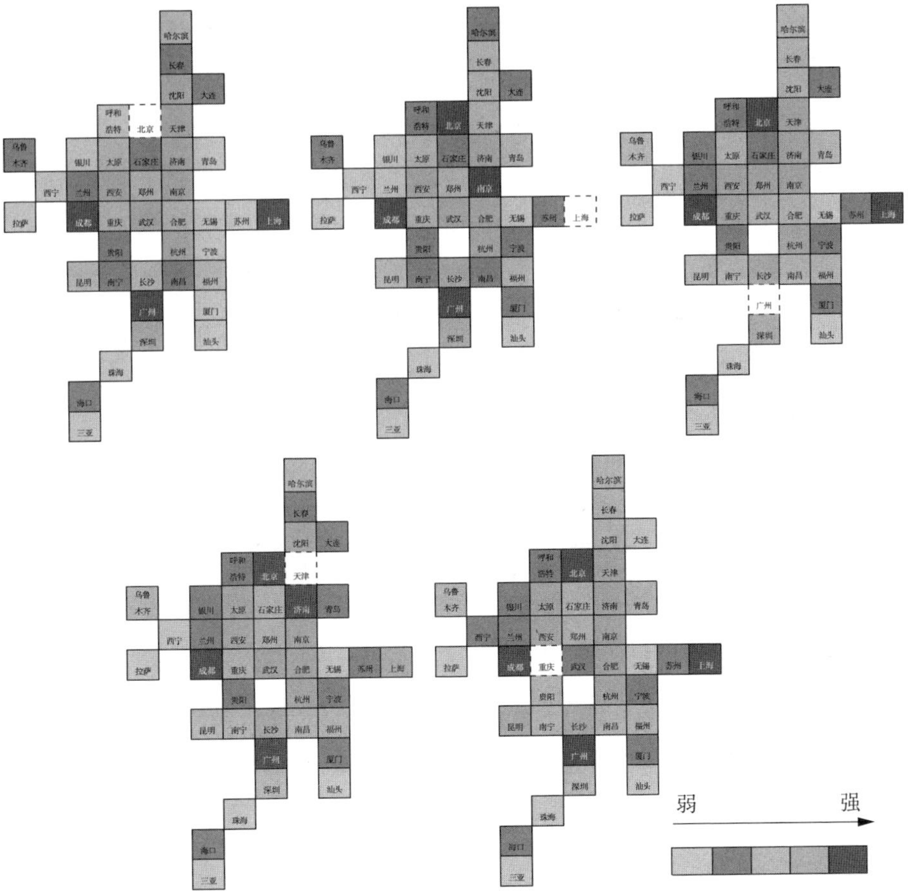

图 6.3　五大国家中心城市与其他城市的网络联系强度

表 6.5　五大国家中心城市与其他城市的网络联系值（前 15）

排序	城市对	北京 CDC	排序	城市对	上海 CDC	排序	城市对	天津 CDC	排序	城市对	广州 CDC	排序	城市对	重庆 CDC
1	北京—上海	1588	1	上海—北京	1588	1	天津—北京	561	1	广州—北京	1092	1	重庆—北京	444
2	北京—广州	1092	2	上海—广州	819	2	天津—济南	347	2	广州—上海	819	2	重庆—上海	327
3	北京—成都	903	3	上海—成都	663	3	天津—成都	341	3	广州—成都	521	3	重庆—广州	292
4	北京—济南	705	4	上海—南京	532	4	天津—广州	340	4	广州—杭州	357	4	重庆—成都	282
5	北京—武汉	696	5	上海—济南	520	5	天津—上海	325	5	广州—天津	340	5	重庆—杭州	261
6	北京—南京	645	6	上海—杭州	473	6	天津—南京	296	6	广州—南京	324	6	重庆—济南	234
7	北京—杭州	600	7	上海—武汉	414	7	天津—武汉	269	7	广州—济南	315	7	重庆—南京	207
8	北京—天津	561	8	上海—长沙	378	8	天津—杭州	266	8	广州—西安	305	8	重庆—天津	189
9	北京—深圳	540	9	上海—合肥	363	9	天津—长沙	251	9	广州—重庆	292	9	重庆—长沙	189
10	北京—西安	510	10	上海—西安	345	10	天津—西安	242	10	广州—长沙	288	10	重庆—昆明	180
11	北京—沈阳	507	11	上海—深圳	343	11	天津—太原	233	11	广州—郑州	269	11	重庆—太原	171
12	北京—长沙	483	12	上海—重庆	327	12	天津—沈阳	224	12	广州—深圳	266	12	重庆—西安	167
13	北京—合肥	456	13	上海—天津	325	13	天津—合肥	224	13	广州—沈阳	261	13	重庆—合肥	162
14	北京—郑州	447	14	上海—沈阳	305	14	天津—郑州	197	14	广州—昆明	242	14	重庆—沈阳	153
15	北京—重庆	444	15	上海—太原	303	15	天津—哈尔滨	196	15	广州—合肥	234	15	重庆—青岛	144

四、城市联系的网络格局与流向

（一）城市联系的网络格局

对所选的 261 家高级生产性服务业的企业总部与分公司组成的城市联系网络强度差异进行分析（见图 6.4）。

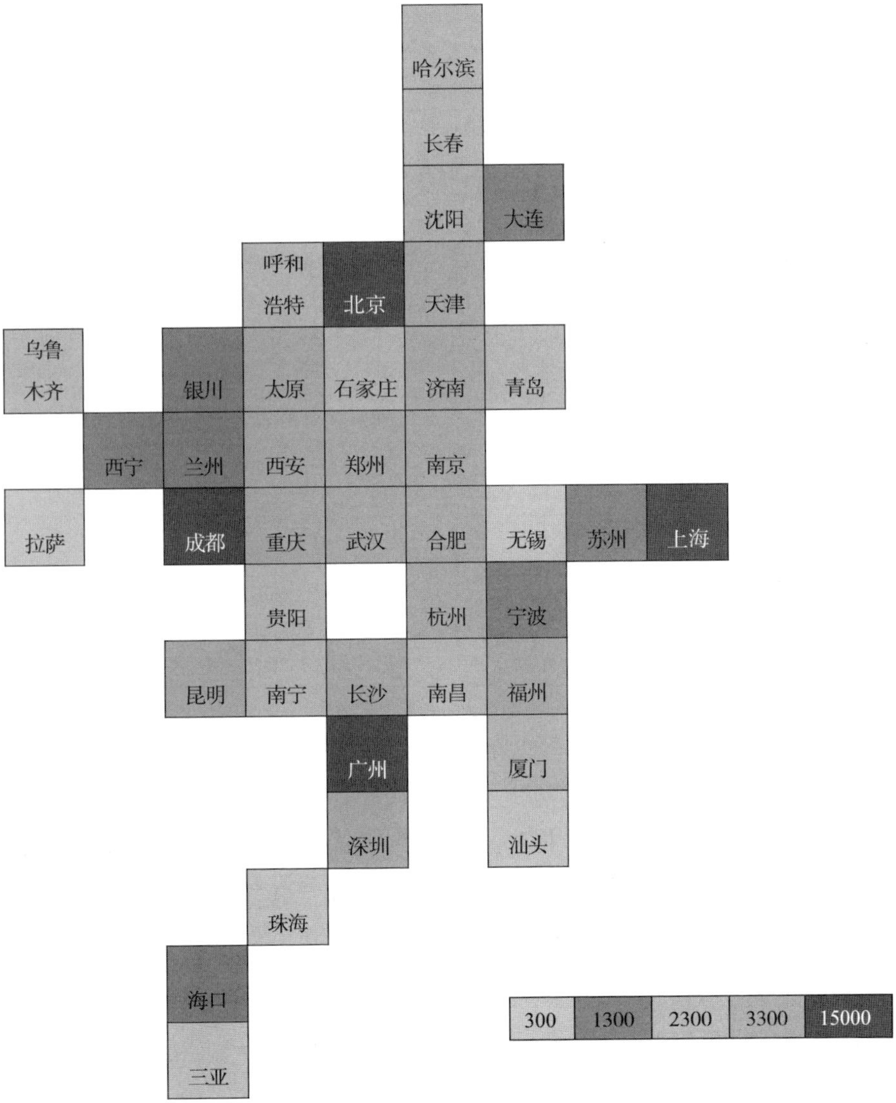

图 6.4　2016 年高级生产性服务业的城市联系网络强度差异

表 6.6　2016 年高级生产性服务企业的城市 CDC 排序

排序	城市	CDC	排序	城市	CDC
1	北京	8.15	7	天津	3.73
2	上海	6.01	8	南京	3.72
3	成都	4.90	9	沈阳	3.50
4	广州	4.76	10	长沙	3.40
5	济南	4.39	11	合肥	3.19
6	杭州	3.86	12	西安	3.04
13	太原	2.99	28	贵阳	1.53
14	重庆	2.96	29	呼和浩特	1.43
15	郑州	2.93	30	海口	1.38
16	昆明	2.72	31	兰州	1.28
17	福州	2.40	32	银川	1.19
18	武汉	2.33	33	苏州	1.11
19	深圳	2.23	34	宁波	1.06
20	南昌	2.21	35	大连	1.01
21	哈尔滨	2.18	36	西宁	0.89
22	青岛	2.05	37	珠海	0.77
23	长春	2.05	38	无锡	0.56
24	乌鲁木齐	2.01	39	拉萨	0.56
25	石家庄	1.85	40	汕头	0.24
26	厦门	1.67	41	三亚	0.21
27	南宁	1.57			

整体来看，城市之间 CDC 值呈现出显著的分层结构与空间不均特征，反映了各城市在 APS 城市网络中的节点地位和联系强度。具体地：第一，核心城市地位突出，网络结构呈现显著的等级性与首位度效应。北京以 CDC 值 8.15 居首位，遥遥领先于其他城市，充分体现出其在全国 APS 网络中“超一极”的中心地位；上海以 6.01 紧随其后，亦构成全国 APS 网络体系的一级核心节点。两者作为国家中心城市，不仅承载了大量 APS 企业总部及分支机构，同时通过高频的企业联系与信息流动，强化了其在全国城市网络中的控制力与资源配置能力。

第二，次级核心城市形成多中心的分布格局。包括成都（4.90）、广州（4.76）、济南（4.39）、杭州（3.86）、天津（3.73）、南京（3.72）等城市，CDC 值均在 3.5 以上，表明其在区域范围内具备较强的服务辐射与网络链接能力。此类城市通常为区域性经济中心或国家重点发展的城市群核心，其生产性服务资源配置水平和高端产业聚集能力较强，是支撑全国 APS 网络扩展与层级传播的次级枢纽。

第三，从合肥（3.19）到石家庄（1.85）之间的城市形成了 CDC 值相对集中、功能中性的中间层节点。这些城市具备一定的 APS 网络嵌入能力，但尚未形成对网络结构的主导性影响，更多作为链接核心城市与边缘节点的中介枢纽。这部分城市多数为省会城市或区域性次中心，在区域生产性服务体系中发挥着过渡与传导的功能。

第四，边缘城市 CDC 值显著偏低，网络嵌入能力较弱。排名后十位的城市如西宁（0.89）、珠海（0.77）、拉萨（0.56）以及三亚（0.21）等，其 CDC 值远低于全国平均水平，表明这些城市在 APS 网络中处于边缘地位，链接能力有限，空间流嵌入度较低。这种分布态势与城市的经济基础、地理区位、政策支持及服务业发展水平高度相关，亦体现出我国 APS 城市网络的空间分异性与功能不均衡性。

综上所述，APS 城市网络在空间结构上呈现出“核心—次核心—中层节点—边缘节点”的等级序列，体现出典型的网络等级结构与空间不对称性。这一结构既是我国城市体系长期演化的结果，也反映了高级生产性服务业在新一轮城市功能重构中的关键作用与分布逻辑。

表 6.7　基于高级生产性服务业的前 15 名城市对

排序	城市对	CDC
1	北京—上海	1588
2	上海—广州	819
3	南京—上海	532
4	广州—成都	521
5	济南—上海	520
6	天津—广州	340
7	成都—西安	293
8	杭州—武汉	282

续表

排序	城市对	CDC
9	重庆—成都	282
10	沈阳—深圳	270
11	深圳—成都	251
12	西安—长沙	198
13	青岛—上海	182
14	武汉—广州	148
15	大连—上海	101

相比城市单点的网络中心性分析，城市对分析更加突显了城市间功能耦合关系及其空间协同逻辑（见表 6.7），具体地：

第一，首位城市之间的双向强联系构成全国 APS 网络的主干结构。北京—上海城市对以 CDC 值 1588 位列第一，远高于其他城市对，充分体现出中国生产性服务网络系统的“双核心”主干通道效应。作为全国高级生产性服务资源最密集、功能最全面的两大城市，北京与上海之间的服务交流、企业布局与人才流动形成高频连接，构筑出全国 APS 体系中最具控制力的节点联动关系。

第二，核心城市与次级节点城市之间形成重要的垂向联系通道。例如，上海—广州（819）、南京—上海（532）、济南—上海（520）、天津—广州（340）等城市对，均表现出明显的“核心—次核心”联动特征。这些联系不仅强化了核心城市在网络中的辐射与控制作用，也促进了次级城市生产性服务能力的提升与网络地位的嵌入。上海、广州作为东部沿海核心城市，其与周边或区域性中心城市之间的高强度联系表明服务网络基于“多核驱动”的区域扩散模式逐渐成形。

第三，部分区域开始形成稳定的服务协同区块。例如，成都—西安（293）、重庆—成都（282）、深圳—成都（251）、西安—长沙（198）等城市对显示出中国中西部地区在 APS 网络中内部互动增强的趋势，尤其是以成都为核心的西部城市在高级生产性服务领域的能级提升，正在形成相对独立的服务集群。这种区域性的网络耦合现象有助于打破以往东部一极集中的空间格局，推动生产性服务网络向内陆延伸，多极化分布。

第四，非核心城市与一线城市之间的单向依附性联系仍较明显。如青岛—上海（182）、大连—上海（101）等城市对，其CDC值相对较低，结构上呈现典型的从属、依赖关系。这类非核心城市在全国APS网络中尚未形成自主连接能力，更多依赖核心城市的资源下沉与服务输入，网络地位相对边缘。

综上所述，我国APS城市网络在城市对结构中呈现出“核心—核心强连通、核心—次核心高耦合、区域内部初具协同、边缘城市向心嵌入”的多层级、多方向网络格局。这一格局不仅体现了高级生产性服务资源在空间上的集聚扩散规律，也为理解城市群内部的服务流动机制、区域一体化进程提供了理论支撑与实证依据。

（二）城市联系流向

利用R语言编程，得到41个城市的Circos环状图（见图6.5）。该图能清晰地表明城市网络在各个城市群内不同城市之间的路线。其中，不同颜色表示不同城市，环状结构的外层是每个城市占整个城市网络的比例，环状结构内层条带的宽窄反映城市联系的强弱程度，从同一城市出发，条带所流向的方向是不同城市对间的联系流向。

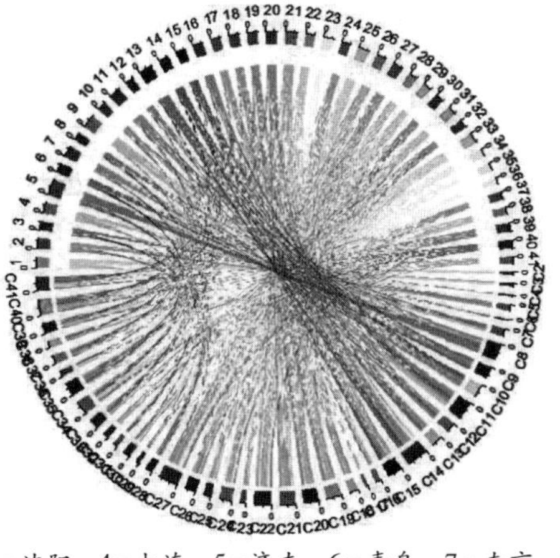

1=北京，2=天津，3=沈阳，4=大连，5=济南，6=青岛，7=南京，8=上海，9=杭州，10=武汉，11=广州，12=深圳，13=重庆，14=成都，15=西安，16=苏州，17=无锡，18=长春，19=太原，20=郑州，21=合肥，22=宁波，23=福州，24=厦门，25=南昌，26=长沙，27=汕头，28=珠海，29=海口，30=三亚，31=南宁，32=贵阳，33=昆明，34=拉萨，35=兰州，36=西宁，37=银川，38=哈尔滨，39=石家庄，40=乌鲁木齐，41=呼和浩特

图6.5　基于R语言Circos环状图分析不同城市联系流向

结合表6.8列出的与全国41个城市对应的城市联系对，以东、中、西部典型城市群为例，对其城市联系进行地理联系网络和拓扑环状网络分析，以长三角、京津冀、珠三角城市群为例。其中，就长三角城市群而言，上海是长三角地区的中心城市，与其他城市的联系较为广泛，尤其与北京、广州、成都的联系非常紧密。长三角城市群内部的联系相对紧密，这显示出该区域在高级生产性服务业中的协同效应。杭州、南京和苏州等城市也有着较高的联系度，表明该区域的多中心发展模式，并且区域内的城市在技术创新、金融服务和信息服务等领域互为依托。就京津冀城市群而言，北京作为该区域的核心城市，在与上海、广州、成都等其他城市的联系中位居前列，体现了其在全国的领导地位。天津和石家庄的联系度较高，尤其在科技创新和高端制造业方面。京津冀城市群内部合作密切，资源共享较好。该区域的联系表明，北京引领着周围的城市进行高级生产性服务的协作，而天津和河北省的其他城市逐渐发展成为协同效应明显的辅助城市。就珠三角城市群而言，广州在珠三角的地位不言而喻，其与北京、上海的联系尤为紧密。深圳作为一个创新和技术的前沿城市，与其他城市的联系较为密切。广州和深圳之间的联系强度较大，而珠海、东莞等城市则在科技、产业链上下游等方面与其他大城市紧密合作。

表6.8　2016年基于高级生产性服务企业的城市网络排序及其联系流向

排序	城市	排序前10的城市对
1	北京	1上海　2广州　3成都　4济南　5武汉　6南京　7杭州　8天津　9深圳　10西安
2	上海	1北京　2广州　3成都　4南京　5济南　6杭州　7武汉　8长沙　9合肥　10西安
3	成都	1北京　2上海　3广州　4济南　5杭州　6天津　7南京　8西安　9沈阳　10重庆
4	广州	1北京　2上海　3成都　4杭州　5天津　6南京　7济南　8西安　9重庆　10长沙
5	济南	1北京　2上海　3成都　4杭州　5天津　6南京　7广州　8武汉　9长沙　10合肥
6	杭州	1北京　2上海　3广州　4成都　5济南　6南京　7武汉　8天津　9长沙　10重庆

续表

排序	城市	排序前10的城市对
7	天津	1北京　2济南　3成都　4广州　5上海　6南京　7武汉　8杭州　9长沙　10西安
8	南京	1北京　2上海　3济南　4广州　5成都　6杭州　7天津　8合肥　9武汉　10长沙
9	沈阳	1北京　2上海　3成都　4深圳　5广州　6济南　7武汉　8长沙　9西安　10合肥
10	长沙	1北京　2上海　3济南　4广州　5成都　6杭州　7天津　8南京　9沈阳　10合肥
11	合肥	1北京　2上海　3南京　4济南　5成都　6杭州　7沈阳　8广州　9长沙　10天津
12	西安	1北京　2上海　3广州　4成都　5济南　6天津　7沈阳　8杭州　9长沙　10合肥
13	太原	1北京　2上海　3济南　4成都　5天津　6南京　7杭州　8广州　9合肥　10郑州
14	重庆	1北京　2上海　3广州　4成都　5杭州　6济南　7南京　8天津　9长沙　10昆明
15	郑州	1北京　2上海　3广州　4成都　5济南　6沈阳　7长沙　8天津　9合肥　10昆明
16	昆明	1北京　2上海　3成都　4广州　5济南　6杭州　7郑州　8长沙　9重庆　10合肥
17	福州	1北京　2上海　3成都　4南京　5杭州　6天津　7济南　8广州　9太原　10长沙
18	武汉	1北京　2上海　3济南　4杭州　5天津　6南京　7沈阳　8广州　9青岛　10成都
19	深圳	1北京　2上海　3沈阳　4广州　5成都　6杭州　7济南　8西安　9天津　10长沙
20	南昌	1北京　2沈阳　3济南　4上海　5合肥　6广州　7成都　8长沙　9天津　10郑州
21	哈尔滨	1北京　2天津　3济南　4上海　5广州　6成都　7杭州　8沈阳　9太原　10郑州
22	青岛	1成都　2上海　3杭州　4广州　5南京　6武汉　7重庆　8北京　9西安　10沈阳
23	长春	1北京　2上海　3广州　4成都　5济南　6太原　7郑州　8长沙　9昆明　10杭州
24	乌鲁木齐	1北京　2天津　3成都　4济南　5上海　6广州　7杭州　8郑州　9长沙　10南京

续表

排序	城市	排序前 10 的城市对
25	石家庄	1 北京　2 天津　3 济南　4 上海　5 广州　6 成都　7 太原　8 哈尔滨　9 南京　10 杭州
26	厦门	1 成都　2 长沙　3 沈阳　4 北京　5 昆明　6 上海　7 哈尔滨　8 南昌　9 贵阳　10 石家庄
27	南宁	1 北京　2 广州　3 上海　4 天津　5 长沙　6 成都　7 南京　8 太原　9 济南　10 重庆
28	贵阳	1 北京　2 广州　3 上海　4 成都　5 济南　6 合肥　7 天津　8 沈阳　9 厦门　10 长沙
29	呼和浩特	1 北京　2 上海　3 广州　4 重庆　5 成都　6 太原　7 昆明　8 杭州　9 沈阳　10 济南
30	海口	1 北京　2 上海　3 广州　4 成都　5 杭州　6 沈阳　7 济南　8 太原　9 郑州　10 哈尔滨
31	兰州	1 北京　2 广州　3 济南　4 成都　5 天津　6 郑州　7 厦门　8 上海　9 沈阳　10 重庆
32	银川	1 北京　2 济南　3 西安　4 上海　5 成都　6 合肥　7 杭州　8 天津　9 重庆　10 太原
33	苏州	1 成都　2 沈阳　3 北京　4 上海　5 南京　6 济南　7 杭州　8 广州　9 天津　10 青岛
34	宁波	1 北京　2 成都　3 上海　4 杭州　5 南京　6 重庆　7 合肥　8 天津　9 济南　10 广州
35	大连	1 北京　2 沈阳　3 上海　4 成都　5 广州　6 天津　7 杭州　8 济南　9 南京　10 武汉
36	西宁	1 北京　2 济南　3 太原　4 石家庄 5 天津　6 上海　7 杭州　8 重庆　9 成都　10 长沙
37	珠海	1 沈阳　2 成都　3 长春　4 厦门　5 北京　6 上海　7 广州　8 合肥　9 长沙　10 南京
38	无锡	1 成都　2 北京　3 沈阳　4 上海　5 杭州　6 天津　7 广州　8 重庆　9 济南　10 太原
39	拉萨	1 成都　2 北京　3 重庆　4 昆明　5 济南　6 上海　7 天津　8 沈阳　9 青岛　10 南京
40	汕头	1 北京　2 沈阳　3 成都　4 长春　5 厦门　6 上海　7 天津　8 济南　9 青岛　10 南京
41	三亚	1 北京　2 成都　3 上海　4 广州　5 天津　6 深圳　7 济南　8 青岛　9 天津　10 沈阳

从流向分布来看，上海、南京、杭州是长三角城市群内对外联系总量前三位城市，与区域外的北京、天津、济南等城市差距较小。上海、南京、杭州作为长三角城市群中三个核心城市，其城市功能各具优势：上海作为全国最大的金融中心，具备国际性城市特征，空间流动规模大、密度高，功能特征具有综合性、复杂性。南京、杭州具备部分国际功能特征，其中，南京以历史文化与旅游为主，杭州以人居环境与旅游为主。这种因城际交通、金融信息形成的特色各异的城市功能对人口产生差别化吸引力，在强化人口集聚效应的同时向周边中小城市扩散人流，从而形成具有多中心模式的长三角城市群空间流动网络结构特征。从地理联系网络来看，北京、上海、南京、天津、广州、深圳等城市分别有形成以自身为核心的城市关联网络的趋势，多中心发展态势明显。

北京在高级生产性服务业网络中处于核心地位，其城市联系对中的前十位包括了上海、广州、成都、济南、武汉等城市。这表明，北京不仅在政务、金融、教育等领域对周边城市有强大的辐射作用，也在科技创新和生产性服务业方面具有显著的引领效应。北京作为首都，其在国内外的影响力促使其与其他城市，尤其是经济强市如上海和广州保持密切联系。上海的 APS 网络联系对也显示了它作为经济和商业中心的突出地位。上海的前十大联系城市依次为北京、广州、成都、南京、济南、杭州、武汉、长沙、合肥、西安，反映了上海在全国范围内，尤其是在长三角和华东地区的高级生产性服务业辐射力。上海在金融、贸易和信息技术等领域的优势，使其成为其他城市尤其是经济大省和省会城市的关键合作伙伴。广州和深圳作为珠三角城市群的核心城市，其 APS 的城市联系网络也显示了强大的区域合作性。广州与北京、上海、成都等城市的联系较为紧密，而深圳则以其在创新科技和金融服务领域的优势，成为北京、上海及周边城市的重要合作对象。这些城市之间的联系不仅包括直接的商业交易，还包括创新、产业升级和人才等方面的互动。成都和济南等二线城市的排名较为靠前，表明这些城市在高级生产性服务业网络中发挥着日益重要的作用。成都作为西南地区的中心城市，其与北京、上海、广州等大城市的联系表明其在文化创意、科技创新等领域快速崛起；济南则凭借其地理优势和不断提升的服务业基础设施，成为与北京、上海等大城市之间连接的重要节点。

在分析长三角、京津冀、珠三角三个主要城市群时，可以看出这些区域的核心城市（北京、上海、广州）与周边城市形成了多重网络联系。例如，长三角地区内的城市（如南京、杭州、苏州）与上海、北京的联系较为密切，形成了强大的区域性服务业网络；珠三角的广州与深圳以及珠海、佛山等城市之间的联系，则展现出一个更具创新性的产业链协同网络模式。从这些城市的 APS 网络联系排序数据中，可以观察到大城市（尤其是北京、上海、广州等）之间的强联系性，并且这些城市在高级生产性服务业的合作中发挥着引领和辐射作用。二线城市如成都、济南、武汉等，则逐步形成自己在服务业中的优势，并在本地经济中发挥越来越重要的作用。这些城市之间的联系不仅仅体现在经济层面，还涵盖了科技创新、人才交流、产业协作等多个维度。

五、城市联系的社会网络分析

（一）城市中心度分析

利用社会网络分析软件 Ucinet 加载的 Net Draw 绘图工具生成 APS 城市联系网络图谱（见图 6.6）以及城市中心度分析结果（见表 6.9）。

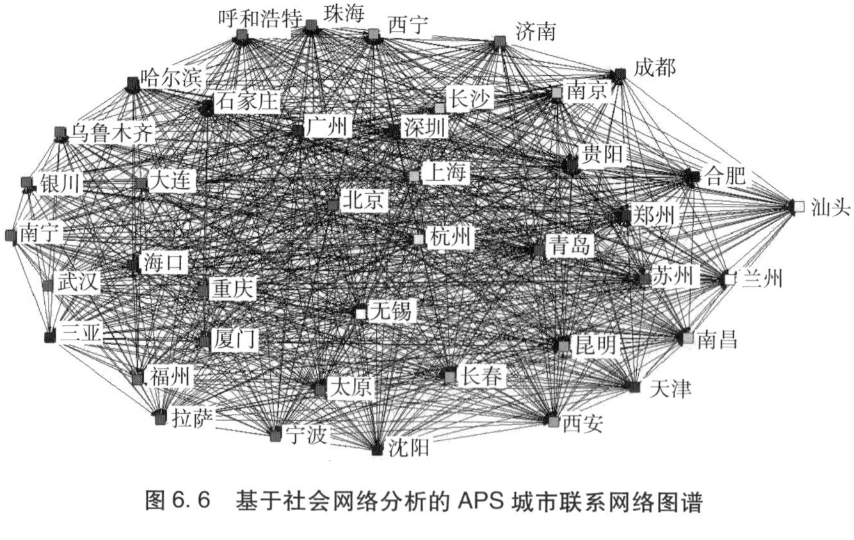

图 6.6　基于社会网络分析的 APS 城市联系网络图谱

表 6.9　不同城市中心度分析结果

排序	城市	绝对中心度	相对中心度	占所有度数总和比例
1	北京	14619	23.015	0.081
2	上海	10789	16.985	0.060
3	成都	8790	13.838	0.049
4	广州	8540	13.445	0.048
5	济南	7874	12.396	0.044
6	杭州	6918	10.891	0.039
7	天津	6688	10.529	0.037
8	南京	6682	10.520	0.037
9	沈阳	6281	9.888	0.035
10	长沙	6102	9.606	0.034
11	合肥	5717	9.000	0.032
12	西安	5458	8.593	0.030
13	太原	5368	8.451	0.030
14	重庆	5316	8.369	0.030
15	郑州	5250	8.265	0.029
16	昆明	4880	7.683	0.027
17	福州	4299	6.768	0.024
18	武汉	4183	6.585	0.023
19	深圳	4004	6.304	0.022
20	南昌	3967	6.245	0.022
21	哈尔滨	3907	6.151	0.022
22	青岛	3672	5.781	0.020
23	长春	3672	5.781	0.020
24	乌鲁木齐	3601	5.669	0.020
25	石家庄	3313	5.216	0.018

续表

排序	城市	绝对中心度	相对中心度	占所有度数总和比例
26	厦门	3005	4.731	0.017
27	南宁	2816	4.433	0.016
28	贵阳	2753	4.334	0.015
29	呼和浩特	2562	4.033	0.014
30	海口	2481	3.906	0.014
31	兰州	2293	3.610	0.013
32	银川	2137	3.364	0.012
33	苏州	1991	3.134	0.011
34	宁波	1898	2.988	0.011
35	大连	1820	2.865	0.010
36	西宁	1602	2.522	0.009
37	珠海	1384	2.179	0.008
38	无锡	1003	1.579	0.006
39	拉萨	996	1.568	0.006
40	汕头	430	0.677	0.002
41	三亚	383	0.603	0.002

首先，综合分析以北京、上海、成都、广州、济南、杭州、天津为中心组成的圈层结构，北京以绝对中心度 14619 占据首位，之后依次是上海（10789）、成都（8790）、广州（8540）、济南（7874）、杭州（6918）、天津（6688）等城市，最低的是三亚（383）。

其次，从相对中心度的角度分析，数据表明，北京、上海的相对中心度高于其他城市，进一步验证了它们在国家经济、政治与文化体系中的中心地位。相对中心度较低的城市，如三亚（0.603）、汕头（0.677），在全国社会网络中则为边缘化角色，表明这些城市在全国资源流动、决策网络中的影响力较小。

再次，对长三角、京津冀和珠三角城市群的社会网络结构进行分析，可以看出各区域的特征与优势。长三角地区以上海为核心，以杭州和南京为重要节点，整体呈现出较为均衡的城市分布与联系。上海不仅是长三角的经济中心，也是全球金融中心之一，进一步强化了该城市群的辐射效应。京津冀地区则表现出显著的中心化特征，北京在该区域的中心地位极为突出，天津虽然在绝对中心度上排名较为靠前（6688），但相对于北京，其影响力和辐射作用相对较小。珠三角城市群的中心城市广州，其绝对中心度为8540，排在全国第四，体现出广州在珠三角地区的经济和物流中心地位。深圳、珠海等周边城市相较于广州地位略显边缘化，但随着深圳在科技创新和产业转型方面的突破，其未来的地位有可能进一步上升。

最后，对这些城市群的社会网络结构进行分析，能够观察到显著的区域差异。长三角地区的城市群结构较为均衡，上海、杭州、南京等城市的网络联系紧密，体现出深入的经济合作与文化互动。而京津冀地区则呈现出典型的层级化结构，北京是绝对中心，其他城市则表现出对其的依赖。珠三角地区则表现为广州和深圳的“双核”模式，广州以传统产业为主导，深圳则凭借其创新驱动和高科技产业的迅速发展，逐步成为该区域乃至全国的重要创新中心。

总体而言，中国的城市群在整体上呈现出一种多层次、差异化的发展格局。不同城市群之间的联系虽然紧密，但各自的经济、文化与社会资源配置存在显著差异。这种差异不仅在各城市的中心度排名中有所体现，更通过在不同区域的产业优势、科技创新和政策导向反映出各自独特的发展路径。随着未来城市群间协作的加深，长三角、京津冀、珠三角三大区域可能在全球化深入发展的背景下展现出更强的集聚效应与创新能力。

（二）城市联系结构的影响因素

为进一步探讨中心城市实力与联通度之间的关系，选取户籍人口数、地区生产总值、人口密度、土地面积四个维度指标进行相关性分析，其中，户籍人口数和地区生产总值与高级生产性服务业的城市联通度之间存在较强的相关性，相关系数 R 分别为 0.5408 和 0.7190，后者同联通度的相关性更强（见图6.7）。基于此，可解释不同等级中心城市在城市网络中扮演的重要角色，说明城市间的APS联系规模与城市节点本身的规模（户籍人口数、地区生产总值）存在密切联系。

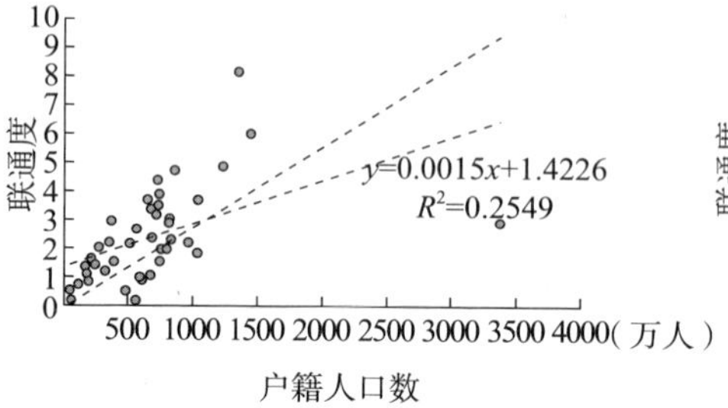

（a）城市联通度与户籍人口数的关系

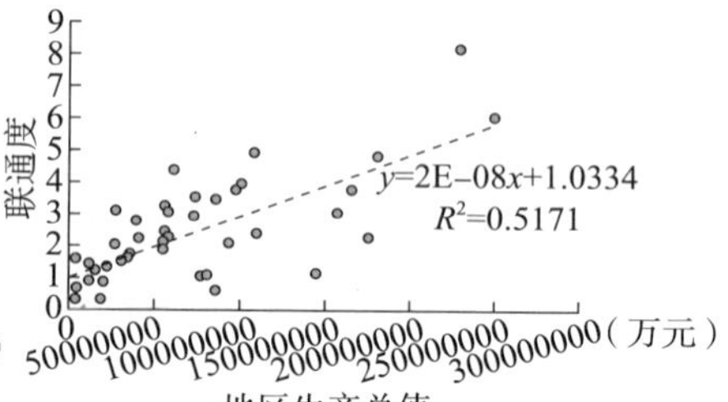

（b）城市联通度与地区生产总值的关系

图 6.7　城市联通度与户籍人口数、地区生产总值的线性相关关系

六、小结

本章基于高级生产性服务业的城市联系研究带来了开放的、动态的和网络化的全新视角，多尺度城市网络逐步成为认识空间关系的主要视角。正是因为生产性服务企业的微观行为可以作为研究城市网络的重要切入点，区域间的人流、物流、服务流、技术流和信息流等各种经济要素的跨界自由流动日益呈现频繁化和巨量化态势，所以高级生产性服务业的地理空间布局可以在一定程度上反映城市间联系的紧密程度，推进区域经济一体化的形成，这对刻画区域尺度的空间关系具有重要意义。

第七章

高铁客运视角的城市网络

一、研究方法与数据来源

（一）研究方法

（1）城市联系强度。

根据张文尝等（1992）对交通联系紧密度、联系强度的定义，以此反映城市与城市之间交通流强弱。

联系强度 S_{ij} 反映两个城市基于高速客流的联系程度。计算方法为两个城市之间的每日高铁班次之和：

$$S_{ij}=S_{i-j}+S_{j-i} \tag{7.1}$$

其中，S_{i-j} 为 i 城市到 j 城市的高铁班次，S_{j-i} 为 j 城市到 i 城市的高铁班次。

（2）城市集聚强度。

集聚强度（S_m）反映一个城市在区域联系网络中的集聚能力，计算方法为该城市与其他城市的联系强度之和：

$$S_m = \sum_{i=1}^{n}(S_{mi}+S_{im})(i=1,2,3,\cdots,n,i\neq m) \tag{7.2}$$

其中，S_m 为城市 m 的集聚强度，S_{mi} 为城市 m 与城市 i 的联系强度，S_{im} 为城市 i 与城市 m 的联系强度。

（3）网络密度。

网络密度表示网络联系的稠密程度，用网络实际拥有的联系数与网络理论存在最多联系数的比值表示。一般来说，关系紧密的城市间信息流通较容易，资本合作也会较密切，而关系疏远的城市间常有信息不通、经济联系程度较低等问题。测度公式为

$$D=2L/n(n-1) \tag{7.3}$$

其中，D 为网络密度，n 为网络节点数，L 为网络中实际存在的关系或者连线的数量。$0\leqslant D\leqslant 1$，网络密度 D 越高，说明城市信息空间网络联系越频繁，全联通城市信息空间拓展网络的密度为 1。

（4）度数中心度。

度数中心度（Degree Centrality）是在网络分析中度量节点中心性（Centrality）的最直接指标。节点的度数中心度越大，则该节点的重要性越强，中心性强度越大（路紫等，2013）。测度公式为

$$C_D'=\frac{C_D\ (N_i)}{g-1} \tag{7.4}$$

其中，C_D'为节点 i 的度数中心度，g 为节点个数，$C_D\ (N_i)$ 为节点 i 在城市信息空间拓展网络矩阵中对应的行或列所在的单元格值加总。$0\leqslant C_D'\leqslant 1$，0 表示节点城市对间都没有联系，1 表示节点城市对间都有直接联系。在城市信息空间拓展网络中，标准化的度数中心度用以测量城市对间信息流的参与程度。C_D'越接近 1，那么该节点城市在信息流中的参与度越高。

（二）数据来源与处理

鉴于高铁客流量不易统计，故选取普通列车、高铁（动车）班次数据替代客流量的密集程度，数据来源于中国铁路时刻网（http：//www. shike. org. cn）提供的 2017 年铁路客运班次数据。通过 ArcGIS 对所选城市进行理论意义上的空间连接，得到理想状态下的全部 O-D 空间联系线，其原始数据为全国 41 个地级市间的火车班次，表征基于高铁系统流的全国城市联系强度。各班次的数据结构为 41×41 的矩阵，共 1681 个关系数值。通过逐一查询这 41 个城市不同站点之间的高铁（G 字头）、动车（D 字头）及城际动车（C 字头）的班次数量并加总，构建了以全国 41 个城市为单元的站点联系的原始矩阵，进而对每两个城市之间的班次进行合并，在此基础上对全国城市联系进行深入分析，依据城市开行客运车次数量和各城市间

交互式空间联系数，即可进行铁路客运的城市联系及其网络结构等方面的研究。

在知识创新方面，城市间的创新联系多种多样，知识是创新的本质。在知识的传播和使用过程中，不断创新、传播、使用和再创新形成一种多层次网络螺旋式上升和发展并且不断扩大的开放体系（吕拉昌，2010）。借鉴吕拉昌（2010）对中国创新空间体系的研究，通过点击中国知网中“作者单位”选项，依次检索41个城市名称并在结果中查询汇总各城市论文数量。尽管上述方法难以精确地反映城市间的创新联系，但仍可从侧面反映创新合作的一些地域特征。

二、高铁客运集聚强度与空间联系结构

（一）高铁客运集聚强度的空间分布

城市在一个经济发达区域内并不是孤立存在的，它与邻近区域和许多城市有着紧密联系，是一个“流的空间”（崔功豪，2002），即每个城市之间的人流、物流、资金流、信息流等每时每刻都在发生着频繁的流动，尤其是人口50万~100万的大中城市或人口超过100万的特大城市（姚士谋等，2008），共同形成一个活动有机体。一个相互联系着的事物或区域生产空间，同时存在许多“节点”和“流”，这就是经济发达区域内城镇密集区的网络体系特征（王凤学，2012）。

计算并考察高铁客运班次的集聚指数，用ArcGIS 10.1软件对41个城市的客运班次集聚强度进行空间分布展现。我国高铁客运集聚最为显著的区域主要集中在经济发达的长三角地区、环渤海地区和珠三角地区，上海、北京、天津、广州、深圳为全国高铁客运集聚中心城市。需要注意的是，长三角地区只有上海一个中心，环渤海地区为北京、天津主副双中心，珠三角则为广州、深圳并列双中心。其他区域如东北地区的沈阳，中部地区的武汉，西南地区的成都、重庆，西北地区的西安都是所在区域高铁客运集聚指数较高的中心城市。东部沿海经济发达省份中心城市高铁客运集聚指数高于全国平均水平的城市较多，广大中西部地区、东北地区往往只有省会或副中心城市的集聚指数较高，其他地级城市的高铁客运集聚

指数普遍低于全国平均水平。这说明在全国尺度上，我国高铁客运活动倾向于向全国经济中心、区域经济中心及省会城市等规模等级较高的中心城市集聚，其可达服务能力相应地面向全国、大区及所在省域。

以京津冀、长三角、珠三角为代表的典型城市群节点枢纽，主要反映基于上述典型城市群的高铁站点在整个高铁系统中的作用，即乘客乘坐高铁在一定时间内到达目的地的能力。我国各大城市群的“空间流”反映的是高铁站点在城市轨道交通中的作用，即乘客通过城市轨道交通在一定时间内抵达目的地车站的能力。在当代城市发展中，高铁车站与周边地区已不仅是一个交通枢纽或一个城市场所，而被赋予了更多功能性的意义（贺剑锋，2011）。其中，北京站、上海虹桥站、广州站、武汉站、郑州站等作为铁路系统的节点站点，尤其是上海虹桥站，作为高度现代化程度的综合枢纽站，也是沪杭、沪宁与京沪高速铁路的交会点，其间转高速铁路能更紧密地将城乡联系起来，让一般城市融入中心城市群，并使得配套工业链条距离缩短且成本大幅降低，从而推动区域经济一体化进程。这种道路交通辐射的空间结构的改变对区域经济发展产生很大的影响，特别是高铁等道路交通的经济辐射作用对区域经济的快速发展起着明显的促进作用。高速铁路的开通和运行促使中国区域经济由点轴开发阶段向网络开发阶段过渡。从长远来看，大多数城市群均为 1 小时交通圈，大幅提高了城市之间的可达性。

（二）高铁客运联系的层级特征

在基于列车客运的城市联系空间结构中，最为显著的城市联系集中在我国主要的三大城市群，即京津冀城市群、长三角城市群以及珠三角城市群。

其中，第一等级的城市联系，在环渤海地区的京津冀城市群内，为北京、天津主副双中心结构，长三角城市群是以上海为辐射中心的单中心结构，珠三角城市群是以广州、深圳为双中心的结构，各省会城市承担大量的铁路客运流量。第二等级的城市联系以区域中心城市之间联系为主，东北地区的沈阳—长春、沈阳—大连、长春—哈尔滨城市联系较为紧密，东部地区的福州—宁波、福州—厦门、合肥—杭州、天津—沈阳城市联系较为紧密，中西部地区的郑州—长沙、西安—郑州、郑州—太原城市联系较为紧密，其中郑州作为中部交通枢纽城市，承担大量的铁路客运流量。第三等级的城市联系以中西部的区域中心城市联系为主，表现在济南—青岛、郑州—合肥、合肥—武汉、长沙—杭州、广州—南宁、海口—三亚、西安—兰州、兰州—西宁、成都—重庆、贵阳—昆明、武汉—郑州等城市对之间，其中省会城市承担了大量的铁路客运流量。这说明在全国区域范围内，基于铁路客运流量的城市联系集中于全国经济中心、区域经济中心及省会城市等规模等级较高的中心城市之间，其辐射与吸引能力相应地面向全国、大区及所在省域。一般意义上的地级中心城市在与其上一级中心城市产生联系的同时，其铁路客运服务能力主要局限在城市所在的地级市之间。

结合表 7.1 中的铁路客运班次，可以判定城市联系的紧密程度。在基于普通列车客运班次的城市联系中，南京—苏州、北京—石家庄、南京—上海、沈阳—长春、武汉—长沙这五对城市联系紧密，列车班次为 101～125，其班次与其城市间地理邻接性、经济一体化程度有关。在基于高速列车客运班次的城市联系中，南京—上海、广州—深圳、上海—苏州、南京—苏州、上海—无锡、南京—无锡这六对城市联系紧密并以长三角城市群境内的城市对为主，列车班次为 317～432，这在一定程度上说明长三角城市群城市之间的高速铁路网络相对密集、经济发展水平较高。综上所述，在基于铁路客运班次的城市联系中，南京—上海、南京—苏州、上海—苏州、南京—无锡、广州—深圳、上海—无锡、苏州—无锡、北京—天津、上海—杭州这九对城市联系紧密，列车班次为 307～549，可以发现，这些城市对大多是省会与中心城市，其经济往来密切，城市之间的联系频繁。

表 7.1　主要城市间铁路客运班次联系量与联系方向

全部车次		普通列车		高速列车	
主要城市联系	班次	主要城市联系	班次	主要城市联系	班次
南京—上海	549	南京—苏州	125	南京—上海	432
南京—苏州	463	北京—石家庄	124	广州—深圳	382
上海—苏州	421	南京—上海	117	上海—苏州	362
南京—无锡	414	沈阳—长春	106	南京—苏州	338

续表

全部车次		普通列车		高速列车	
主要城市联系	班次	主要城市联系	班次	主要城市联系	班次
广州—深圳	413	武汉—长沙	101	上海—无锡	332
上海—无锡	378	南京—无锡	97	南京—无锡	317
苏州—无锡	358	天津—沈阳	94	苏州—无锡	286
北京—天津	332	广州—长沙	86	北京—天津	281
上海—杭州	307	沈阳—哈尔滨	84	上海—杭州	264
北京—石家庄	295	郑州—石家庄	83	南京—杭州	205
武汉—长沙	290	长春—哈尔滨	81	广州—长沙	204
广州—长沙	290	武汉—郑州	79	武汉—长沙	189
沈阳—长春	242	西安—兰州	79	杭州—宁波	181
南京—杭州	241	西安—郑州	78	北京—济南	178
武汉—郑州	235	苏州—无锡	72	福州—厦门	173

普通列车网络：全国41个城市普通列车有效连线共计1554条。一方面，从区际联系密度来看，城市联系空间结构为：京广线连接了南北交通，加强了华北、华中、华南地区沿线各级城市的联系；节点城市郑州作为中部地区的综合交通枢纽，交通网络密度大，承担了大量的人员来往、中转服务、物流集散等功能；而节点城市西安作为西北地区中心及西北内陆与东南沿海联系的枢纽，连接起陇海—兰新沿线的各级城市；沪宁沿线城市间的联系量最大，沪杭沿线城市间的联系量次之，这与长三角城市群区域内部城际铁路的建设时期、沿途城市规模、人口覆盖率有关。另一方面，从城市群内部城市间的联系密度来看，京津冀城市群除在京九沿线城市（北京、河北城市）、京津、京滨城际铁路沿线城市（北京、天津）间的联系密度较大外，还提升并拓展了天津—邯郸、秦皇岛—邢台、石家庄—秦皇岛等城市对间的联系密度与城市空间。长三角城市群区域范围内最强联系是上海—南京，日均开行普速列车260列，接着是苏州—上海与无锡—南京，日均开行普速列车分别为226列和214列。这主要依靠沪宁、沪杭铁路对长三角城市群区域内部的网络化联通。珠三角城市群范围内最强联系是广州—深圳，日均开行普速列车200列，接着是广州—东莞与东莞—深圳，日均开行普速列车分别为82列和74列，这主要依靠其城际沿

线铁路对珠三角城市群区域城市的联通。

高速列车网络（CRH）：全国 41 个节点城市高速列车有效网络连线 970 条。较之普通列车网络，虽然 CRH 城市间连线较少，但从区际联系密度来看，CRH 不仅在沪宁沿线城市、沪杭沿线城市间的联系密度较高，还提升并拓展了杭州—南京、宁波—南京、宁波—上海、宁波—杭州等城市对间的联系密度与城市空间。从城市群内部城市间的联系密度来看，长三角城市群区域范围内最强联系是上海—南京，日均开行高速列车 175 列，接着是苏州—南京与无锡—南京，日均开行高速列车分别为 135 列和 130 列，这主要依靠沪宁、沪杭等铁路对长三角城市群区域城市的联通，高速铁路影响空间范围主要集中在中心城市周边 1~2.5 小时可达的 250~600 千米（胡兴华，2008）。京津冀城市群城市 CRH 从区际联系密度来看，不仅在京九沿线城市（北京、河北城市）、京津、京滨城际铁路沿线城市（北京、天津）间较大，还提升并拓展了天津—邯郸、秦皇岛—邢台、石家庄—秦皇岛等城市对间的联系密度与城市空间，其最强联系是北京—邢台，日均开行高速列车 35 列，接着是北京—唐山与天津—石家庄，日均开行高速列车分别为 27 列和 26 列，这主要依靠其城际铁路对京津冀城市群区域城市的联通。珠三角城市群城市 CRH 从区际联系密度来看，不仅在广深沿线城市（广东、深圳）间较大，还提升并拓展了广州—珠海、肇庆—惠州、广州—江门等城市对间的联系密度与城市空间，其最强联系是广州—深圳，日均开行高速列车 200 列，接着是广州—东莞与东莞—深圳，日均开行高速列车分别为 82 列和 74 列，这主要依靠其城际铁路对珠三角城市群区域城市的联通。

三、小结

这种因城际交通、知识创新以及特色各异的城市功能而对人口产生的差别化吸引力，在强化人口集聚效应的同时向周边中小城市扩散人流，从而促使现代城市在“空间流”的作用下不断扩展城市网络空间，即各种信息技术以“空间流”为载体，以生活在城市里的主体——人的流动为核心，在促进区域内外人力资源的集聚与分散的同时，促进城市网络的发展。更进一步，城市区域快速交通网络的日益完善，尤其是地铁、城际铁路、高速铁路的无缝衔接，与移动通信技术一起，有效地满足了城市内外经济社会联系增强的需求，并将我们带入一个全新的基于移动信息技术的“流动空间”时代（孙九霞，2016）。毫无疑问，这一强大的社会动力所带来的空间的“流动”与“黏性”，会对国家、区域城市体系的重构与网络化产生积极的影响（甄峰，2012）。

第八章

信息流与知识创新视角的城市网络

一、信息流强度与空间联系结构

随着城市不断转型，信息技术的广泛应用正在深刻地改变传统的地理空间结构。过去，城市的空间关系往往受到地理位置、交通设施和物理距离的制约，而在信息化和网络化的推动下，城市的空间依赖性逐渐减弱。信息技术通过互联网、通信网络、云计算等媒介传播，使得人们能够跨越地域限制进行交流、互动和协作，打破了传统的空间边界。这种转型使得城市不仅是地理上相邻的地方，还是基于信息流、数据流和知识流构建的虚拟连接体。人们通过数字平台连接、共享信息，实现了即时交流与资源配置，信息化重塑了传统的地理空间，多种媒介在一定程度上减轻了信息技术传播对城市场所空间的依赖（孙中亚，2014），从而推动了城市空间的重构。

信息化的推进正在重新定义城市空间的内涵和外延。通过各种数字媒介和信息网络的连接，城市的空间不再局限于物理上的邻近和地理分布。信息流和数据传递已成为新的城市联系纽带，打破了传统的物理空间限制。这意味着，城市的联系不再仅依赖于交通网络、地理位置和资源分布，而是更多地通过信息技术的介入形成新的空间关系。例如，通过大数据分析、云计算和社交网络，城市之间的互动和合作变得更加频繁、即时和高效。

这种信息化带来的影响正在不断深化和拓展，不仅改变了城市的空间组织形式，还重新塑造了城市的社会结构、经济模式和文化形态。信息的快速流动不仅增强了城市间的联系，还使城市群和区域经济实现了更加紧密的合作与融合，推动了全球化城市网络的形成。随着信息化进程的不断推进，未来的城市将更加依赖信息流和知识创新的驱动，城市的“虚拟空间”与“物理空间”将进一步融合，催生出全新的城市发展模式。

因此，为了更精确地衡量信息流强度及其对城市网络的影响，本章采用百度指数作为信息网络数据的来源。百度指数能够反映不同城市在信息网络中的活跃程度和用户关注度，可以作为衡量城市间信息流动的有效指标。为确保数据采集的即时性和代表性，本章选取了 2017 年 11 月至 12 月涵盖 41 个核心城市的两两城市之间的百度用户关注度的月平均值。这一数据的选择能够更真实地反映城市之间在短期内的信息流强度，从而为后续的空间联系结构分析提供更加精准的数据支撑。

（一）信息流强度与信息流排序

2016 年基于百度指数的城市排序如表 8.1 所示。

表 8.1　2016 年基于百度指数的城市排序

排序	城市	百度指数	排序	城市	百度指数
1	北京	19321	13	武汉	9786
2	成都	27340	14	厦门	9691
3	西安	21461	15	郑州	9309
4	上海	20367	16	天津	7847
5	重庆	17024	17	昆明	7130
6	南京	14610	18	青岛	7081
7	深圳	13348	19	宁波	6660
8	广州	13065	20	南宁	6056
9	杭州	12062	21	合肥	6035
10	哈尔滨	11083	22	大连	5983
11	三亚	10621	23	南昌	5915
12	苏州	10618	24	长沙	5823

续表

排序	城市	百度指数	排序	城市	百度指数
25	珠海	5804	34	乌鲁木齐	3999
26	无锡	5753	35	银川	3999
27	济南	5497	36	太原	3663
28	石家庄	5496	37	呼和浩特	3281
29	贵阳	5242	38	长春	3193
30	福州	5171	39	汕头	2933
31	海口	5023	40	西宁	2728
32	沈阳	5017	41	拉萨	2376
33	兰州	4408			

（二）信息流联系的层级特征

借由信息技术对城市空间的拓展过程作为“流动空间”的一部分，通过信息化的方式对城市的时间与空间产生影响（谢俊贵，2009），使我们的城市逐渐变成“信息化城市”。这种以信息流来表征城市空间，即信息化城市的过程，不是一种城市形式，而是一个城市过程，一个以信息流动空间的结构性支配为特征的过程，在形式上表现为一种新的“城市—区域”变化过程（李小建，1999）。与此同时，信息网络是从虚拟网络信息空间的视角反映城市间网络信息联系，不同于以上各类城市联系空间结构，信息网络的全域覆盖，不仅使得跨省、跨市的空间流动更为显著，还促使人力资源在空间上高度集聚。全国41个城市的信息网络连线为1679条。从区际联系密度来看，北京、上海、南京、深圳、合肥、石家庄、沈阳、济南、昆明等城市之间的信息网络联系密度较其他城市大；从各城市对的联系强度来看，重庆—北京为2018、呼和浩特—南京为2005、天津—北京为1529、无锡—北京为1514、重庆—上海为1509、济南—北京为1430、大连—北京为1395、苏州—北京为1390、沈阳—北京为1348、长春—北京为1309、兰州—上海为1297，这些城市间的信息网络联系程度较高。

二、知识创新强度与空间联系结构

（一）知识创新强度的空间分布特征

知识创新强度反映了城市的科技创新能力及其在全国创新体系中的地位。从2016年基于检索论文数量的城市创新能力排序来看，各城市的知识创新能力存在明显的不均衡性，呈现出极化现象、沿海集聚、中西部崛起以及东北地区竞争力下降等特征。

首先，知识创新的极化现象突出。北京以138750篇论文的绝对领先优势位居榜首，远超排名第二的上海（84718篇）和第三的南京（80296篇）。这种现象反映了北京作为全国科技创新核心的地位，其集聚了全国最顶尖的高校和科研机构，如清华大学、北京大学、中国科学院等，并享有政策、资金和人才等方面的支持。上海和南京同样具有较强的创新能力，主要得益于其丰富的高等教育资源和发达的产业体系，使得科技创新成果能够迅速转化为现实生产力。

其次，东部沿海地区依然占据主导地位。排名前十的城市中，上海、南京、广州、天津、沈阳、大连等均属于东部沿海或近海地区。这些城市基于经济发达、基础设施完善、科技投入充足等优势，形成了较强的科技创新能力，尤其是上海、广州和天津，作为国家中心城市，不仅具备雄厚的科研实力，还在全球科技创新网络中发挥着重要作用。此外，长三角城市群（南京、上海、杭州、苏州）和环渤海城市群（北京、天津、青岛、沈阳、大连）已经形成了区域性知识创新集群，城市之间的协同创新效应明显。

再次，中西部城市的知识创新能力正在崛起。重庆、武汉、成都、郑州、兰州等城市排名较为靠前，反映出国家近年来推动区域创新均衡发展的成效。重庆（57480篇）作为西部地区唯一进入前五的城市，依托政府的大力支持、产业升级以及科研机构的发展，成为西部科技创新的重要引擎。武汉（41473篇）则凭借华中科技大学、武汉大学等高校资源，展现出强劲的知识创新能力。然而，相较于东部沿海地区，中西部地区城市仍然面临科研经费投入不足、产业链配套不完善、高端人才外流等挑战，在知识创新方面仍有较大提升空间。

最后，东北地区虽然仍具备较强的创新竞争力，但其相对排名有所下降。沈阳（31855 篇）、大连（30134 篇）、哈尔滨（23088 篇）、长春（18466 篇）等城市表现良好，但相比东部城市，其创新能力提升较为缓慢。东北地区的创新能力主要得益于历史上形成的高校和科研院所积累，如哈尔滨工业大学、吉林大学、大连理工大学等。然而，受产业转型滞后、科研成果转化率低、科技投入不足等因素的影响，东北地区的知识创新活力有所减弱。如何推动东北地区的创新能力提高，将是未来科技政策需要重点关注的问题。

（二）知识创新强度的层级结构分析

从排名来看，各城市的知识创新强度可划分为四个梯队。

第一梯队是国家级创新中心，包括北京（138750 篇）、上海（84718 篇）和南京（80296 篇）。这些城市的科研资源高度集中，拥有全国乃至全球顶尖的高校和科研机构，并在多个前沿科技领域处于领先地位。北京作为全国科技创新中心，享有政策、资金和人才的综合优势，上海和南京则凭借长三角的产业优势和高校资源，在创新能力上处于全国前列。

第二梯队是区域性创新高地，包括重庆、天津、武汉、广州、沈阳、大连、郑州、苏州、深圳、成都、哈尔滨、青岛、兰州等。这些城市大多是省会城市或经济发达的副省级城市，扮演着区域科技创新中心的角色，推动本地区的产业升级和科技创新。它们虽然在创新能力上不及第一梯队，但仍然在本区域内发挥着科技引领作用。

第三梯队是部分省会城市与重点城市，包括长春、杭州、南昌、厦门、昆明、宁波、西安、太原、合肥、长沙等。这些城市的创新能力相对较强，但科研资源、产业结构、国际化程度等方面与前两个梯队存在差距。未来，这些城市需要加大科技投入、优化创新环境，进一步提高科技创新能力。

第四梯队包括石家庄、济南、福州、珠海、贵阳、乌鲁木齐、汕头、呼和浩特、银川、海口、西宁、无锡、拉萨等，知识创新能力较低，主要受限于经济发展水平不高、科研投入不足、高端人才缺乏等因素，在全国科技创新体系中的影响力相对较小。

（三）知识创新强度的影响因素分析

知识创新强度的形成受到多种因素的影响。

首先，科技资源的集中度对知识创新能力起决定性作用。排名靠前的城市往往拥有大量知名高校和科研院所，例如北京的清华大学、北京大学，上海的复旦大学、上海交通大学，南京的南京大学、东南大学等。高校和科研院所的集中使得这些城市具备持续的知识创新能力。

其次，经济发展水平和产业基础也是关键影响因素。经济较为发达的城市通常具有较强的创新能力，因为科研成果的应用需要良好的产业基础。例如，深圳虽然在论文数量上不及传统科研城市，但依托强大的高科技产业体系，逐步成为全国科技创新的重要城市。

最后，政府的政策支持和科研投入对城市创新能力影响深远。科技政策、研发经费投入、人才引进政策等能够有效促进城市的知识创新能力发展。例如，北京、上海、深圳等地政府对科技创新的支持力度较大，吸引了大量科技企业和创新人才，进一步提高了城市的创新能力。

2016 年基于检索论文数量的城市创新能力排序如表 8.2 所示。

表 8.2　2016 年基于检索论文数量的城市创新能力排序

排序	城市	检索论文数	排序	城市	检索论文数
1	北京	138750	11	苏州	28591
2	上海	84718	12	深圳	24338
3	南京	80296	13	成都	23348
4	重庆	57480	14	哈尔滨	23088
5	天津	51413	15	青岛	23088
6	武汉	41473	16	兰州	22669
7	广州	33793	17	长春	18466
8	沈阳	31855	18	杭州	16006
9	大连	30134	19	南昌	14710
10	郑州	28593	20	厦门	14090
21	昆明	13820	32	贵阳	4097

续表

排序	城市	检索论文数	排序	城市	检索论文数
22	宁波	13420	33	乌鲁木齐	3525
23	西安	11138	34	汕头	2736
24	太原	11138	35	呼和浩特	2638
25	合肥	10962	36	银川	1881
26	长沙	10224	37	海口	1558
27	石家庄	8690	38	三亚	1404
28	济南	8249	39	西宁	1239
29	福州	8144	40	无锡	553
30	珠海	4443	41	拉萨	553
31	南宁	4283			

三、小结

近 10 年，中国城市内外的信息网络、互联网与物流系统在促使城市群区域内形成密集、互通的人流、物流、经济流的同时，也促使城市群城市网络的集聚日臻完善。随着信息化的全域覆盖，城市间的联系更加紧密，同城化效应也更加明显，资源配置和人口流动都将在“空间流”的连接与支撑下得到相应的调整与优化，各个城市群城市与城镇均有较大的发展机会和发展空间，而这最终取决于各个城市与城镇将流动空间转化为地方空间的能力，从而带动城市群的可持续发展。这样就把城市群内部城市放在流动空间视角下思考，分析其在网络中的节点作用、空间范围以及拓展结构。其一，流动空间重塑了城市网络空间的思考方向，使得城市群结构从等级体系向扁平网络转变，表现为城市网络空间活动的扩散化趋势明显，城市群扁平化、网络化空间形态特征突出。其二，网络化关注核心城市在城市群中的作用，表现为核心城市一方面需要具有特色的核心与支撑功能，另一方面要发挥城市群区域中心的链接与辐射作用。

第四篇

综合分析与政策建议

第九章
国家中心城市的综合选择与分析

一、研究方法

Venn 图是一种常用的树形数据结构表示方法，它通过嵌套的圆形或椭圆形来表示数据之间的层次关系（Johnson and Shneiderman，1991）。在 Venn 图中，每个集合都用一个圆来表示，而集合之间的关系则通过这些圆的位置和交集来呈现。当两个圆相交时，相交部分表示这两个集合共享的公共元素；如果两个圆没有交集，则表示这两个集合之间没有任何共同的元素。Venn 图的这种可视化方式能够直观地展示集合之间的包含关系、交集以及差异，常用于集合论、概率论等领域的数据分析与逻辑推理。

二、综合遴选

在 2016 年基于大型金融企业、高级生产性服务业、高铁客运、信息流、知识创新的 41 个城市之间的联系排序（见表 9.1）与网络格局的基础上，采用 Venn 法对五种不同类别下城市联系与网络格局进行综合分析，确定不同节点网络体系下的城市分类，并遴选出国家中心城市。

表 9.1　基于 Venn 法的城市网络节点排序

排序	基于 Venn 法的综合排序	大型金融企业的城市排序	高级生产性服务业的城市排序	高铁客运的城市排序	信息流的城市排序	知识创新的城市排序
1	北京	北京	北京	北京	北京	北京
2	上海	上海	上海	上海	成都	上海
3	广州	深圳	成都	深圳	西安	南京
4	深圳	南京	广州	南京	上海	重庆
5	天津	天津	济南	天津	重庆	天津
6	南京	广州	杭州	沈阳	南京	武汉
7	杭州	福州	天津	杭州	深圳	广州
8	济南	沈阳	南京	福州	广州	沈阳
9	沈阳	杭州	沈阳	济南	杭州	大连
10	福州	济南	长沙	武汉	哈尔滨	郑州
11	成都	武汉	合肥	无锡	三亚	苏州
12	武汉	合肥	西安	合肥	苏州	深圳
13	青岛	成都	太原	石家庄	武汉	成都
14	重庆	石家庄	重庆	成都	厦门	哈尔滨
15	长沙	郑州	郑州	郑州	郑州	青岛
16	西安	重庆	昆明	重庆	天津	兰州
17	大连	西安	福州	西安	昆明	长春
18	郑州	哈尔滨	武汉	哈尔滨	青岛	杭州
19	合肥	长沙	深圳	广州	宁波	南昌
20	厦门	太原	南昌	太原	南宁	厦门
21	苏州	大连	哈尔滨	大连	合肥	昆明
22	石家庄	南宁	青岛	南宁	大连	宁波
23	南昌	厦门	长春	厦门	南昌	西安
24	宁波	南昌	乌鲁木齐	南昌	长沙	太原
25	昆明	贵阳	石家庄	贵阳	珠海	合肥
26	无锡	呼和浩特	厦门	呼和浩特	无锡	长沙
27	南宁	长春	南宁	长春	济南	石家庄

续表

排序	基于 Venn 法的综合排序	大型金融企业的城市排序	高级生产性服务业的城市排序	高铁客运的城市排序	信息流的城市排序	知识创新的城市排序
28	贵阳	青岛	贵阳	青岛	石家庄	济南
29	哈尔滨	乌鲁木齐	呼和浩特	乌鲁木齐	贵阳	福州
30	太原	昆明	海口	昆明	福州	珠海
31	长春	宁波	兰州	宁波	海口	南宁
32	呼和浩特	兰州	银川	长沙	沈阳	贵阳
33	乌鲁木齐	海口	苏州	兰州	兰州	乌鲁木齐
34	珠海	银川	宁波	海口	乌鲁木齐	汕头
35	银川	苏州	大连	银川	银川	呼和浩特
36	西宁	无锡	西宁	苏州	太原	银川
37	兰州	西宁	珠海	西宁	呼和浩特	海口
38	海口	珠海	无锡	珠海	长春	三亚
39	汕头	汕头	拉萨	汕头	汕头	西宁
40	三亚	拉萨	汕头	拉萨	西宁	无锡
41	拉萨	三亚	三亚	三亚	拉萨	拉萨

三、城市网络节点体系与功能网络结构

基于流动空间视角构建的城市网络节点体系，不仅能够揭示单个城市的节点特征，还能体现城市之间横向的关系与协同。这一体系通过大型金融企业、高级生产性服务业、高铁客运、信息流与知识创新等五类城市空间流来构建，不仅促使城市分析从传统的单维度统计比较走向“点—线—网”融合的复杂网络分析模式，也实现了多个研究范式的跃迁：从关注城市静态属性信息，转向揭示城市之间的动态联系机制；从关注城市等级与竞争排序，转向关注城市间连接方向与功能互补关系；从研究区域性城市体系组织，扩展至研究全球尺度下的城市网络与开放体系（杨永春，2011）。流动空间在促成不同城市网络空间结构的同时，也在促进社会资源的分层流动，并逐步改变传统的时空联系，能有效、直观地判别出我国

城市网络空间格局。

第一级别城市：北京、上海、深圳、广州、天津、南京、杭州、沈阳、青岛、武汉、成都、重庆、西安，共计 13 个城市。

第二级别城市：福州、长沙、济南、大连、郑州、合肥、厦门、苏州、石家庄、南昌、宁波、昆明、无锡、南宁、贵阳、哈尔滨、太原、长春、呼和浩特、乌鲁木齐，共计 20 个城市。

第三级别城市：珠海、银川、西宁、兰州、海口、汕头、三亚、拉萨，共计 8 个城市。

这样就把国家中心城市放在流动空间视角下思考，分析其在网络中的节点作用、空间范围以及拓展结构。

一方面，流动空间视角的引入使得城市网络空间的思维方式发生了根本性的转变。传统上，城市网络多依赖等级化的结构模型，即城市间的联系和互动通常是以大城市为核心向外围城市辐射的层级关系。然而，流动空间视角打破了这一传统模式，强调城市之间更加动态和多元的联系方式，推动城市群结构从等级体系向扁平化的网络结构转变。在这一转变中，城市网络活动不再局限于中心城市的集聚作用，而是表现出明显的扩散化趋势。具体来说，城市群的发展越来越呈现多极化、分布式的特征，城市间的联系不再是单一的辐射模式，而是通过多个节点之间的互动、合作与竞争，形成了更为复杂的多层次、广泛的网络结构。比如，通过高铁、互联网、金融投资等基础设施的建设和信息流的联通，各个城市的互动程度和联系强度显著增加，城市群的空间形态逐步转向一个高度网络化和动态化的结构，城市群内的各城市开始发挥更加均衡的作用，而非仅依赖少数核心城市。这一转变意味着城市群不再局限于“核心—边缘”的结构，而是一个错综复杂的、包含多极节点和多维空间流的全方位网络体系。

另一方面，流动空间视角强化了国家中心城市在国家层面和全球层面不可或缺的作用。从国家层面来看，国家中心城市不仅是区域经济和社会活动的核心支撑点，还是实现国家战略目标、推动区域协调发展的关键节点。这些城市通常在金融、贸易、科技、教育等领域发挥重要的集聚效应，其辐射功能对于推动区域一体化、区域政策的有效落实，以及国家经济整体竞争力的提升至关重要。随着全球化的深入发展，国家中心城市的功能和影响力已经突破了国家边界，它们逐渐成为全球城市网络中的重要节点。在这一过程中，国家中心城市不仅要承担本国经济发展的核心任务，还要在全球城市网络中发挥桥梁和纽带的作用，推动经济、文化、技术等要素的跨国流动与整合。因此，国家中心城市不再仅是国家内部的经济、文化、科技等功能中心，也成为全球经济体系中的重要枢纽，在推动全球资源配置、技术传播、资本流动以及文化交流等方面发挥着日益关键的作用。

这种双重作用使得国家中心城市在国家和全球空间中的地位尤为重要。它们不仅促进了国内城市群的协同发展和区域经济的一体化，还通过嵌入全球城市网络，推动了国际资源的高效配置和知识创新的全球扩展。具体而言，国家中心城市通过其强大的经济、文化、信息、交通等基础设施，吸引并汇聚了全球的资本、人才和技术，成为全球化重要的推动力量。同时，它们也成为全球城市体系中不可或缺的“枢纽型城市”，在全球化浪潮中发挥着越来越重要的作用，推动了全球经济更加深入和广泛的联动。可以预见，在未来的城市网络发展中，国家中心城市将在国家层面的经济发展与全球层面的网络连接之间架起桥梁，推动各国、各地区之间经济和社会资源的高效流动与互动。

四、小结

本章以流动空间为理论基础，使用 Venn 法，在基于大型金融企业、高级生产性服务业、高铁客运、信息流、知识创新的 41 个城市之间的联系排序与网络格局的基础上，分析城市内外空间流动层次结构并进行国家中心城市的综合判定。这对剖析空间流动视角下的中国城市网络空间层级结构，对其特征进行提取与规律挖掘具有重要意义。从空间流动视角对不同区域城市网络发育程度进行认知，以期促使不同城市群之间人流、物流效率与质量大幅提高，带动周边城市快速发展，促进中心城市和周边城市进入相互联系和平衡发展的新阶段。

第十章
研究结论与展望

一、研究结论

通过论证分析，本书得出以下研究结论：

（1）在流动空间背景下对城市空间网络进行分门别类的研究，是全球化与信息化发展的多样化表现，从构成要素、发展模式与联系方式三个方面构建本书的理论分析框架。其中，城市联系是基于城市流动空间对不同等级中心城市的连接与交互作用形成的空间结构，在等级差异化与扁平网络化的影响下，以国家中心城市之间的不同功能类型下的各级城市为腹地，以相互之间的功能差异与互补为动力，以交通网络、航空运输、互联网信息为联系通道，形成城市联系的空间体系。其中，国家中心城市是最高等级的城市节点，更易形成综合的功能服务枢纽、完善的金融中心以及总部经济的汇集地。这种持久交互的城市流动空间的形成与全球化、网络化、信息化以及城市发展、政府政策、跨国或跨区域企业的背景紧密相关。

（2）现代意义上的中心城市在经济全球化与信息化深入发展的背景下发挥着极为重要的节点功能，这些城市一方面在全球的城市网络体系中具有关键的地位，另一方面在所在国家城镇体系中承担着核心的功能，而国家级中心城市所处的中心、节点与枢纽等重要位置决定了其综合的功能属性，体现了国家政治、经济和文化活动的中心性。通过系统分析，得到国家中心城市（第一级别城市）：北京、上海、深圳、广州、天津、南京、杭州、沈阳、青岛、武汉、成都、重庆、西安，共计13个城市；第二级别城市：福州、长沙、济南、大连、郑州、合肥、厦门、苏州、石家庄、南昌、宁波、昆明、无锡、南宁、贵阳、哈尔滨、太原、长春、呼和浩特、乌鲁木齐，共计20个城市；第三级别城市：珠海、银川、西宁、兰州、海口、汕头、三亚、拉萨，共计8个城市。

（3）大型金融企业在一定程度上代表了对资本的掌握能力，增加对城市人口、人才的吸纳力，借由金融自身的流动特性更能体现城市间的联系与格局。就城市联系程度而言，最明显的联系是以北京为核心，以哈尔滨、上海、广州、乌鲁木齐等城市为边界组成的金融联系流动结构，北京、广州、厦门、成都、呼和浩特作为不同城市群的核心城市，分别构成城市联系的内部结构。

（4）作为城市的重要功能载体，高级生产性服务业发挥了促进城市经济增长与产品创新的关键作用。通过分析城市联系结构与流向特征，最明显的联系是以北京、成都、广州、上海四个城市为顶点组成的金融联系流动结构。就节点城市所在区域而言，在全国范围内最强节点城市是北京、天津、上海、广州、成都、武汉、杭州。

（5）高速铁路网络构成中国各个城市联系网络的基本脉络，受城市规模大小、经济发展水平高低，以及沿线站点数量等综合因素影响，城市群区域内的节点城市主要联系范围局限在100~200千米，高速列车网络基于列车250~300千米的时速压缩了城市时空差距，交通轨道的对接提升了区域一体化发展水平。我国高铁客运空间集聚最为显著的区域主要集中在经济发达的长三角地区、环渤海地区和珠三角地区，上海、北京、天津、广州、深圳为全国高铁客运集聚中心城市。其中，南京—上海、南京—苏州、上海—苏州、南京—无锡、广州—深圳、上海—无锡、苏州—无锡、北京—天津、上海—杭州等城市联系紧密，这些城市对大多是省会与中心城市，其经济往来密切，联系频繁。

（6）信息网络、知识创新网络不同于实体地理要素流，它们是通过互联网虚拟空间传播的，不易受城市距离的差别化影响而缩减传播距离，也是因为距离摩擦几乎忽略不计，才使得信息、知识在各城市之间传递与流通，进而促使城市网络协调有序。北京、上海、南京、深圳、合肥、石家庄、沈阳、济南、昆明等城市之间的信息网络联系密度大于其他城市，其中，重庆—北京、呼和浩特—南京、天津—北京、无锡—北京、重庆—上海、济南—北京、大连—北京、沈阳—北京等城市对的联系程度较高。

二、可能的创新点

本书从国家、城市群、中心城市、功能网络等多个层次对城市流动空间体系的规律进行深入探究，并构建起基于大型金融企业、高级生产性服务业、高铁客运、信息流、知识创新五个维度的分析与指引。运用企业网络数据分析方法符合经济地理与人文地理研究规律，对新型城镇化体系的研究具有指导意义。通过理论与实证分析，试图在以下两个方面有所创新：

（1）从流动空间的视角进行城市网络等级体系的确定。与主要基于城市属性指标、综合指标排序来划分城市等级或城市联系的文献相比，本书利用我国城市间的联系数据来分析全国41个主要城市之间的联系结构、联系流向、格局差异、网络强度差异特征，据此划分城市网络等级以确定国家中心城市。

（2）构建城市流动空间的理论框架。以基于大型金融企业、高级生产性服务业、高铁客运、信息流、知识创新形成的城市联系与网络格局为基础，分析城市内外空间流动层次结构并进行国家中心城市的综合判定，在城市联系的可视化表达基础上，借用生物基因组模型构建城市联系环状图，在城市联系方法上具有一定的创新性。

三、研究不足与展望

受作者学识水平、资料获取和篇幅限制，本书还有许多重要的问题需要后续进一步研究和探讨：

（1）本书仅基于一个时间点的数据分析金融企业、高级生产性服务业、高铁客运、信息流以及知识创新对我国城市网络体系的影响，还应在时间序列上作深入分析。毫无疑问，在经济全球化过程中，金融企业、高级生产性服务业会对国家、区域的城市体系重构和城市网络化联系产生积极的影响，其中的作用机制，也有待进一步研究。

（2）为了分析全国范围内不同节点城市的联系，可将研究范围进一步拓展至全国不同等级的城市，新纳入的城市会对原有的城市联系结构产生怎样的影响？部分中小城市（如昆山、咸阳、威海）的节点价值是否会得到进一步的提升？相关问题需进一步深化研究。

（3）国家中心城市的空间布局不应过度集中于东部地区，应在全国范围内实现合理分布，尤其应加强西部地区的战略节点配置，以实现区域协调。

第十一章
政策建议

在中国的快速城市化和经济转型过程中，国家中心城市作为引领区域发展的核心力量，肩负着推动高质量发展的重大责任。它们不仅是经济增长的引擎，还是科技创新、文化交流、社会治理和国际合作的关键节点。因此，如何精准定位国家中心城市的战略目标，如何推动城市间的协同合作与产业升级，如何在全球化背景下提高其国际影响力，都是亟须深入思考的问题。本章结合中国发展的实际情况，从国家中心城市的定位与目标、城市网络的协同与优化、流动视角下的产业发展、提升国际影响力的路径四个方面提出了一系列政策建议，为国家中心城市的可持续发展提供理论支持与实践指南，为实现中国经济社会高质量发展贡献智慧与力量。

一、国家中心城市的定位与目标

在中国的城市化进程中，国家中心城市不仅是经济增长的引擎，还是社会、文化、科技和国际交流的重要枢纽，其定位应紧密围绕国家战略需求，发挥关键作用。

一是经济功能的战略定位。国家中心城市首先应充分认识其经济功能的重要性，它不仅是区域经济的核心，也应承担起促进国家经济结构优化的关键任务。随着中国经济逐步从传统的制造业主导型向创新驱动型转变，国家中心城市应依托科技创新和产业升级，提升其在全球产业链中的竞争力。具体来说，国家中心城市应积极推动高新技术产业发展，尤其是在人工智能、大数据、新能源、生命科学等领域，打造具有全球竞争力的科技创新高地。同时，要强化本地产业的集聚效应，通过资源共享、技术创新和产业协同，推动传统产业实现高端化和现代化，成为产业链上下游的核心节点。

二是文化软实力的提升与人才吸引。国家中心城市不仅需要在硬件设施、经济发展上占据优势，还需要在文化、教育、科技等软实力方面占据领先地位。文化产业的发展需要结合本地特色与国家战略，推动文化创新与文化产业的深度融合，培育具有全球影响力的文化品牌。同时，国家中心城市应加大教育资源的投入，提升教育服务质量，通过与国内外顶尖高校和科研机构的合作，吸引高端人才和国际科研项目。创建高质量的生活和工作环境，通过创新政策吸引优秀人才流入，形成集聚效应，为产业发展提供智力支持。此外，国家中心城市还应优化科技创新生态，鼓励科技企业与科研机构的深度合作，加大研发投入，为国家经济高质量发展提供强有力的技术支撑。

三是国际化与全球影响力的提升。在全球化的背景下，国家中心城市需要借助国际化，提升其在全球的竞争力和影响力。这不仅要求国家中心城市积极参与国际合作与交流，还要求其与世界各大城市在经济、文化、科技等领域深度融合。例如，国家中心城市可以通过建设国际金融中心、文化交流平台等加强与世界城市网络的互动合作，提高国际企业在本地的入驻率和投资意愿。此外，国家中心城市还应通过举办国际会议、博览会、文化艺术活动等方式提升自身的国际知名度，吸引外资流入，为中国经济的全球化贡献力量。通过持续优化营商环境，提升法律与政策的国际化水平，增强外国企业的投资信心，进而提升城市的全球竞争力。

二、城市网络的协同与优化

中国的城市网络是一个复杂而庞大的系统，国家中心城市在这一系统中发挥着至关重要的作用。城市群之间的协同发展，尤其是跨区域的协作，是推动国家经济和社会整体繁荣的关键，国家中心城市应通过加强与周边城市的产业合作，形成互利共赢的局面。

一是跨区域产业链协同与合作平台建设。国家中心城市的首要任务是通过推动产业链上下游的深度融合，促进区域产业协同发展。这不仅能够提升产业链的整体竞争力，还能实现资源共享和优势互补。例如，国家中心城市应借助其在技术、资金和人才等方面的优势，推动与周边城市在战略性新兴产业上的合作，如大数据、人工智能、绿色能源、生物医药等。可以通过建立跨区域产业园区、产业联盟或技术研发中心等合作平台，为区域内的企业提供资源共享、技术创新和人才流动的机会。这样的合作不仅有助于强化各城市的产业集聚效应，也能通过协同创新推动区域产业的共同升级和转型。此外，国家中心城市应支持并引导地方政府和企业围绕产业链的关键环节开展合作。例如，针对产业链中的研发、制造、物流、市场推广等环节，国家中心城市可以通过公共服务平台提供资金、技术、政策等方面的支持，促使周边城市共同发展，从而形成产业协作网络，提升区域整体的创新能力和产业竞争力。

二是跨区域交通与物流网络的优化。交通和物流网络的畅通是实现城市群协同合作的重要保障。国家中心城市应积极推动跨区域交通设施的建设，优化区域内的交通和物流网络，提高城际连接效率。以大湾区、长三角、京津冀等城市群为例，国家中心城市可以通过进一步完善城际高铁、航空运输等基础设施，提高人员、货物和资金的流动效率，缩短城市之间的时空距离。这不仅能够促进资源的合理配置，还能大幅提升区域经济活力，推动区域一体化进程。例如，推动城际轨道交通的建设和运营，打通不同城市之间的通勤线路，增强区域内的劳动力流动性，使得企业能够轻松跨城选址、招聘、合作，促进区域经济的流动和市场的融合。此外，在物流方面，国家中心城市可以积极推动跨区域物流园区的建设，提升区域内的物流配送能力，降低物流成本，提高区域产业链的效率，进一步深化城市群的经济协同。

三是推动区域一体化的政策协同与制度创新。除了硬件设施建设，国家中心城市在推动城市群协同发展的过程中，还需要推动政策和制度上的协调。首先，国家中心城市应发挥在政策引导和制度创新中的引领作用，推动区域内政府之间的政策协同。例如，在税收优惠、产业补贴、科技创新扶持等方面，国家中心城市可以通过与周边城市政府的政策对接，制定区域性的一体化政策框架，确保政策落实获得最大效益。其次，国家中心城市需要加强与其他城市在治理模式上的合作与创新。可以通过探索跨区域的社会治理模式、人才引进政策等，推动区域协同治理，提高公共服务的效率和质量。最后，国家中心城市应鼓励地方政府和企业通过公私合营（PPP）模式，共同投资和运营城市基础设施和公共服务，减轻政府财政负担，提高城市群的整体运营效率。

四是提升跨区域合作的国际化水平。随着中国日益融入全球化经济体系，国家中心城市在推动区域协同的过程中，也应注重跨区域合作的国际化。国家中心城市可以通过加强与全球其他重要城市的联系，培养跨区域合作的全球视野。例如，可以加强与“一带一路”沿线国家和城市的经济合作，推动外资流入和技术交流，促进区域经济的全球化发展。同时，国家中心城市还应借助其在国际化资源、市场、人才等方面的优势，吸引外资、国际企业和科研机构，提升区域的全球竞争力。

三、流动视角下的产业发展

在全球化和信息化程度日益加深的今天，产业发展不仅依赖城市内部的资源积累和产业结构调整，还要充分考虑全球和区域要素流动的效率与便捷性。要在竞争激烈的国际舞台上占据有利位置，国家中心城市需要基于流动视角来推动产业发展，构建更加灵活、开放和高效的产业生态系统。具体来说，国家中心城市可以从以下四个方面着手，提升产业的全球竞争力与发展活力：

一是建立跨国、跨区域的产业合作网络。产业发展必须顺应全球化竞争的趋势，国家中心城市要通过搭建跨国和跨区域的产业合作平台，吸引全球领先的科技、资金和人才。具体而言，国家中心城市可以借助已有的优势，打造国际化的科技园区、产业园区或创新中心，以吸引海外顶尖科技企业、创新团队和投资机构。深圳和上海等城市在这方面已有一定的成功经验。深圳通过其高科技园区吸引了大量的国际科技公司和人才，上海则利用其国际化大都市的优势，吸引了全球领先的金融和科技公司。通过建设国际合作平台，国家中心城市不仅可以吸引外资流入，还可以促进国际技术交流与合作，帮助本地企业学习和借鉴世界先进的管理经验、技术创新和产业模式。同时，跨国合作还能够加速全球创新资源的流动，推动中国企业与国际大企业、科研机构的深度合作与技术引进，为产业升级提供源源不断的动力。

二是提升本土企业的创新能力和全球竞争力。国家中心城市的另一项核心任务是提升本土企业的创新能力，增强其在全球市场的竞争力。为了实现这一目标，国家中心城市应通过多维度的创新政策，鼓励企业加大研发投入，推动核心技术的突破。可以设立专门的产业基金、创新孵化器和技术转化平台，为企业提供资金支持、技术转化支持和市场推广支持，帮助本地企业加速进行技术创新，推动产业向高端化、智能化、绿色化方向发展。例如，国家中心城市可以通过建立技术转化平台，促进高校和科研机构的科研成果快速进入市场。通过与企业的紧密合作，实现技术从实验室到产业化的快速转化，缩短技术创新的周期，提高技术应用的效率。与此同时，国家中心城市还应大力推动企业国际化，支持本土企业通过并购、跨国合作和开设海外分支机构等方式拓展国际市场，提升全球市场占有率。

三是优化人才流动机制，增强创新动能。产业发展的关键驱动力之一是人才，尤其是高端人才和高技能工人的流动和聚集。国家中心城市应积极优化人才流动机制，为产业发展提供更广泛的人才保障。国家中心城市可以通过放宽人才引进政策，吸引更多的国际人才和国内优秀人才，尤其是高端技术人才、金融人才和管理人才。通过简化引才程序，提供优厚的待遇、住房、税收优惠等政策，吸引全球各地的顶尖人才和创业团队。此外，国家中心城市还应通过建立灵活的人才流动和培养机制，促进人才的快速流动和跨界交流。可以通过政府主导的创新创业平台，联合高校、科研机构和企业，共同举办创新大赛、人才交流会等活动，打破人才流动的地域和行业限制，激发产业创新的活力。高技能工人的引进同样至关重要，尤其是在智能制造、人工智能、生物医药等高科技产业。国家中心城市应提供完善的职业技能培训体系，加强职业教育和技术培训，提高劳动者的技术水平，为企业发展提供足够的人力支持。

四是完善产业链和创新生态的互联互通。产业发展不仅依赖单一企业的创新，还需要产业链中各环节的协同创新与资源共享。国家中心城市应加快推动产业链上下游企业、科研机构和政府之间的协作，建设一个高度互联互通的创新生态系统。具体来说，国家中心城市可以通过推动跨行业、跨地区的产业联盟，提升产业链的整合能力和协同效应。在此基础上，国家中心城市还可以加强产学研合作，推动科研机构与企业的联合攻关。通过集成创新模式，推动企业在供应链、生产链、技术链、价值链等环节的深度协同，形成更加稳定和高效的产业生态。

四、提升国际影响力的路径

在全球化和国际竞争愈加激烈的今天，国家中心城市的国际化水平和影响力不仅决定了其在全球经济体系中的地位，还直接影响城市的可持续发展、国际资源的配置以及吸引外资和人才的能力。因此，国家中心城市要在增强硬实力的基础上，提升其国际影响力，塑造全球化的城市品牌。国家中心城市可以借助以下四条路径提升其在全球的地位：

一是举办国际化大型会议与展览，提升全球知名度。国家中心城市可以通过组织国际性的大型会议、博览会和展览会，吸引全球的投资者、企业家、专家学者等，提高城市的国际知名度。例如，上海作为国际金融中心，通过持续举办上海国际金融论坛、全球高端投资洽谈会等，已经逐渐成为全球金融、商业、投资领域的重要交流平台。这些国际性活动不仅能吸引外资和项目，也能提升城市的声誉，使其成为全球经济合作的一个重要节点。此外，城市可以通过开展国际性的科技、文化、创意产业展览等，展示本地的创新成果与产业发展，增进与世界各地的企业、机构、文化组织的互动，进一步巩固其在全球产业链、文化网络和经济体系中的地位。通过举办此类会议与展览，国家中心城市可以实现软硬实力的双重提升，吸引国际企业和投资者的目光，进而提升其全球影响力。

二是推动文化输出和国际文化交流，提高软实力。在提升国际影响力的过程中，文化软实力的作用不可忽视。国家中心城市应积极推动文化输出，促进文化多样性交流与融合。通过举办国际文化节、艺术展览、文化论坛以及跨国文化合作项目，城市不仅能展示其独特的文化特色，还能提升国际对该城市的认同感与亲近感。例如，北京、上海等城市可以继续加强与世界主要文化中心的文化交流合作，通过推动国际艺术展览、电影节、文学交流等项目，增强城市的文化吸引力。此外，国家中心城市还应注重加强与“一带一路”沿线国家和地区的文化合作，通过文化交流与合作，进一步提升其在国际文化领域的影响力。这种文化输出的方式可以增进国际对中国文化的了解，增强国际舆论中的文化软实力，提升城市的全球声誉。

三是科技创新驱动，保持全球领先地位。科技创新是提升国际竞争力和影响力的重要驱动力。国家中心城市应继续保持在科技创新方面的领先地位，通过加强与全球顶尖高校、科研机构的合作，引进高端科技人才，推动科技创新成果的转化应用。具体而言，国家中心城市可以在前沿领域，如人工智能、大数据、生命科学、新能源等领域建立创新合作平台，吸引全球顶尖科技企业与研究机构的入驻和合作。同时，国家中心城市应注重推动本地企业的创新升级，加强产学研合作，促进科技成果的转化。通过这种合作，城市不仅能提升本土企业的全球竞争力，也能巩固其在全球创新网络中的地位。尤其在“一带一路”倡议框架下，国家中心城市应主动发挥创新合作的桥梁作用，与世界其他国家和地区的企业和科研机构共同推动全球科技创新合作，为全球可持续发展做出贡献。

四是发挥“一带一路”倡议作用，推动全球多领域合作。在“一带一路”倡议的框架下，国家中心城市应积极发挥连接中国与世界其他地区的纽带作用，推动经济、文化、科技等领域的深度合作。通过进一步加强与“一带一路”沿线国家和地区的经济合作、贸易往来、科技交流等，国家中心城市能够成为全球经济合作的重要枢纽，提升在全球经济体系中的地位和影响力。具体而言，国家中心城市可以通过设立国际合作平台、联合举办国际论坛、推动多边贸易合作等方式，积极推动区域间的互联互通。同时，国家中心城市还应借助“一带一路”倡议，推动基础设施建设与金融合作，为发展中国家提供融资支持，推动全球经济均衡发展。通过这种合作模式，国家中心城市不仅能提升自身的国际影响力，还能为全球发展做出积极贡献。

参考文献

[1] ALDERSON A, BECKFIELD J. Power and position in the world city system[J]. American Journal of Sociology, 2004, 109(4): 811-851.

[2] BATTEN D F. Network cities: creative urban agglomerations for the 21st century [J]. Urban Studies, 1995, 32(2): 313-327.

[3] BRESCHI S, LISSONI F. Knowledge spillovers and local innovation systems: a critical survey [J]. Industrial and Corporate Change, 2001, 10 (4): 975-1005.

[4] CAMAGNI R, CAPELLO R. The city network paradigm: theoryand empirical evidence[M]. Netherlands: Elsevier B. V, 2004.

[5] CAMAGNI R, DIAPPI L, STABILINI S. City networks in the lombardy region: an analysis in terms of communication flows [J]. Flux, 1994 (15): 37-50.

[6] CAMAGNI R, SALONE C. Network urban structures in northern italy: elements for a theoretical framework [J]. Urban Studies, 1993, 30 (6): 1053-1064.

[7] CASTELLS M ANUEL. High technology, economic restructu ring, and the urban-regional process in the United States. In CASTELLS MANUEL ed. High technology, space, and society[J]. Urban Affairs Annual Reviews. London, 1985.

[8] CASTELLS M. The rise of the network society[M]//XIA Z J, WANG Z H, et al. Trans. Beijing: Social Science Literature Press, 2001.

[9] CASTELLS M. Globalisation, networking, urbanisation: reflections on the spatial dynamics of the information age [J]. Urban Studies, 2010, 47 (13): 2737-2745.

[10] CASTELLS M. The informational city: information technology, economic restructuring and the urban-regional process[M]. Oxford: Blackwell, 1989.

[11] CASTELLS M. The rise of network society[M]. Oxford: Blackwell, 1996.

[12] CHRISTALLER W. Central place in southern germany[M]. Translated by BASKIN C W, Englewood Cliffs. NJ and London: Prentice Hall, 1966.

[13] CHU HONEJAY, LIAU CHURNJUNG, LIN CHAOHUNG, et al. Integration of fuzzy cluster analysis and kernel density estimation for tracking typhoon trajectories in the Taiwan region[J]. Expert Systems with Applications, 2012, 39 (10): 9451-9457.

[14] CRAMTON C D. The mutual knowledge problem and its consequences for dispersed collaboration[J]. Organization Science, 2001, 12(3): 346-371.

[15] DARR E D, KURTZBERG T R. An investigation of partner similaritydimensions on knowledge transfer[J]. Organizational Behavior and Human Decision Processes, 2000, 82(1): 28-44.

[16] DERUDDER B. On conceptual confusion in empirical analyses of a transnational urban network[J]. Urban Studies, 2006, 43(11): 2027-2046.

[17] FRIEDMANN J. The world city hypothesis [J]. Development and Change, 1995, 17(1): 69-83.

[18] FRIEDMANN J. Where we stand: a decade of world city research [M]//KNOX P L, TAYLOR P J. World cities in a world system. Cambridge, UK: Cambridge University Press, 1995.

[19] GARDIOL F L. Multiple innovations and urban development in Burkina Faso[M]//BOLAY J C, SCHMID M, TEJADA G, et al. Technologies and innovation for development. Paris: Springer, 2012.

[20] GEDDES P. Cities in evolution: an introduction to the town planning movement and to the study of civics[M]. London: Ben, 1915.

[21] GIUSEPPE D. Globalization and regional integration: the case of the Italian urban system[J]. GeoJournal, 1997, 43(4): 331-338.

[22] HAGGETT P, CHORLEY R J. Network analysis in geography[M].

London: Edward Arnold, 1969.

[23] HALL P. The world cities[M]. New York & Toronto: World University Library, 1966.

[24] HE C, YHD WEI, PAN F. Geographical concentration of manufacturing industries in China: the importance of spatial and industrial scales[J]. Eurasian Geography and Economics, 2007, 48(5): 603-625.

[25] HENDERSON J, DICKEN P, MARTIN H, et al. Global production networks and the analysis of economic development[J]. Review of International Political Economy, 2002, 9(3): 436-464.

[26] HERSTAD S, PÅLSHAUGEN Ø, EBERSBERGER B. Industrial innovation collaboration in a capital region context[J]. Journal of the Knowledge Economy, 2011, 2(4): 507-532.

[27] JOHNSON B, SHNEIDERMAN B. Tree-maps: a space-filling approach to the visualization of hierarchical information [J]. Proceedings of the Visualization, 1991: 284-291.

[28] MEIJERS E. Meauring polycentricity and its promiiese[J]. European Planning Studies, 2008, 16(9): 1313-1323.

[29] MURDOCH J. Actor-network and the evolution of economic forms: combining description and explanation in theories of regulation, flexible specialization, and networks [J]. Environment and Planning A, 1995, 27 (5): 731-757.

[30] PONDS R, VAN OORT F, FRENKEN K. The geographical and institutional proximity of research collaboration [J]. Papers in Regional Science, 2007, 86(3): 423-443.

[31] ROSS C. The urban system and networks of corporation control[M]. London: Jai Press, Inc., 1992.

[32] SASSEN S. The global city: New York, London, Tokyo[M]. Princeton. NJ: Princeton University Press, 1994.

[33] SCOTT A J. Urbanization and urban planning in capitalist society[M]. London: Methuen, 1981.

[34]SMITH D A, MICHAEL TIMBERLAKE. World city networks and hierarchies, 1977—an empirical analysis of global air travel links[J]. American Behavioral Scientist, 1997, 44(10): 1656-1678.

[35]TAYLOR P J, BEN D, PIETER S, et al. Cities in globalization: practices, policies and theories[M]. Oxon: Routledge, 2007.

[36]TAYLOR P J, CATALANO G, WALKER D R F. Measurement of the world city network[J]. Urban Studies, 2002, 39(13): 2367-2376.

[37]TAYLOR P J. World city network: a global urban analysis[M]. New York: Routledge, 2004.

[38]WEI Y D. Regional inequality in China[J]. Progress in Human Geography, 1999, 23(1): 49-59.

[39]YENG H W. Critical reviews of geographical perspectives on business organizations and the organization of production: towards a network approach [J]. Progress in Hum an Geography, 1994, 18(4): 460-490.

[40]YU ZHENG, LICIA C, OURI W, et al. Urban computing: concepts, methodologies, and applications[J]. ACM Transaction on Intelligent Systems and Technology, 2014, 5(3): 34-45.

[41]曹子威，罗震东，耿磊．基于信息流的城市—区域关系比较研究——以马鞍山和芜湖为例[J]．经济地理，2013，33(5)：47-53.

[42]岑迪，周剑云，赵渺希．“流空间”视角下的新型城镇化研究[J]．规划师，2013，29(4)：16-20.

[43]柴彦威，申悦，马修军，等．北京居民活动与出行行为时空数据采集与管理[J]．地理研究，2013，32(3)：441-451.

[44]陈江生，郑智星．国家中心城市的发展瓶颈及解决思路：以东京—伦敦等国际中心城市为例[J]．城市观察，2009(2)：14-19.

[45]陈柳钦．城市功能及其空间结构和区际协调[J]．中国名城，2011(1)：23-24.

[46]陈伟，修春亮，柯文前，等．多元交通流视角下的中国城市网络层级特征[J]．地理研究，2017，72(2)：2073-2083.

[47]陈伟，刘卫东，柯文前，等．基于公路客流的中国城市网络结构

与空间组织模式[J]. 地理学报，2017，2(72)：224-241.

[48]崔功豪. 当前城市与区域规划问题的几点思考[J]. 城市规划，2002，26(2)：40-42.

[49]戴维·奥斯本，特德·盖布勒. 改革政府：企业家精神如何改革着公共部门[M]. 上海：上海译文出版社，1996.

[50]丁健. 现代城市经济[M]. 上海：同济大学出版社，2001.

[51]方创琳. 中国城市群形成发育的新格局及新趋向[J]. 地理科学，2011，31(9)：1025-1034.

[52]高凌，姚士谋，李昌峰. 中国省会城市功能的定位方法——以沈阳为例[J]. 经济地理，2007(6)：914-917.

[53]高宜程，申玉铭，王茂军，等. 城市功能定位的理论和方法思考[J]. 城市规划，2008，32(10)：21-25.

[54]顾朝林，陈璐，丁睿，等. 全球化与重建国家城市体系设想[J]. 地理科学，2005，25(6)：641-653.

[55]顾朝林. 中国城镇体系：历史、现状、展望[M]. 北京：商务印书馆，1996.

[56]顾朝林. 中国城市经济区划分的初步研究[J]. 地理学报，1991(2)：129-141.

[57]顾娜娜. 长江经济带装备制造业产学研创新网络研究[D]. 上海：华东师范大学，2015.

[58]郭宏斌. 厦门城市生态功能网络评价及其优化研究[J]. 自然资源学报，2010，25(1)：73-81.

[59]国家统计局. 中央城市工作会议文件[EB/OL]. [2014-01-20]. http：//www. stats. gov. cn.

[60]贺剑锋. 关于中国高速铁路可达性的研究：以长三角为例[J]. 国际城市规划，2011，26(6)：55-62.

[61]胡兴华，唐热情，韩东方. 重庆统筹城乡交通发展若干问题分析[J]. 重庆交通大学学报(自然科学版)，2008，27(6)：1131-1134.

[62]胡序威. 应厘清与城镇化有关的各种地域空间概念[J]. 城市发展研究，2014，21(11)：1-4.

[63]黄俊，李军，周恒，等．基于城市联系度的武汉城市圈动态发展研究[J]．规划师，2017，33(1)：85-92.

[64]季菲菲．长三角一体化背景下金融网络的形成、格局与机理分析[D]．北京：中国科学院大学，2014.

[65]姜海宁，陆玉麒，吕国庆．江浙沪主要中心城市对外经济联系的测度分析[J]．地理科学进展，2008，27(6)：82-89.

[66]姜雪．城市减灾功能网络构建研究——以深圳福田为例[D]．哈尔滨：哈尔滨工业大学，2012.

[67]金钟范．基于企业母子联系的中国跨国城市网络结构——以中韩城市之间联系为例[J]．地理研究，2010，29(9)：1670-1680.

[68]冷炳荣，杨永春，谭一洺．城市网络研究：由等级到网络[J]．国际城市规划，2014，29(1)：1-6.

[69]李林．国家中心城市功能选择与实施路径[J]．城市，2011(10)：17-21.

[70]李王鸣，江勇．基于城市流要素的区域城市内外部功能联系研究——以浙江省台州市域为例[J]．经济地理，2012，32(2)：60-65.

[71]李小建．公司地理论[M]．北京：科学出版社，1999.

[72]刘江华，张强，杨代友，等．国家中心城市功能比较与广州发展转型之路[M]．北京：中国经济出版社，2016.

[73]刘涛，仝德，李贵才．基于城市流空间视角的城市联系研究——以珠江三角洲为例[J]．地理科学，2015，35(3)：306-313.

[74]刘涛．基于功能网络的珠三角区域城市联系研究[J]．经济地理，2015，35(12)：57-62.

[75]刘卫东，甄峰．信息化对社会经济空间组织的影响研究[J]．地理学报，2004，59(S1)：67-76.

[76]刘卫东．经济地理学思维[M]．北京：科学出版社，2013.

[77]刘晓芬．平潭岛生态功能网络构建研究[D]．福州：福建师范大学，2012.

[78]陆大道．地理学关于城镇化领域的研究内容框架[J]．地理科学，2013，33(8)：897-901.

[79]路紫，张秋娈，邢晨宇，等．基于图论的SNS社区中人际节点空间关系的中心性研究——以新浪微博为例[J]．经济地理，2013，33(12)：77-83.

[80]罗家德．社会网络分析讲义[M]．北京：社会科学文献出版社，2005.

[81]罗守贵，金芙蓉，黄融．上海都市圈城市间经济流测度[J]．经济地理，2010，30(1)：80-85.

[82]罗志刚．全国城镇体系、主体功能区与“国家空间系统”[J]．城市规划学刊，2008(3)：1-9.

[83]吕怀涛．生产性服务业与制造业互动发展的经验及对辽宁的启示[J]．当代经济，2009(23)：96-101.

[84]吕拉昌，黄茹，廖倩．创新地理学研究的几个理论问题[J]．地理科学，2016，36(5)：653-661.

[85]吕拉昌．基于城市创新职能的中国创新城市空间体系[J]．地理科学，2010，65(2)：177-190.

[86]吕拉昌．全球城市理论与中国的国际城市建设[J]．地理科学，2007，27(4)：449-456.

[87]马学广，李贵才．全球流动空间中的当代世界城市网络理论研究[J]．经济地理，2011，31(10)：1630-1631.

[88]马学广，李贵才．西方城市网络研究进展和应用实践[J]．国际城市规划，2012，27(4)：65-70.

[89]苗长虹，王海江．河南省城市的经济联系方向与强度——兼论中原城市群的形成与对外联系[J]．地理研究，2006，25(2)：222-232.

[90]尼葛洛庞帝．数字化生存[M]．胡泳，范海燕，译．海口：海南出版社，1997.

[91]倪玲霖，王姣娥，胡浩．中国快递企业的空间组织研究：以顺丰速运为例[J]．经济地理，2012，32(2)：82-88.

[92]倪鹏飞，刘凯，彼得·泰勒．中国城市联系度：基于联锁网络模型的测度[J]．经济社会体制比较，2011(6)：96-103.

[93]宁越敏．未来30年世界城市体系发展趋势与上海的地位和作用

[J]. 科学发展，2015(3)：19-24.

[94]潘乐. 城市用地结构与城市功能的研究[J]. 四川师范大学学报(自然科学版)，1999，22(5)：599-602.

[95]彭和平，侯书森. 城市管理学[M]. 北京：高等教育出版社，2009.

[96]彭丽敏. 武汉建设国家中心城市的思考——以城市功能和国家战略的动态耦合为线索[J]. 城市发展研究，2013，20(1)：14-20.

[97]乔旭宁，杨德刚，毛汉英，等. 基于经济联系强度的乌鲁木齐都市圈空间结构研究[J]. 地理科学进展，2007，11(6)：87-95.

[98]秦萧，甄峰，朱寿佳，等. 基于网络口碑度的南京城区餐饮业空间分布格局研究——以大众点评网为例[J]. 地理科学，2014，34(7)：810-817.

[99]申庆喜，李诚固，马佐澎. 基于服务空间视角的长春市城市功能空间扩展研究[J]. 地理科学，2016，36(2)：274-282.

[100]沈丽珍，顾朝林. 区域流动空间整合与全球城市网络构建[J]. 地理科学，2009，29(6)：788-793.

[101]松原宏. ァジァの都市システム[M]. 富冈：九州大学出版会，1998.

[102]宋伟，李秀伟. 基于航空客流的中国城市层级结构分析[J]. 地理研究，2008，27(4)：918-926.

[103]宋思曼. 国家中心城市功能理论与重庆构建国家中心城市研究[D]. 重庆：重庆大学建筑城规学院，2013.

[104]隋正伟，邬伦，刘瑜. 基于签到数据的城市间交互网络研究[J]. 地理与地理信息科学，2013，29(6)：1-5.

[105]孙阳，姚士谋，张落成. 长三角城市群“空间流”层级功能结构——基于高铁客运数据的分析[J]. 地理科学进展，2016，35(11)：1381-1387.

[106]孙九霞，周尚意，王宁，等. 跨学科聚焦的新领域：流动的时间、空间与社会[J]. 地理研究，2016，35(10)：1801-1818.

[107]孙中亚，甄峰. 信息技术对城市居住空间变化影响研究：以南

京河西新城为例[D]. 南京：南京大学，2014.

[108]谭一洺，杨永春，冷炳荣. 基于高级生产者服务业视角的成渝地区城市网络体系[J]. 地理科学进展，2011，30(6)：724-732.

[109]田美玲，方世明. 国家中心城市研究综述[J]. 国际城市规划，2015，30(2)：70-80.

[110]汪明峰，谢守红. 信息时代的城市空间组织演变[J]. 山西师大学报(社会科学版)，2005，32(1)：16-20.

[111]汪明峰. 城市网络空间的生产与消费[M]. 北京：科学出版社，2007.

[112]汪洋. 广州离国家中心城市还有不小的差距[N/OL]. 南方日报. [2009-04-11]. http：//gd. nfdaily. cn/content/2009-04/11/content_5057250. htm.

[113]王伟. 外资与城市发展[M]. 北京：中国商务出版社，2007.

[114]王成，王茂军，柴箐. 城市网络地位与网络权力的关系——以中国汽车零部件交易链接网络为例[J]. 地理学报，2015，70(12)：1953-1972.

[115]王成超. 基于区际经济联系的海峡西岸经济区空间整合研究[J]. 亚热带资源与环境学报，2008，3(6)：81-87.

[116]王聪，曹有挥，陈国伟. 基于生产性服务业的长江三角洲城市网络[J]. 地理研究，2014，33(2)：323-335.

[117]王凤学. 中国高速铁路对区域经济发展影响研究[D]. 长春：吉林大学，2012.

[118]王海江，苗长虹，刘春国，等. 中国中心城市的外向功能联系与时空格局[J]. 地域研究与开发，2013，32(3)：11-17.

[119]王缉宪. 港口竞争与港口城市竞争的解释[C]. 北京：中国科学院地理科学与资源研究所，2004.

[120]王克英，赵中花，谢磊，等. 山东省城市旅游经济联系时空差异及其动力机制[J]. 绿色科技，2012(12)：235-238.

[121]王洋，方创琳，盛长元. 扬州市住宅价格的空间分异与模式演变[J]. 地理学报，2013，68(8)：1082-1096.

[122]王泽宇，孙然，韩增林，等．环渤海地区滨海旅游经济空间联系变化特征的网络分析及机理研究［J］．海洋开发与管理，2013，30(10)：109-118.

[123]魏冶，修春亮，刘志敏，等．春运人口流动透视的转型期中国城市网络结构[J]．地理科学，2016，36(11)：1654-1660.

[124]魏宗财，甄峰，席广亮，等．全球化、柔性化、复合化、差异化：信息时代城市功能演变研究[J]．经济地理，2013，33(6)：49-52.

[125]魏宗财，甄峰，张年国，等．信息化影响下经济发达地区个人联系网络演变——以苏锡常地区为例[J]．地理科学进展，2008，27(4)：82-88.

[126]吴康，方创琳，赵渺希，等．京津城际高速铁路影响下的跨城流动空间特征[J]．地理学报，2013，68(2)：159-174.

[127]吴良镛．城市世界、城市问题、城市规划与市长的作用[J]．城市规划，2000，24(4)：17-21.

[128]吴晓隽，高汝熹．试析全球化时代都市圈中心城市极化效应的新模式及对中国的启示[J]．世界经济研究，2006(11)：28-33.

[129]武前波，宁越敏．中国城市空间网络分析——基于电子信息企业生产网络视角[J]．地理研究，2013，31(2)：207-219.

[130]武巍，刘卫东，刘毅．中国地区银行业金融系统的区域差异[J]．地理学报，2007，62(12)：1235-1243.

[131]谢俊贵．我国城市化进程中的城市空间拓展策略[J]．人文地理，2009，24(4)：88-90.

[132]谢子远，鞠芳辉．产业集群对我国区域创新效率的影响：来自国家高新区的证据[J]．科学学与科学技术管理，2011，32(7)：69-73.

[133]熊丽芳，甄峰，王波，等．基于百度指数的长三角核心区城市网络特征研究[J]．经济地理，2013，33(7)：67-73.

[134]徐慧超，韩增林，赵林，等．中原经济区城市经济联系时空变化分析：基于城市流强度的视角[J]．经济地理，2013，33(6)：53-58.

[135]许学强，周一星，宁越敏．城市地理学(第二版)[M]．北京：高等教育出版社，2009.

[136]薛俊菲．基于航空网络的中国城市体系等级结构与分布格局[J]．地理研究，2008(1)：23-32+242.

[137]薛丽萍．淮海经济区主要城市经济联系的空间作用分析[J]．经济地理，2014，34(11)：53-57.

[138]杨汝万．全球化背景下的亚太城市[M]．北京：科学出版社，2004.

[139]杨永春，冷炳荣，谭一洺，等．世界城市网络研究理论与方法及其对城市体系研究的启示[J]．地理研究，2011，30(6)：1010-1020.

[140]姚华松．论建设国家中心城市的五大关系[J]．城市观察，2009(2)：62-69.

[141]姚士谋，陈振光，叶高斌，等．中国城市群基本概念的再认知[J]．城市观察，2015，35(1)：73-82.

[142]姚士谋，陈振光，朱英明．中国城市群[M]．合肥：中国科学技术大学出版社，2008.

[143]姚士谋，张平宇，余成，等．中国新型城镇化的理论与实践问题[J]．地理科学，2014，34(3)：94-100.

[144]姚士谋．中国大都市的空间扩展[M]．合肥：中国科学技术大学出版社，1998.

[145]姚永玲，董月，王韫涵．北京和首尔全球城市网络联系能级及其动力因素比较[J]．经济地理，2012，35(8)：36-42.

[146]叶磊，段学军．基于物流企业的长三角地区城市网络结构[J]．地理科学进展，2016，5(35)：622-631.

[147]尹俊，甄峰，王春慧．基于金融企业布局的中国城市网络格局研究[J]．经济地理，2011，31(5)：754-759.

[148]于涛方，顾朝林，李志刚．1995 年以来中国城市体系格局与演变：基于航空流视角[J]．地理研究，2008，27(6)：1407-1418.

[149]张文尝，金凤君，荣朝和．空间运输联系：理论研究、实证分析、预测方法[M]．北京：中国铁道出版社，1992.

[150]张文尝．我国客流的影响因素及其地区差异的研究[J]．地理学报，1988，43(3)：192-199.

[151]张小飞，李正国，王如松，等．基于功能网络评价的城市生态安全格局研究：以常州市为例[J]．北京大学学报(自然科学版)，2009，45(4)：173-181.

[152]张小飞，王仰麟，李贵才．流域景观功能网络构建及应用——以台湾乌溪流域为例[J]．地理学报，2005，60(6)：974-980.

[153]张小飞，王仰麟，李正国．两岸典型城市生态功能网络的组成与结构[J]．生态学杂志，2007，26(3)：399-405.

[154]张小飞，王仰麟，李正国．景观功能网络构建及应用[C]．自然地理学与生态建设论文集，2006.

[155]张晓明，汪淳．长江三角洲巨型城市区城镇格局分析：高级生产者服务业的视角[J]．城市与区域规划研究，2008，1(2)：44-59.

[156]张晓明．长江三角洲巨型城市区特征分析[J]．地理学报，2006，61(10)：1025-1036.

[157]张学良，刘学华．高铁时代的城市新时空[J]．社会观察，2013(1)：38-41.

[158]赵渺希，朵朵．全球化进程中珠三角城市区域的多中心网络组织[M]．广州：南方传媒出版社，2016.

[159]赵渺希，刘铮．基于生产服务业的中国城市网络研究[J]．城市规划，2012，9(36)：23-28.

[160]赵渺希，魏冀明，吴康．京津冀城市群的功能联系及其复杂网络演化[J]．城市规划学刊，2014(1)：46-52.

[161]赵渺希，周璇，黎智枫．功能联系视角下珠三角扩容的规划探索[J]．地域研究与开发，2015，34(2)：21-27.

[162]赵渺希．全球化进程中长三角区域城市功能的演进[J]．经济地理，2012，32(3)：51-56.

[163]赵维良，韩增林．城市网络：形态、功能及治理[J]．当代经济管理，2016，38(3)：69-73.

[164]甄峰，王波，陈映雪．基于网络社会空间的中国城市网络特征：以新浪微博为例[J]．地理学报，2012，67(8)：1031-1043.

[165]甄峰，顾朝林．信息时代空间结构研究新进展[J]．地理研究，

2002，21(2)：257-265.

[166]郑建峰．交通流与区域空间联系的关系研究[D]．西安：长安大学，2006.

[167]郑蔚．基于复杂性理论的城市经济网络研究进展与展望[J]．地理科学进展，2015，34(6)：676-686.

[168]钟业喜，陈琳，黄洁．中国500强的行业结构及其区域差异[J]．地理科学，2017，37(2)：190-199.

[169]周阳．国家中心城市：概念、特征、功能及其评价[J]．城市观察，2012(1)：132-140.

[170]周岚，韩冬青，张京祥，等．国际城市创新案例集[M]．北京：中国建筑工业出版社，2016.

[171]周一星，张莉．城市中心性与我国城市中心性的等级体系[J]．地域研究与开发，2001(4)：1-5.

[172]周振华．崛起中的全球城市[M]．上海：上海人民出版社，2008.

[173]周振华．全球化、全球城市网络与全球城市的逻辑关系[J]．社会科学，2006(10)：17-26.

[174]朱传耿．我国省际边界区域的研究进展及展望[J]．经济地理，2006，27(2)：302-305.

[175]朱小丹．论建设国家中心城市——从国家战略层面全面提升广州科学发展实力的研究[J]．城市观察，2009(2)：162-265.

[176]朱英明．城市群经济空间分析[M]．北京：科学出版社，2004.

[177]朱媛媛，曾菊．新中国中部地区六个中心城市功能优化研究[J]．地理与地理信息科学，2013，29(6)：73-77.

[178]住房和城乡建设部城乡规划司，中国城市规划设计研究院．全国城镇体系规划(2006—2020年)[M]．北京：商务印书馆，2010.

[179]宗会明，易峥，钱紫华，等．北碚与重庆主城核心区的空间联系——基于交通和居民出行调查数据的分析[J]．地理研究，2013，32(8)：1439-1447.

后记

一张未完成的流动网络

在完成本书主体内容的过程中，我深入思考，并在不断推敲中完成了这一篇后记，它既承载着我对学术探索的感性认知，又是个人理性思考的成果。正是这种感性与理性的交织，才有了本书的诞生。之所以以这样的表达方式结尾，是想学习国内外学术大师的严谨而不失灵动、理性而不失温暖、严肃而不失趣味的表达手法，尝试与读者进行一场跨越时空的对话。学术写作常被认为是严谨甚至刻板的，但我始终相信，好的学术作品不仅应传递知识，还应唤起情感和思考。在知识的表达中找到与人心的共鸣，或许正是学术的另一种意义所在。所以，我尝试以这样的表达方式为本书的创作画上句号。希望它既是总结，也是与您心灵的一次交流。

不少人问我："学术研究的过程是什么样的？"我总会笑着回答："就像织一张永远差一点儿完成的网，而每次刚打好节点，都会因为新的发现重新调整网络状态。"回答看似随意，其实道出了自己对研究旅程的理解——追逐的从不是一个固定的结果，而是探索过程中的思考与成长。

在正式开始这段研究之前，我对"国家中心城市"的印象和大多数人一样：一组概念、数据、指标，或城市发展战略中的宏大叙事。然而，深入其中后我发现，它们其实是有温度的。它们承载着流动的生命力，连接着国家、社会、经济、文化的复杂动态。每一个决策、每一次流动，不仅是对既有结构的回应，也是对未来网络的想象。这种充满动态的研究主题与学术旅程不谋而合。如果学术是探险，那么无疑是一场全副武装的长途远征。是的，前方可能有泥泞、有风雪，比如验证失败、论文退回以及永远"不听话"的数据。然而，正是在这些时刻，我学会了坚持，也发现了小小的乐趣：从一次灵光乍现的思路优化，到一段文献中恰到好处的“神助攻”。这些点滴让人心中悄然升起满足感。所有这些促使我不断思考，“学术”究竟意味着什么。我逐渐明白，学术不该是高高在上的理论体系，而应是以真实生活为起点并最终回归生活的深刻洞察。正因如此，我希望将这段研究整理成书，这不仅是一次学术的记录，也是一场与读者心灵的对话。

通过研究国家中心城市，我逐渐学会了如何在学术的流动网络中找到关键节点，理解流动背后的逻辑，并在看似杂乱无章中寻找秩序。我始终相信，学术不是为了证明自我，而是为了更好地理解世界，并以此创造更美好的生活。站在此时此地回望，我更加意识到，这不仅是一次理论的探索，还是一种对人生的参悟。伟大的书籍和研究之所以动人，往往在于它们阐明了那些你一直思考的、心有所感却难以清晰表达的东西。这也是我在完成本书时的一个小小愿望，如上所言，希望它不仅是学术的记录，也是与读者心灵的对话。

“求知若渴，虚心若愚。”乔布斯的这句话始终激励着我、警醒着我，不要被既定的思维框架束缚，要始终保持谦逊的态度和开放的心灵。未来的人生道路或许充满未知，但正如克里斯坦森教授所言，“谦虚的人拥有一个共同特征：很强的自尊感。他们知道自己是谁，并对此感觉很好。谦虚不是自我贬低，而是对待他人要尊重”。我希望能够带着这份精神，保持对生活的好奇心、对人性的尊重，以及对真善美的不懈追求。谦逊带来的开放与学习的心态，让我们在流动的世界中永葆活力与生命力。

学术的旅程让我相信，一个有着独立思想、完善人格的人，他的精神会像一泓清泉，保持着水的清澈、活力、自由与生命力。这种追求真善美的精神高于明哲保身，高于精明算计。或许这种精神会让人在当下显得格格不入，甚至愚蠢，但正是这种精神指引着我们，面对这个或盲从，或黑暗，或动荡，或浮躁的时代，赋予我们塑造精神世界的力量。

如今，此书写作已告一段落，但我知道，这张网络远未完成。我期待未来的研究者能在此基础上继续寻找新的节点，延展出更大的结构。比如，跨学科融合可能成为研究的关键方向——如何将空间流动理论与人工智能、环境科学或社会心理学结合？如何利用实时数据流动、区块链等新兴技术将城市网络研究推向新的高度？城市网络的研究让我不断思考人类与网络的关系。我们每个人既是流动网络中的节点，也是联系节点的纽带。我们通过流动建构新的关系，也通过流动重新定义自我。那么，在快速变化的时代，如何在流动中找到稳定感？如何平衡个体与集体的需求？这是一个城市网络研究者，也是每个人都需要回答的问题。感谢这个时代，它既为学术研究提供了充足的资源和技术支持，也带来了前所未有的挑战。没有这个快速变化的时代，就没有今天这本书。

我相信，未来是一张永远在编织的网，而我们每个人都是这张网中的节点。个人所在的位置、个人的行动思考，都会影响这张网的形状与走向。也许，我们的一次旅行、一次对话，甚至一个灵感的火花，都会成为这张流动网络中的新连接。

愿我们都能在自己的流动中找到独属于自己的方向与意义，始终对未知充满敬畏，对未来充满期待，保持好奇心与耐心，怀揣幽默感与严肃性，成为人生的探险家。愿本书能激励更多的人，以自己独有的方式探索这张大网，为城市、社会和人类的未来注入更多美好的可能。

谨以此书献给每一位读者，也献给这个属于我们的流动网络。